Wolfgang Wickler:

Sind wir Sünder?

Naturgesetze der Ehe

Mit einer Einführung von Konrad Lorenz
und
72 Zeichnungen von Hermann Kacher

Droemer   Knaur

Meiner lieben Agnes

Inhalt

IV.

Einführung

Von Professor Dr. Dr. Konrad Lorenz, Seewiesen

Aus ganz bestimmten Gründen schreibe ich dem Buch meines Freundes und langjährigen Mitarbeiters besondere Aktualität und besonderen Wert zu. Diese Gründe sind allgemeiner Natur, und ich muß zu ihrer Darlegung weit ausholen. Ich glaube aber, daß dies zum Verständnis beitragen kann, besonders bei Lesern, die der Biologie ferner stehen.

Jede Tier- oder Pflanzenart hat sich in äonenlanger Auseinandersetzung mit ihrer Umwelt an diese angepaßt, sie ist in gewissem Sinne ihr Abbild. Die Form des Pferdehufes ist genauso ein Bild der Steppe, die er tritt, wie der Abdruck, den er auf ihr hinterläßt, sein Bild ist. Der Vorgang der Anpassung eines Species an eine außer-artliche Gegebenheit ist nur dann ein *einseitiger* Vorgang, wenn diese Gegebenheit durch unverrückbare Gesetzlichkeiten der anorganischen Natur festgelegt ist. Die Flosse des Fisches, ihre wellenförmige Bewegung und die Stromlinienform des Fischkörpers sind tatsächlich ein Bild des Wassers und seiner physikalischen Eigenschaften, an denen sich durch das Vorhandensein von Fischen nichts geändert hat. Die Veränderungen, die eine Art von Lebewesen in der anorganischen Welt verursacht, sind meist von geringem Ausmaß. Gewiß, Korallen verändern ganze Küstenlinien und bauen sich selbst den Felsen, auf dem sie siedeln; Pflanzenwuchs kann ganze Gewässer zum Verlanden bringen; grabende Nagetiere können einen Bergrutsch veranlassen usw., aber alle diese Einflüsse sind geringfügig verglichen mit jenen, die jede Tier- oder Pflanzenart auf ihre *lebende* Umwelt ausübt. Alle Arten, die am gleichen Ort zusammenleben, sind notwendigerweise *aneinander* angepaßt und aufeinander angewiesen, selbst wenn sie scheinbar einander feindlich gegenüberstehen, wie z. B. im Verhältnis des Fressers und des Gefressenen: Die weidenden Huftiere und die harten Gräser der Steppe verdanken ihre gegenwärtige Form und Lebensweise zu einem sehr großen Teil ihrer Auseinandersetzung miteinander. Wie die Stammesgeschichtler sehr wohl wissen, hat seit dem frühen Tertiär eine Art von Wettrüsten zwischen beiden stattgefunden: Die Gräser schafften sich härtere und härtere Kieselpanzer an, um weniger gefressen zu werden, die grasenden Tiere aber immer härtere Zähne mit immer stärkeren Schmelzleisten, um diesen Schutz der Pflanzen überwinden zu können. Die grasenden Tiere nützen ihrerseits den Gräsern, indem sie die Verwaldung der Steppe verhindern, und beide sind selbstverständlich nicht die einzigen Partner der Lebensgemeinschaft, beide sind z. B. angewiesen auf Bodenbakterien, die tierische Ausscheidungsprodukte und tote Tiere und Pflanzen in Stoffe zerlegen, die aufs neue dem Pflanzenwuchs zur Nahrung dienen. Die letzte Energiequelle, die alles im Gang hält, ist die Sonne, deren Strahlung den Pflanzen ermöglicht, aus Kohlendioxid nährende Kohlenhydrate zu synthetisieren. Eine solche Lebensgemeinschaft oder Biozönose, an der unzählige Tier- und Pflanzenarten beteiligt sind, gleicht einem ungemein komplizierten Räderwerk, in dem alles mit allem ineinandergreift und in dem der Ausfall des kleinsten, nur scheinbar bedeutungslosen Rädchens unabsehbar vernichtende Folgen haben kann. Vor allem sind es begreiflicherweise alle plötzlichen Veränderungen, die zum Zusammenbruch einer Biozönose führen, und solche werden, von seltenen Naturkatastrophen abgesehen, fast ausschließlich vom *Menschen* verursacht.

Der Mensch wird zum Störer des Gleichgewichtszustandes, in dem sich Biozönosen befinden, dadurch, daß seine Entwicklung um ein Vielfaches schneller vor sich geht als die aller anderen Lebewesen. Während die Veränderungen des Körperbaus und der Lebensweise, denen Lebewesen im Lauf ihres stammesgeschichtlichen Werdens unterworfen sind, durchwegs auf den gleichen Vorgängen der Mutation und Neukombination der Erbanlagen sowie der natürlichen Zuchtwahl beruhen, ist dem Menschen aus seinem begrifflichen Denken und seiner Wortsprache die Fähigkeit erwachsen, Erfahrungen und Erfindungen, die der einzelne gemacht, sowie Erkenntnisse, die ein einzelner in seinem individuellen Leben gewonnen hat, auf die Nachwelt zu vererben. Der Mensch besitzt also als einziges Lebewesen die Fähigkeit zur Vererbung erworbener Eigenschaften, wobei das Wort Vererbung allerdings in seinem ursprünglichen, juridischen und nicht in seinem heute dem Biologen geläufigeren genetischen Sinne verstanden werden muß.

Wie kein anderes Lebewesen hat der Mensch die Biozönose verändert, in der er lebt. Er hat sich seine eigene Umwelt geschaffen und beinahe nur die Tier- und Pflanzenarten am Leben gelassen, deren Nützlichkeit für sein eigenes Wohlbefinden ihm unmittelbar einleuchtete. Nun besitzt leider nur ein verschwindend geringer Teil der Menschen, in deren Händen sich heute die politische und wirtschaftliche Macht vereinigt, genügende Kenntnis vom Wesen der Biozönosen und von der Abhängigkeit ihrer Ganzheit von den Teilen, aus denen sie sich zusammensetzt. Deshalb ist die Menschheit auf dem besten oder, besser gesagt, auf dem übelsten Wege, die Lebensgemeinschaft zu vernichten, in und von der sie lebt.

Wenn die Früchte vom Baum der Erkenntnis den Menschen aus dem Paradies vertrieben haben, so liegt das daran, daß er sie unreif genossen und noch lange nicht verdaut hat. Eher hat er geistiges Bauchgrimmen davon bekommen, einen verschnellerten Durchgang aller Anschauungen und Ideale, was zu jenem seltsamen Wettlauf der Menschheit mit sich selbst geführt hat, der unser Fluch ist und uns arteriellen Hochdruck, genuine Schrumpfnieren, Herzinfarkt und frühen Tod bringt, aber von der Mehrzahl aller Menschen paradoxerweise als Fortschritt betrachtet wird. Kurzum, der Mensch hat es fertiggebracht, seine Welt so zu verändern, daß er selbst darin unglücklich geworden ist und sich tatsächlich mit *Schuld* beladen hat. Die biblische Geschichte ist also im Grunde völlig wahr.

Die Probleme, die uns heute bedrängen, sind *ethische* Probleme. Sie zu lösen ist deshalb so schwer, weil es in der kaleidoskopisch und blitzschnell sich verändernden Menschenwelt schier unmöglich ist, feste Maßstäbe zu finden. Solange die Menschheitsentwicklung noch langsamer vor sich ging, war das leichter, und die Menschen *glaubten* wenigstens so einigermaßen zu wissen, was gut und böse sei. Der Teufel lügt aber per definitionem, und das Versprechen der Schlange, daß die Menschen wissen würden, was gut und böse sei, wenn sie vom Baum der Erkenntnis äßen, ist die infamste aller Lügen gewesen. Die Menschen scheinen dies um so weniger zu wissen, je weiter ihre sogenannte Erkenntnis fortschreitet. Dies müßte indessen nicht notwendigerweise so sein, sondern liegt vor allem daran, daß der Teufel dem Menschen eine viel zu hohe Meinung von sich selbst eingeblasen hat, um ihn zu hindern, daß er sich *selbst* erkennt. Seiner Erkenntnis der ihn umgebenden Welt sind dagegen keine derartigen Schranken gesetzt. Wissen ist Macht, und der Mensch hat große Macht über das ihn umgebende Universum erlangt, nicht aber über sich selbst und sein eigenes Verhalten. Das ist ein höchst gefährlicher Stand der Dinge!

In jenem Hochmut, der sprichwörtlicherweise vor dem Fall kommt, sieht sich die Menschheit allzu gerne als nicht zur Natur gehörig, sondern als etwas ihr polar Entgegenstehendes, wenn nicht sogar als etwas über ihr Stehendes an. Ja, der Begriff »Natur« ist selbst ein

Produkt dieser verderblichen Einstellung. Aus der falschen Bildung gegensätzlicher Begriffe ergeben sich sinnlose Fragestellungen: Es ist viel und fruchtlos über die Frage diskutiert worden, was für den Menschen als »natürlich« zu gelten habe.

Dem Begriff des Natürlichen wird jede Schärfe und Definierbarkeit dadurch geraubt, daß ihm als polarer Gegensatz jeweils völlig verschiedene Dinge gegenübergestellt werden. Das eine Mal ist es der Mensch, der als Ganzes den Gegensatz zur Natur darstellt. Das andere Mal ist es nur sein Geist, das dritte Mal seine Kultur, und das vierte Mal wird gar das Unnatürliche, die »Unnatur« im Sinne von etwas Krankhaftem, als Widerpart der Natur betrachtet. So nimmt denn das Wort »natürlich« eine Reihe von völlig verschiedenen Bedeutungen an. »Natürlich« heißt zum ersten das Nicht-Geistige – man denke an Klages' »Der Geist als Widersacher der Seele« –, zum zweiten bedeutet es all dasjenige, was uns nicht auf Grund kultureller Tradition, sondern durch die Erbanlagen unserer Art zu eigen ist, zum dritten wird es einfach mit »gesund« gleichgesetzt.

Völlig verworren und widerspruchsvoll sind dann erst recht die Werturteile, die über den Inhalt dieses schillernden Begriffes gefällt werden. Nach kantischer Moralphilosophie ist alles Natürliche wert-indifferent, die beste Tat ist bar allen Wertes, wenn sie der natürlichen Neigung und nicht der kategorischen Selbstbefragung entspringt. Die dem Menschen von seiner Kultur auferlegte Notwendigkeit, manche seiner Instinkte zu zügeln, hat durch maßlose Übertreibung in bestimmten pietistisch-puritanischen Kulturkreisen zu dem erschreckenden Irrglauben geführt, daß sämtliche natürlichen Antriebe ipso facto vom Teufel kämen, besonders wenn sie Freude bereiten. Auf der anderen Seite hinwiederum betrachtet man es als legitime Entschuldigung höchst verwerflicher Verhaltensweisen, wenn sie »natürlich« sind. Dem Objekt ihrer sexuellen Triebe gegenüber betrachten sich auch manche sonst hochstehenden Männer als jeder moralischen Verantwortung entbunden: »All is fair in love and war«, sagt ein englisches Sprichwort, die Geliebte darf also genau wie ein Feind behandelt werden, und nur wenige nahmen es Goethe übel, daß er Friederike von Sesenheim in der schmählichsten Weise verführt, betrogen und – genaugenommen – umgebracht hat.

Diese der falschen Bildung von Gegensätzen entspringende Verwirrung des Begriffes vom Natürlichen ist uns allen leider so sehr vertraut, daß wir kaum mehr zu bemerken vermögen, wie abwegig und gefährlich die Konsequenzen sind, die sich aus ihr ergeben.

Über dieses Buch

Seitdem Papst Paul vi. mit der Enzyklika »Humanae vitae«
zu den Fragen der Geburtenregelung Stellung genommen hat,
ist die Diskussion darüber nicht abgerissen. Laien und
Theologen, Juristen, Soziologen und Mediziner haben ihre
Stimme erhoben und ihr Urteil gefällt, oft genug ohne
zureichende Kenntnis der in der Natur gegebenen Fakten. Mit
Dr. Wolfgang Wickler, einem Schüler und Mitarbeiter von
Professor Konrad Lorenz, breitet ein kompetenter Biologe,
ein Verhaltensforscher, die Tatsachen aus dem Reich des
Lebendigen aus. Anhand einer Fülle faszinierender Beispiele aus
dem Sexual-, Sozial- und Brutpflegeverhalten der Tiere zeigt er,
daß – entgegen der in der päpstlichen Enzyklika vertretenen
These – Paarung und Fortpflanzung naturgesetzlich durchaus
nicht immer untrennbar sind.
Was Wolfgang Wickler über das Liebes- und Eheleben der
Tiere erzählt, ist höchst unterhaltsam und oft sehr amüsant.
Wir erfahren eine Vielzahl interessanter Details – etwa über die
Bedeutung phallischer Symbole, über die Signalfunktion der
weiblichen Brust und über die Rolle, die das »Kindchenschema«
spielt.

September 1972
Vollständige Taschenbuchausgabe
© Droemersche Verlagsanstalt
Th. Knaur Nachf. München/Zürich 1969
Umschlaggestaltung Jan Buchholz/Reni Hinsch
Gesamtherstellung Richterdruck, Würzburg
Printed in Germany
ISBN 3 426 00291 4

Arnold Gehlen hat den Gordischen Knoten zerhauen, indem er den treffenden Satz aussprach, daß der Mensch von Natur aus ein Kulturwesen sei. Das Brocasche Zentrum im Gyrus supramarginalis des linken Schläfenlappens, wo Praxis und Gnosis, Können und Erkennen, in so wundervoller Weise zusammenwirken und die Grundlage für begriffliches Denken und Sprache bilden, ist genausogut ein körperliches und natürliches Organ des Menschen wie seine Lungen oder Nieren, wenn es auch im Gegensatz zu diesen Organen im Tierreich seinesgleichen nicht hat. Und nichts ist »natürlicher« als Krankheit! Es gibt kein lebendes System, dessen Funktion nicht Störungen unterworfen wäre, und krankheitserregende Kleinlebewesen gehören genauso zum Reich der »Natur« wie der Mensch selbst.

Um die Probleme zu lösen, die uns Menschen gegenwärtig bedrängen, und um die Gefahren zu bannen, die uns von allen Seiten bedrohen, ist eine *neue Ethik* vonnöten, die einer gänzlich anderen Denkweise entspringt als diejenige der kritisierten Gegensatzbildungen. Diese Denkweise, die den Menschen nicht als kontrapunktliches Gegenteil, sondern als *Teil* eines einzigen, naturgesetzlichen Universums sieht, ist nicht neu. Ihre Fragestellungen und Methoden sind diejenigen, die in der Biologie seit Charles Darwin selbstverständlich sind. Auch diese Betrachtungsweise des Universums kennt Werte – und damit Gegensatzpaare –; das Schlagwort von der »Wertfreiheit« der Wissenschaft ist völlig irreführend. Mit der Erkenntnis, daß im Laufe der Stammesgeschichte dauernd Neues, nie Dagewesenes entsteht, das mehr ist als die Vorstufe, aus der es entstand, weiß der Biologe auch um die Existenz von niedrigeren und höheren Stufen des organischen Seins. Mit der Einsicht, daß jedes lebende System aus der Ordnung geraten, d. h. krank werden und sterben kann, weiß er um das Gegensatzpaar Gesund und Krank.

Die Frage, was niedriger und was höher sei, ist ebenso sinnvoll wie die andere Frage, ob ein Lebensgeschehen krankhaft gestört oder gesund sei. Bei der Betrachtung von Vorgängen des menschlichen Kulturlebens werden wir oft in die Lage versetzt, diese Fragen entscheiden zu müssen. Besonders die Beantwortung der zweiten ist dann oft schwierig und legt uns große Verantwortung auf. Gesund und Krank sind Begriffe, die nur in bezug auf den Lebensraum des betreffenden Organismus definiert werden können. Die Sichelzellen-Anämie, eine erbliche Mißbildung der roten Blutkörperchen, vermindert nicht nur deren Zahl, sondern auch ihre Fähigkeit, Sauerstoff zu binden. Im reinerbigen, »homozygoten« Zustand ist die

Anlage zur Sichelzellenbildung tödlich, ein sogenannter Letalfaktor, und auch ihr spalterbiges (heterozygotes) Vorhandensein bedeutet im gewöhnlichen Lebensraum des Menschen eine schwere Benachteiligung: Auch der spalterbige Sichelzellen-Anämiker ist in unseren Breiten »krank«. In gewissen, besonders stark mit Malaria verseuchten Gegenden Afrikas aber ist *er* »gesund«, während der Besitzer »normaler« Blutkörperchen dort unweigerlich krank wird. Merkwürdigerweise können nämlich die bösen Malaria-Plasmodien in die mißgebildeten Blutkörperchen nicht eindringen – ihre Besitzer sind immun gegen die Krankheit, die jedem »Gesunden« den Aufenthalt in jenen Gegenden unmöglich macht.

Dieser Sachverhalt veranschaulicht sehr klar, daß die – fast synonymen – Attribute »Gesund« oder »arterhaltend Sinnvoll« stets nur unter Bezugnahme auf einen ganz bestimmten Lebensraum an eine bestimmte Struktur oder Funktion verliehen werden können. Bei phylogenetisch entstandenen Strukturen und Funktionen vormenschlicher Lebewesen ist diese Bedingung noch verhältnismäßig leicht zu erfüllen; große Schwierigkeiten aber ergeben sich für die Beurteilung der kulturell entstandenen Normen des menschlichen sozialen Verhaltens. Die sich ständig verschnellernde Veränderung, die der Mensch durch seine Kultur und vor allem durch seine Technologie in seinem Lebensraum hervorruft, bringt es mit sich, daß die traditionellen Verhaltensnormen einer Kultur beinahe »über Nacht« ihren Anpassungswert völlig verlieren können, und ebenso, daß andere, die vor kurzem noch ausgesprochen unangepaßt, krankhaft und überlebensfeindlich waren, nunmehr der Erhaltung des Individuums und der Gemeinschaft nützlich sein können: Patriotisch-militante Begeisterung für nationale Ideale war vor wenigen Jahrhunderten noch eine unbedingt nötige Verhaltensnorm und ist heute durchaus verwerflich; eine tiefe Skepsis althergebrachten Idealen gegenüber war früher schädlich und ist heute lebenswichtig. Diese Lage der Dinge, die sich von Jahrzehnt zu Jahrzehnt verschärft, hat zu großer ethischer und moralischer Verwirrrung geführt. Die Extremisten der jüngeren Generation vermeinen, schlechterdings alles über Bord werfen zu müssen, was ihnen durch elterliche Tradition überliefert wurde, und huldigen dem überheblichen Irrglauben, auf sich gestellt eine ganze neue Kultur aufbauen zu können. Dabei merken sie gar nicht, daß sie ihr Bestes tun, um, kulturgeschichtlich gesprochen, auf die Ebene eines hypothetischen Prä-Paläolithikums zu regredieren bzw., in ontogenetischer Sicht, auf das Entwicklungsstadium eines Prä-Struwwelpeters. Dem setzt die ältere Generation empörte Ablehnung entgegen, fühlt sich, nicht zu Unrecht, als alleiniger Verteidiger der Kultur, versteift sich aber dabei unversehens auch auf das Mitschleppen von Traditionen, die längst veraltet und nur mehr schädlich sind: In Amerika wächst die Gefahr eines besonders borniertén Faschismus.

In keinem Bereich des menschlichen Lebens ist die Verwirrung und Ratlosigkeit so vollkommen wie in dem des Geschlechtlichen. Die Urtümlichkeit und die sprichwörtliche Macht sexueller Antriebe sind sehr dazu angetan, das Verhalten des Individuums in Konflikt mit den Anforderungen zu bringen, die das Gemeinwesen an es stellt. Deshalb ist in allen menschlichen Kulturen gerade das Geschlechtsleben durch sehr bestimmte traditionelle Normen geregelt, deren Sinn ganz offensichtlich in erster Linie darin liegt, die *Kinder* zu gesunden und kulturell vollwertigen Mitgliedern der Gemeinschaft heranzuziehen. Es ist eine immer noch und für alle Kulturen gültige Weisheit, daß die Familie der elementare Träger von Volk und Kultur ist. Diese Normen sind in verschiedenen Kulturkreisen weitgehend voneinander verschieden, woraus man schließen darf, daß der Mensch kein in allen Einzelheiten festgelegtes, stammesgeschichtlich angepaßtes »Programm« für den Aufbau der Familie besitzt. Gleichzeitig aber haben alle Familien aller Völkerschaften doch auch wieder eine ganze Reihe gemeinsamer Züge, die deutlich auf das Vorhandensein gewisser kultur-unabhängiger, allgemein menschlicher und instinktiver Grundlagen hinweisen.

Auf kaum einem Gebiet menschlichen sozialen Verhaltens ist der Begriff des sogenannten Natürlichen in so widerspruchsvoller Weise gebraucht worden wie auf dem des Liebes- und Familienlebens, einmal als pseudo-legitime Entschuldigung von Verdammenswertem, als Freibrief für kulturwidrige Ausschreitungen, das andere Mal als Abwertung, ja als Verbot gesunder und arterhaltend notwendiger Verhaltensweisen. Das vorliegende Buch unternimmt es, auch auf diesem Gebiet Klarheit und Ordnung zu schaffen. Auf kaum einem anderen Gebiet ist eine solche Klärung so lebenswichtig für den Weiterbestand unserer Kultur. Die Antwort auf die Frage, ob eine bestimmte Norm des Verhaltens, die dem stärker traditionsgebundenen älteren Menschen verderblich, ja krankhaft vorkommt, in der gegenwärtigen sozialen Umgebung nicht doch systemerhaltend und somit »gesund« sei, kann von ebenso großer Wichtigkeit sein wie die auf die umgekehrte Frage, ob nicht traditionelle Verhaltensnormen, die durch jahrhundertelangen Brauch bewährt erscheinen, unter den heute obwaltenden Umständen durchaus schädlich seien.

Die Entscheidung der Frage, ob eine bestimmte Verhaltensnorm gesund oder krank sei, ob sie der Erhaltung der Menschheit und ihrer Kultur förderlich oder schädlich sei, ist eng verwandt, aber keineswegs identisch mit der Frage: »Gut oder Böse?« Gewiß ist die Erhaltung des lebendigen Systems der Menschheit und ihrer Kultur ein *Wert,* dessen Bewahrung uns eine hohe ethische Verantwortung auferlegt. Gewiß ist alles, was zur Zerstörung dieses Wertes führen kann, unzweifelhaft böse. Eine noch höhere Verantwortung aber tragen wir für all das, was aus unseren Nachkommen in einer gottgewollten schöneren Zukunft noch *werden* könnte. Das große organische Werden, das von präkambrischen Zeiten Einzeller in Vielzeller und Tiere in Menschen verwandelte, setzt sich, wie wir fest glauben, in der menschlichen Kultur fort. Ihrer Erhaltung sind wir zu dienen verpflichtet, aber vor allem deshalb, weil dies die Voraussetzung für ihre Höherentwicklung ist.

Konrad Lorenz

Zugegebenermaßen war die Enzyklika »Humanae vitae« die Ursache dafür, daß dieses Buch geschrieben wurde. Aus ihr geht nämlich besonders klar hervor, wo es der Theologie an Naturkenntnis fehlt und warum ihre unter Berufung auf Naturgesetze verkündeten Weisungen unglaubwürdig sind. Das heißt nicht, daß diese Weisungen notwendig falsch sind – sie sind nur fragwürdig und darum unverbindlich. Das liegt in erster Linie daran, daß sie selbst da, wo sie sich auf die Natur des Menschen berufen, in Wirklichkeit von einem Menschen*bild* ausgehen, von einem statischen Naturbegriff, in dem Geschichte und Entwicklung keinen Platz haben. Das war in der Naturwissenschaft ursprünglich genauso. Sie aber wurde in ständiger Gegenüberstellung mit der Natur zum dynamisch-geschichtlichen Denken gezwungen. Denn die Evolution gibt es, und mit ihr ändert sich die Natur des Menschen, auf die sich die sittlichen Normen beziehen.

Im Wesen des Menschen liegt es, daß er mehr kann, als er darf. Die Naturwissenschaft und im besonderen die Biologie vermag anzugeben, was ihm biologisch nützlich ist, und sie kann die von anderer Seite aufgestellten ethischen Normen daraufhin prüfen, ob sie mit den biologischen Gesetzen in Einklang stehen. Tun sie das nicht, so gehen sie meist von einer abstrakten, metaphysischen Natur des Menschen aus, und dann muß man eine Erklärung finden, warum man zu verschiedenen Ergebnissen kommt, je nachdem, ob man von der physischen oder der metaphysischen Natur des Menschen ausgeht. Einen Test bilden die Aussagen über die außermenschlichen Geschöpfe, von denen vorausgesetzt wird, daß sie nicht gegen ihre Natur handeln können. Handeln sie dann anders als erwartet, so beruhte die falsche Erwartung auf einem Methodenfehler. Wer das kaschieren will, indem er eine durch die Sünde des Menschen verursachte Beeinträchtigung auch der außermenschlichen Schöpfung dafür verantwortlich macht, daß sie den Soll-Wert der Erwartung nicht erreicht, setzt Willkür an die Stelle der Methodik und verficht keine Wissenschaft, sondern eine Ideologie und entzieht sich damit jeder Diskussion. Das heißt wieder nicht, daß er unrecht hat; aber es läßt sich auch nicht feststellen, ob er recht hat. In allen solchen Diskussionen geht es um das Verhalten der Menschen und das der Tiere und um Vergleiche zwischen beidem, nicht aber um eine vermenschlichte, anthropomorphe Tierbetrachtung oder eine vertierlichte, theromorphe Sicht des Menschen. Biologen und Verhaltensforscher haben Fakten zutage gefördert, die der Moraltheologie unerwartet kommen. Man darf erwarten, daß sie ihre Aussagen angesichts dieser Fakten überprüft.

»Humanae vitae« fordert die Unterordnung menschlichen Verhaltens unter die Naturzwecke, erklärt es zur Sünde, wenn personale Beziehungen nicht dem (erlaubten) leiblichen Tun untergeordnet werden, und macht so einige biologische Gesetze zu ethischen. Dafür ist nur eine metaphysische Begründung möglich. Solange man diese umgeht, ist die Forderung nicht einsehbar und deshalb auch keine ethische Forderung – es sei denn, man hinge einer Mysterien-Ethik an.

Ich habe nicht den Versuch gemacht, Lehrmeinungen aus dem theologischen Bereich aufzuzählen, die sich als falsch erwiesen haben, sondern mich bemüht, möglichst klar vorzuführen, wie man zu den naturwissenschaftlichen Aussagen über das Verhalten der Tiere kommt. Von großer Bedeutung ist dabei das Rekonstruieren von stammesgeschichtlichen Entwicklungen. Die Methodik dazu ist ursprünglich für Organbildungen geschaffen. Ich habe sie deshalb früher in vergleichenden Organuntersuchungen benutzt, sie dann auf einfache Verhaltensweisen – etwa der Fortbewegung, des Nahrungserwerbs – bezogen und erst dann, nach einigen notwendigen Ergänzungen, auf soziales Verhalten und Verständigung zwischen Tieren angewandt[123]. Das Verhalten zahlreicher hier erwähnter Tiere kenne ich aus über zehnjähriger Forschungsarbeit am Max-Planck-Institut für Verhaltensphysiologie und aus vielen Beobachtungen tropischer Tiere in freier Wildbahn. Meinem Lehrer und Freund, Professor Dr. Dr. Konrad Lorenz, verdanke ich die Möglichkeiten dazu.

Damit der interessierte Leser sich über Einzelfragen genauer unterrichten kann, ist im Text an den entsprechenden Stellen auf neuere Spezialliteratur verwiesen, und zwar durch kleine Zahlen, die das jeweils ebenso numerierte Literaturzitat am Ende des Buches angeben.

Bei wichtigen Tieren ist außer dem deutschen auch noch (in Klammern und *kursiv*) der wissenschaftliche Name angegeben, weil namentlich ausländische Tiere oft von verschiedenen Autoren unterschiedliche Phantasienamen bekommen, an denen man nicht erkennen kann, um welches Tier es sich handelt.

In den einzelnen Abschnitten habe ich mich jeweils auf wenige markante Beispiele beschränkt; meist sind mehr bekannt. Doch geht es hier nicht um ein Handbuch, sondern um ein bestimmtes Argumentationsschema. Der Leser wird mir hoffentlich vertrauen, daß ich verallgemeinerbare Beispiele ausgewählt habe. Mißtrauische können das anhand der genannten Literatur überprüfen. In den ersten Beispielen sind, um die weiteren biologischen Zusammenhänge anzudeuten, mehr Angaben über das Leben der betreffenden Tierart enthalten als in den späteren Beispielen, die sich der Einfachheit halber mehr auf die besprochenen Verhaltenselemente konzentrieren. Das Wort »Ehe« steht hier rein beschreibend für die Bindung zwischen geschlechtsverschiedenen Partnern und ist auch auf Tiere angewendet. In allgemeinverständlicher naturwissenschaftlicher Literatur ist das üblich und will weder dem Menschen übernatürliche Besonderheiten seiner Ehe absprechen noch Tieren solche unterschieben.

Das Buch ist in vier Teile gegliedert: Der erste behandelt den Aussagewert von Naturgesetzen, der zweite spezifische Naturgesetze der Fortpflanzung, der dritte die natürlichen Gesetze der im Rahmen der Fortpflanzung auftretenden Partnerbindungen und der vierte einige für den Menschen wichtige Folgerungen.

Starnberg, im Mai 1969
Wolfgang Wickler

I.

1. Natürliche Neigung und Gewissen

But beware instinct...
Instinct is a great matter.
Shakespeare

Wie Falstaff im ersten Teil des Dramas »König Heinrich IV.« (2. Akt, 4. Szene) brauchen viele Menschen den Instinkt als Entschuldigung, als Ausrede für Handlungen, deren sie sich selbst hinterher schämen, oder solcher, die zumindest nicht die Billigung ihrer Mitmenschen finden. Liefert also die Verhaltensforschung, die immer mehr instinktives Verhalten auch beim Menschen ans Tageslicht bringt, sozusagen gesammelte Ausreden für alle Lebenslagen? Stimmt es, daß wir auf dem besten Wege sind, die Schuld an Fehlschlägen wieder auf Dämonen abzuschieben – allerdings nicht auf Dämonen und böse Geister irgendwo in der Umwelt, sondern auf Dämonen in uns selbst? Wenn etwas daran ist, daß unsere althergebrachte Instinktausstattung den Anforderungen der heutigen Massensozietäten nicht angepaßt ist, wenn – wie Konrad Lorenz sagt – das, was wir die Stimme des Versuchers nennen, die Diskrepanz ist zwischen den Anforderungen der modernen Zivilisation und den instinkthaften Antrieben, die auf uralte, vielleicht vormenschliche Lebensbedingungen gemünzt waren, die uns aber als ererbte historische Belastung noch heute anhängen, haben wir dann nicht eine gute Entschuldigung? Zwar hat Kain den Abel erschlagen; aber war nicht sein Aggressionstrieb daran schuld?
Wer so argumentiert, vergißt gern, daß möglicherweise nicht nur der Brudermörder Kain, sondern auch der das Schwert gegen den Knecht des Kaiphas schwingende Petrus instinktiv gehandelt hat. So wie man eine polygame Veranlagung des Mannes für einen Ehebruch verantwortlich machen kann, so auch eine instinktive dauermonogame Veranlagung für eheliche Treue, den Brutpflegetrieb für mütterliche Aufopferung usw. Mit dem Hinweis auf Instinkte lassen sich nämlich die unrühmlichen Taten ebenso verharmlosen wie die rühmlichen, für die wir allerdings meist keine Ausreden brauchen. Fragt sich nur, was dieses »Verharmlosen« eigentlich meint.
Nicht nur unsere Richter und Seelsorger werden beim Nachdenken über Schuld und Sühne von der Sorge geplagt, Handlungsantriebe im Menschen, die neben den willentlichen Entscheidungen wirksam

werden, könnten die Verantwortlichkeit des einzelnen in Frage stellen; ebenso geht und ging es jenen, die positive Moralnormen verkünden wollen oder sollen. Häufig zitiert wird in diesem Zusammenhang Schillers Vers: »Gerne dien' ich den Freunden, doch tu ich es leider mit Neigung; und so wurmt es mir oft, daß ich nicht tugendhaft bin«, der darauf anspielt, daß ziemlich regelmäßig diejenigen Handlungen als besonders verdienstvoll gelten, die *entgegen* den natürlichen Neigungen vollbracht wurden. Lorenz hat verschiedentlich darauf hingewiesen, daß man dennoch ebenso regelmäßig bei der Wahl seiner Freunde diejenigen bevorzugt, deren freundschaftliches Verhalten nicht rein vernunftmäßigen Erwägungen entspringt, sondern ausschließlich der natürlichen Zuneigung. Und er erläutert das so: »Wer schon aus natürlicher Neigung sozial handelt, beansprucht unter gewöhnlichen Umständen den Kompensationsmechanismus seiner Verantwortlichkeit nur wenig und verfügt in Zeiten der Not über gewaltige moralische Reserven. Wer schon unter den Bedingungen des Alltagslebens die ganze zügelnde Kraft moralischer Verantwortlichkeit aufwenden muß, um den Forderungen der Kultursozietät gerecht zu werden, bricht naturgemäß bei Mehrbeanspruchung viel eher zusammen. Es ist nicht nur kein Paradoxon, sondern gesunder Menschenverstand, wenn wir in dieser Weise zwei verschiedene Wertmaßstäbe verwenden, je nachdem, ob wir Taten eines Menschen oder ob wir Menschen beurteilen.«[75] Auf jeden Fall vertraut also »der gesunde Menschenverstand« offensichtlich dem »instinkthaft« guten Handeln nicht weniger als dem kategorischen Imperativ.

Als Illustration dazu dient ziemlich oft der Fall, daß ein Kind ins Wasser gestürzt ist und wir nun erwarten, jedermann werde bereit sein, dem Kind »ohne Überlegung« nachzuspringen, um es zu retten. Durch Überlegen komme man zwar zu der gleichen Handlungsweise, aber bis dahin sei das Kind versunken. Für instinktives Handeln spreche also hier, daß es schneller losgeht als vernunftgesteuertes Handeln. Häufig genug wird aber auch die tragische Situation eines Helden geschildert, der aus der natürlichen Neigung, dem in Gefahr befindlichen Freund zu helfen, ohne Überlegung schießt und dabei einige Kleinigkeiten übersieht, an denen er hätte erkennen können, daß sein Schießen in diesem Fall den Freund erst recht in Gefahr, wenn nicht gar ums Leben bringt.

Da der Mensch in sehr viel mehr verschiedene Situationen kommen kann, als in seinem instinktiven Verhalten vorgesehen sind, kommt er nicht daran vorbei, doch jeweils die Vernunft zu befragen und zu entscheiden, ob er seiner instinktiven natürlichen Neigung folgen darf oder nicht. Und ich meine, der Mensch weiß das auch und bewertet eine Handlung im Grunde nicht danach, ob sie einer natürlichen Neigung entspricht, sondern danach, ob die Vernunft vorher überhaupt befragt wurde. Das stößt aber auf eine – vielleicht unerwartete – technische Schwierigkeit: Wie kann man erkennen, ob die Vernunft befragt wurde? Wenn man die natürliche Neigung kennt, und jemand handelt ihr entgegen, so weiß man mit hoher Wahrscheinlichkeit, daß er sich seine Handlung vorher überlegt hat. Handelt er aber im Sinne der natürlichen Neigung, so hat er vielleicht vorher die Vernunft befragt, vielleicht aber auch nicht. Und weil man das eben nicht so genau wissen kann, schleicht sich in die Bewertung der Handlungen eine Unsymmetrie ein, die zugunsten einer Überwindung der natürlichen Neigungen spricht und diese natürlichen Neigungen leicht zum »inneren Schweinehund« verallgemeinert. An sich ist eine solche Einstellung höchst merkwürdig, um nicht zu sagen verdächtig. Denn sie unterstellt, daß der Mensch falsch konstruiert ist – so falsch, daß er, um gut zu handeln, ständig gegen diese Konstruktion ankämpfen muß. Das ist weder biologisch noch theologisch verständlich, weil ja mindestens das natürliche Bestreben, die Art zu erhalten, gut sein muß. Die Frage, wie Natur und Ethik zusammenstimmen, läßt sich deshalb gerade im Bereich des Fortpflanzungsverhaltens besonders gut angehen.

An den Anfang stellen wir dabei die allgemeine Grundannahme, daß es für den Menschen im Prinzip unmoralisch ist, einfach unreflektiert draufloszuhandeln, auch wenn es gut ausgeht. Das Beispiel von dem ins Wasser gefallenen Kind ist deshalb irreführend, wenn nicht sogar gefährlich. Es zeigt nämlich lediglich, daß es gut sein *kann,* den natürlichen Neigungen zu folgen; es zeigt aber nicht, daß unreflektiertes Handeln als solches gut ist. Kaschiert wird der Unterschied durch die in diesem Spezialfall gebotene Eile, mit der die Handlung folgen soll. Würde man erst überlegen, ob man hinterherspringen soll oder nicht, und spränge dann doch, so wäre das durchaus verdienstvoll, obwohl vielleicht weniger effektiv. Gerade heute, wo der Mensch ohnehin ständig gehetzt und oft zu unsinnig raschem Handeln verleitet wird, darf man das Überlegen nicht in Mißkredit bringen, nur weil es Zeit kostet. Natürlich kann kein Mensch vor jeder einzelnen Handlung alle Grundsatzerwägungen anstellen, die dazu möglich wären. Deshalb braucht man Richtlinien, Normen, die aber durch die gleichen Grundsatzerwägungen zustande kommen. Handlungen, die gegen die natürlichen Neigungen vollbracht werden, gelten nur deshalb als besonders verdienstvoll, weil sie besonders klar erkennen lassen, daß die Vernunft vorher befragt wurde, nicht aber weil den natürlichen Neigungen zuwidergehandelt wurde. Es ist um nichts weniger verdienstvoll, wenn die Vernunft gebietet, einer natürlichen Neigung zu folgen. Instinktives Verhalten ist moralisch neutral; bewertet wird die Entscheidung der Vernunft oder des Gewissens, derjenigen letzten Instanz, deren Entscheidungen jeder Mensch unbedingt zu folgen hat. Und das ist keineswegs eine besonders neue Erkenntnis. »Alles, was man nicht aus Überzeugung tut, ist Sünde«, steht bei Paulus (Röm. 14, 23); dabei ist es auch ihm offenbar gleichgültig, ob die Tat objektiv gesehen richtig oder falsch war.

Deshalb ist es auch keine Ausrede, sich auf den Aggressionstrieb oder ähnliche Antriebe zu berufen. Man darf sie nicht dämonisieren, aber auch nicht über sie hinwegsehen, wenn sie nachweislich vorhanden sind. Sollten sie sich aber gar dazu eignen, Gutes zu tun, dann handelt derjenige unmoralisch, der dieses Gute unterläßt, anderen diese Möglichkeit verschweigt oder gar verbaut.

2. Theologie und Naturgesetz

Viele Theologen reagieren sehr leicht fast allergisch auf Ergebnisse der Naturwissenschaften, die unser Bild vom Menschen verändern, und das, obwohl viele theologische Ansichten weitgehend mit den biologischen übereinstimmen. So verstieße es z. B. ebenso gegen die Lehren der Biologie wie der Theologie, wollte man annehmen, daß die natürlichen Antriebe zu nichts Gutem taugen. Die Theologie lehrt, daß Gott die Natur geschaffen und gut geschaffen hat. Beide Wissenschaften lehren aber auch, daß in der Welt nicht automatisch *nur* Geeignetes und Gutes zustande kommt. Der Biologe weiß, daß z. B. Umweltänderungen neue Anforderungen an das Lebewesen stellen können, denen sein bisheriger Bau- und Funktionsplan nicht angemessen ist; unter Umständen kann das einzelne Lebewesen wie auch eine ganze Art an dieser Unangepaßtheit zugrunde gehen. Namentlich bei höheren Tieren, und erst recht beim Menschen, liegt außerdem der Funktionsplan für das Handeln nicht schon vom Ei an fest, sondern kann und muß im Laufe des Lebens durch Erfahrung und Belehrung vervollständigt werden, und auch da kann es geschehen, daß das Lebewesen etwas Falsches lernt. Der Theologe weiß, daß das Böse die gut geschaffene Natur beeinträchtigt und daß zumindest der Mensch dem Willen des Schöpfers zuwiderzuhandeln vermag. Beide Wissenschaften rechnen also damit, daß zumindest der Mensch natürlich oder widernatürlich, gut oder böse handeln kann. Folglich müssen beide versuchen, Maßstäbe zu erarbeiten, was denn »natürlich« oder »gut« ist. Nimmt man an, daß die geschaffene Welt die Realisierung göttlicher Ideen ist und daß der Schöpfer die vernunftlosen Geschöpfe durch Naturgesetz auf das von ihm gesteckte Ziel hin ordnet, dann ist im Bereich der vernunftlosen Geschöpfe »natürlich« und »gut« gleichzusetzen. Wenn daraus überhaupt etwas für den vernunftbegabten Menschen abzusehen sein soll, dann dies: daß »böse handeln« gleichbedeutend ist mit »wider die (menschliche) Natur handeln«.

Bei so viel Übereinstimmung muß man denn doch staunen, wie oft Naturwissenschaftler und Theologen einander widersprechen, sogar massiv widersprechen, und daß in manchen Bereichen der Widerspruch eher größer als kleiner wird, obwohl man das Gegenteil vermuten sollte, wenn wirklich die Erkenntnisse zunehmen. Das jüngste wichtige Dokument der lehrenden katholischen Kirche, die Enzyklika »Humanae vitae«, hat von Naturwissenschaftlern mehr Widerspruch erfahren als irgendein früheres. Und dabei geht es gerade in diesem Dokument um »eine Lehre, die sich auf das Naturgesetz stützt«. Dieses Naturgesetz betrifft die Fortpflanzung und das Zusammenleben der Geschlechtspartner beim Menschen, ist also auch für Biologen von höchstem Interesse. Es wurde etwa so formuliert: »Obwohl die Paarung außer zur Fortpflanzung auch dem Zusammenhalt der Partner dient, sind diese zwei Funktionen untrennbar verbunden, so daß jede Paarung offen ist für die Weitergabe des Lebens.« Ich halte das für die korrekte ins Biologische übersetzte Version dessen, was in der theologischen Sprache so lautet: »Die Lehre, daß jeder eheliche Akt offenbleiben muß für die Weitergabe des Lebens, ...beruht auf der untrennbaren Verbindung der zweifachen Bedeutung des ehelichen Aktes, ...nämlich die liebende Vereinigung und die Fortpflanzung.« Freilich heißt es gleich danach: »Kein gläubiger Mensch wird bestreiten wollen, daß es Aufgabe des kirchlichen Lehramtes ist, das Naturgesetz auszulegen«; also geht es nicht nur um ein Naturgesetz, sondern auch um eine Auslegung desselben.

Der Streit entzündet sich aber offensichtlich nicht erst an der Auslegung, sondern an der etwas ungewöhnlichen Situation, daß dieses Naturgesetz nicht von Biologen aufgestellt wurde, sondern von Theologen, die jedoch versäumt haben mitzuteilen, wie sie zur Ableitung dieses Gesetzes gekommen sind. Aus diesem Grunde versuchen nun die in dieser Frage zuständigen Naturwissenschaftler und Mediziner, das genannte Naturgesetz mit ihren Methoden zu überprüfen. Es hat sich auch wohl schon herumgesprochen, daß sie bisher dieses Gesetz nicht haben bestätigen können, das heißt, daß sie erhebliche Zweifel haben, ob es sich hier überhaupt um ein Naturgesetz handelt.

An diesem Problem sind aber nun nicht nur Fachwissenschaftler interessiert, sondern vor allem zahllose Laien, in deren tägliches Eheleben die Kirche mit ihren Weisungen ganz erheblich eingreift. Viele sehen sich einfach außerstande, diesen Weisungen zu folgen. Dennoch lassen sie es, wie ich aus häufigen Gesprächen mit Ingenieuren, Lehrern, Soldaten, Studenten, Theologen und Universitätsprofessoren weiß, nicht bei einer gefühlsmäßigen Ablehnung bewenden, sondern versuchen, sich in dem Gegeneinander der Meinungen ein eigenes Urteil zu bilden. Wo aktuelle theologische Aussagen den naturwissenschaftlich-medizinischen Aussagen widersprechen, muß tatsächlich der »Endverbraucher« entscheiden, wem er glauben darf. Natürlich kann er sich dazu nicht das Wissen beider Wissenschaftszweige aneignen – das schaffen ja normalerweise auch die Wissenschaftler nicht. Aber er kann vor allem die Methoden prüfen, die zu den verschiedenen Aussagen führen. Und das muß er nach theologischer Lehre sogar tun, denn er kommt um eine Entscheidung, die er wiederum vor sich selbst irgendwie begründen muß, nicht herum – wie vorn zitiert: »Alles, was man nicht aus Überzeugung tut, ist Sünde«, selbst wenn man blind den kirchlichen Weisungen folgt.

Aus diesem Grund sollte sich auch der Theologe für die Grundlagen des genannten Naturgesetzes (falls es eines ist) interessieren. Und das tut er auch. Das päpstliche Lehrschreiben über die Geburtenregelung ist selbst innerhalb der katholischen Theologie so umstritten wie kein Lehrschreiben vor ihm. Nur fehlt in der oft recht hitzig geführten Diskussion doch viel Tatsachenwissen, ohne das man nun einmal nicht arbeiten und argumentieren kann. Dabei ist dieses Wissen zum großen Teil durchaus vorhanden – nur nicht in theologischen Lehrbüchern; und es ist auch durchaus kein trockener Wissensstoff, sondern eher gerade im Gegenteil ausgesprochen unterhaltsam, weil es sich darin unter anderem um das Familienleben und das Sozialleben von allen möglichen Tieren handelt, denen der Mensch ohnehin Interesse und Zuneigung entgegenbringt. So hoffe ich, den einen wenigstens Unterhaltung, möglichst vielen aber Stoff zum Nachdenken zu bieten, wenn ich hier versuche, das zusammenzustellen, was der Verhaltensforscher zum Problem der Fortpflanzung und des Paarzusammenhaltes sagen kann.

3. Ethologie und Ethik

Die wissenschaftliche Fachbezeichnung für Verhaltensforschung heißt »Ethologie«; im anglo-amerikanischen Sprachgebrauch »ethology«. Dieses Wort geht zurück auf das griechische $\check{\epsilon}\vartheta o\varsigma$, das soviel heißt wie Gewohnheit, Sitte. Unsere Worte Ethik und Ethos entstammen dem griechischen $\hat{\eta}\vartheta o\varsigma$ gleich »rechte Sitte«. Die wissenschaftlichen Begriffe Ethologie und Ethik sind also im Klang ähnlicher als ihrer Bedeutung nach; Ethologie ist nicht die Lehre vom Ethischen. Dennoch spielen die Ergebnisse der Verhaltensforschung in den Bereich der Ethik hinein, und zwar in Form von Hilfsgrößen. Gerade im Bereich der Fortpflanzung läßt sich das leicht zeigen. Denn die Erhaltung der menschlichen Art ist zugleich ein ethisches und ein biologisches Gut, das angestrebt werden muß. Die Erhaltung der Art sichern biologische Mechanismen und menschliche Gesetze. Auf der rein biologischen Ebene wird *alles* positiv bewertet, was der Erhaltung der Art nützt. Man kann das aber nicht in die Ebene der Ethik übertragen, wie folgende einfache Überlegung zeigt:

Für viele Tierarten ist ein ziemlich großes Maß an innerartlicher Aggression, d. h. einer gegen Artgenossen gerichteten Angriffslust, sehr förderlich; sie führt – einmal ganz summarisch betrachtet – zur Ausbreitung der Art auf alle erreichbaren geeigneten Lebensräume, auch auf die weniger guten »zweiter und dritter Klasse«, und sie begünstigt die Tüchtigsten, die sich auf Kosten der weniger Tüchtigen durchsetzen. Wie im Bereich der Technik und der Markenartikel ist das Geeignetere der schärfste Gegner des nur Geeigneten. Nehmen wir einmal an, das hätte auch für den Vorfahren des Menschen gestimmt, und wir lebten nun heute in einer Umwelt, die uns weit weniger Aggression gegeneinander abverlangt, als wir produzieren. Dann ist die Passung zwischen den natürlichen Eigenschaften des Menschen und den Erfordernissen der Umwelt, in der er lebt, gestört, vielleicht so sehr, daß der Fortbestand der Art »Mensch« gefährdet ist.

Der Mensch hat nun die Fähigkeit – und wohl auch die Aufgabe –, solche Unstimmigkeiten zu regulieren. Das geht prinzipiell auf zweierlei Weise: Entweder er ändert sich, oder er ändert die Umwelt. Tatsächlich geht der Mensch ja in den meisten Bereichen gegen seine Umwelt ziemlich rücksichtslos vor, um seine Bedürfnisse (nach Bequemlichkeit, besserer Nahrung, schnellerer Fortbewegung, mehr Freizeit usw.) zu befriedigen. Rein biologisch gesehen könnte er sich den einfachsten Weg aussuchen, den Fortbestand der Art zu sichern.

Es wäre also biologisch legitim, zu erwägen, ob durch geeignete Umweltänderungen eine Situation geschaffen werden kann, in der der Mensch wieder so viel Aggression gegen seine Mitmenschen gebrauchen kann, wie er zur Verfügung hat. Möglicherweise hat ja der Mensch seine Höherentwicklung gerade solchem heftigen Rivalisieren zwischen Vormenschen- oder Urmenschen-Gruppen zu verdanken. Man muß aber auch sehen, daß auf der biologischen Ebene zwar die relative Anzahl der Nachkommen, nicht aber jedes einzelne Individuum zählt, und es zählt um so weniger, je jünger es ist. In dem Moment, in dem man die Erhaltung jedes einzelnen Menschenlebens als ein notwendiges ethisches Gut betrachtet, hat man eine in der biologischen Ebene nicht übliche Forderung erhoben. Und diese schließt gewisse Korrekturmaßnahmen aus, die an sich geeignet scheinen, die gestörte Passung zwischen Mensch und Umwelt wiederherzustellen.

Dennoch wird man aber von den möglichen Korrekturmaßnahmen diejenigen bevorzugen, die mit der Natur des Menschen und den allgemeinen Naturgesetzen am ehesten in Einklang stehen, wenn man die Naturgesetze als einen Teil der Offenbarung des Schöpferwillens wertet. Da nach katholischer Lehre die Natur des Menschen zwei Wesensbestandteile aufweist, nämlich einen materiellen Leib und eine geistige Seele, so wird man auch die leibliche Natur des Menschen in Betracht ziehen müssen, wenn man die göttlichen Ideen erkennen will. Die leibliche Natur des Menschen aber kann man aus zwei Gründen nicht allein aus Beobachtungen am Menschen erschließen: Einmal sind dazu Experimente nötig, die man am Menschen nicht anstellen darf, für die man also stellvertretend geeignete andere Geschöpfe wählen muß. Zum andern hat der Mensch eine lange Stammesgeschichte durchlaufen, die – wie jede Geschichte – in ihrem derzeitigen Endprodukt Spuren hinterließ. Deren Ursprung zeigt erst ein Vergleich vieler Geschöpfe, der zur Rekonstruktion des stammesgeschichtlichen Werdeganges führt.

Nach Teilhard de Chardin ist die wahre Natur des Menschen nicht in seiner animalischen Vergangenheit zu suchen, sondern in seiner geistigen Zukunft. Dem kann man durchaus zustimmen, nicht aber der möglichen Folgerung, man solle sich dementsprechend um die geistige Zukunft des Menschen kümmern und seine animalische Vergangenheit auch Vergangenheit sein lassen. Denn diese Vergangenheit ist noch recht merkbar gegenwärtig. So besteht z. B. trotz allem in Verantwortung und freier Entscheidung geäußertem Willen zum Kind beim Menschen wie bei Tieren eine recht enge Beziehung zwischen Konzeptionshäufigkeit und den Jahreszeiten bzw. Umwelttemperaturen, wie die 1966 veröffentlichten Statistiken des US-Department of Health, Education and Welfare zeigen. In Westdeutschland, Schweden und England liegt das Empfängnismaximum in den Monaten Mai bis Juli, das Minimum zwischen November und Februar. Es spielen aber noch andere Kleinigkeiten mit. Am 9. November 1965 fiel in New York für eine Nacht der Strom aus, es gab kein Licht, kein Kino, kein Fernsehen, kein Theater. Neun Monate später gab es für kurze Zeit einen Geburtenanstieg um 33 bis 35 Prozent in den Kliniken. Im Dezember 1966 hatte eine große Flut viele Venezianer in ihren Häusern eingeschlossen; genau neun Monate danach, in der ersten Augusthälfte 1967, wurden in Venedig 45 Prozent mehr Babys geboren als normal. Vom 26. bis zum 31. Januar 1967 hatte ein schwerer Schneesturm in Chicago Geschäfte und Verkehr lahmgelegt. Neun Monate später wurde die Normalzahl der Geburten um 30 bis 40 Prozent überschritten. In dem kleinen Bergstädtchen Somerset im amerikanischen Bundesstaat Kentucky war im vorigen Jahr wegen eines Rechtsstreites die Gemeinschaftsantenne für den Fernsehempfang der 7000 Einwohner einen Monat lang abgeschaltet. Neun Monate später, im Januar 1969, stieg die Zahl der Entbindungen im Krankenhaus angeblich sogar auf das Dreifache des Normalen. Solche Angaben entnimmt man heute der Tagespresse. Natürlich kann man daraus nicht schließen, der Mensch habe keinen freien Willen oder handle nicht aus moralischer Verantwortung: aber man wird es doch ganz vernünftig finden, daß zur Zeit die »Greenland Post«, die einzige Zeitung dieser Insel der kalten und langen Polarnächte, heftig für die Einführung des Fernsehens streitet, und zwar um die in letzter Zeit stark wachsende Zahl der Geschlechtskrankheiten einzudämmen.

Auf den Nachrichtenhunger zu spekulieren ist aber nicht nur entschuldbar, sondern heutzutage sogar geboten. Goethe hat zwar seinem Freund Zelter geschrieben: »Eisenbahnen, Schnellposten, Dampfschiffe und alle möglichen Facilitäten der Kommunikation sind es, worauf die gebildete Welt ausgeht, sich zu überbieten, zu überbilden und dadurch in der Mittelmäßigkeit zu verharren«; und wäre ihm das Fernsehen bekannt gewesen, es hätte in dieser Aufzählung vom 6. 6. 1825 wohl nicht gefehlt. Dennoch sind Zeitung, Radio, Fernsehen und die dahintersteckende Neu-Gier nach interessanten Meldungen aus aller Welt ungemein notwendig, weil sie uns nämlich unter anderem die Rückmeldungen zuführt aus jenen Fernen, in die wir – mehr oder weniger absichtlich – unseren Einfluß ausgedehnt haben. Nicht sehen, nicht erfahren, was man (mit Verordnungen, die man erläßt; mit Medikamenten, die man auf den

Markt bringt; mit Entwicklungshilfe, die in andere Erdteile geht) bewirkt, schwächt das Verantwortungsgefühl. Diese gefährliche Konsequenz ist im Krieg am deutlichsten geworden. Max Frisch beschreibt in seinem Tagebuch 1946–1949 den »Unterschied, der darin besteht, ob ich Bomben streue auf ein solches Modell, das da unter den jagenden Wolken liegt, halb rührend, halb langweilig und kleinlich, oder ob ich ebenfalls dort unten stehe, mein Sackmesser öffne und auf einen Menschen zugehe, einen einzigen, dessen Gesicht ich sehen werde… Das letztere kann ich mir nicht zutrauen. Beim ersteren, das ist der Unterschied, bin ich durchaus nicht sicher.« Doch muß nicht nur der über die Sichtweite verlängerte Waffen-Arm, sondern jeder unsere direkte Vorstellungswelt verlassende Wirk-Arm durch Rückmeldungen kompensiert werden, die den räumlichen Abstand zum Geschehen überbrücken und uns mit der Kontrolle verantwortliches Verhalten ermöglichen. Das heißt, wir müssen den technischen Fortschritt gleichmäßig auf allen Gebieten anwenden; Einseitigkeit ist auch hier gefährlich. Kompensatorische Maßnahmen sind nun auf vielen Gebieten erforderlich. Bei Piloten, die mit Überschallgeschwindigkeiten fliegen, sind Spermien mit einem Y-Chromosom benachteiligt; diese Männer zeugen vorwiegend Mädchen[106]. Gäbe es ein Verfahren, das auszugleichen, so wäre seine Anwendung vermutlich erlaubt. Als Kriterium dafür gilt offenbar immer, ob ein natürlicher Gleichgewichtszustand erhalten oder wiederhergestellt werden kann. Auf jeden Fall ist stets mehr als nur ein Faktor zu berücksichtigen: Man muß in Systemen denken. Das fordert ja auch die Ethik, die nicht nur auf das Einzelindividuum ausgerichtet ist, sondern ebenso auf die Erhaltung und das Funktionieren der Gesellschaft. So findet die freie Entfaltung der Persönlichkeit ihre Grenzen an den berechtigten Interessen der Gemeinschaft. Wenn die Ethik Richtlinien für das Handeln gibt, so werden diese abhängig sein von der jeweiligen Erkenntnis der komplizierten Zusammenhänge zwischen dem Wohlergehen des einzelnen und dem der Gesellschaft. Mit der Erkenntnis der Naturgesetze wächst aber auch die Zahl der Möglichkeiten, Störungen im Zusammenleben der Individuen zu beseitigen und einen Ausweg zu finden, wenn berechtigte Interessen miteinander in Konflikt kommen. Zum Beispiel ist es biologisch vorteilhaft, daß die Individuen altern und sterben. Ein unsterbliches Lebewesen ist sicher kein Widerspruch in sich, denn die einfachsten und dem Urzustand in vielem besonders nahen Lebewesen sind auch heute noch potentiell unsterblich; sie kommen zwar in großer Zahl durch äußere Einflüsse verschiedenster Art um, nicht aber durch Altern. Kommt es jedoch auf rasche Evolution zu immer vorteilhafteren Lebensformen an, so muß jede Population ihre Fortpflanzungskapazität und ihre Variationsmöglichkeiten des Erbgutes möglichst ausgiebig ins Spiel bringen, also möglichst viele etwas voneinander verschiedene Nachkommen unter den realen Lebensumständen testen lassen. Wenn es dann aber nur eine bestimmte Zahl möglicher Lebensplätze gibt, so dürfen diese nicht dauernd von den bereits vorhandenen Individuen besetzt bleiben, denn dann ist für Neuentwicklungen kein Platz. So notwendig es für das Individuum ist, sich durchzusetzen und am Leben zu bleiben, so notwendig ist es für den Fortbestand der Population im Konkurrenzkampf mit Nachbarpopulationen, die bereits getesteten Baumuster rechtzeitig wieder aus dem Verkehr zu ziehen. Da für die Automobilindustrie dieselben Gesetzmäßigkeiten gelten, drängt sich dieses Vokabular geradezu auf.

Wie weit darf nun die Medizin in ihrem Bestreben gehen, das Leben jedes einzelnen Individuums um jeden Preis zu erhalten, ohne mit den Interessen der nächstgrößeren Bevölkerungseinheiten in Konflikt zu kommen? Oder wie soll sich ein armer katholischer Südamerikaner verhalten, der die Kinderzahl beschränken will, um aus dem Elend herauszukommen, dem aber auch gesagt wird, daß bald die nicht Geburtenbeschränkung treibenden Völker den größten Teil der Weltbevölkerung auszumachen und die »Vernünftigeren« zu verdrängen drohen? Seiner Familie zuliebe sollte er wenig Kinder haben, seinem Volk, seiner Religion oder sonst einer sozialen Einheit zuliebe sollte er möglichst viele Kinder haben. Oder wie soll sich ein Ehepaar verhalten, das berechtigtermaßen keine Kinder mehr haben will, laut päpstlicher Anweisung aber deshalb auf den größten Teil ehelicher Intimitäten verzichten muß und nun den Fortbestand der festen Partnerbeziehung gefährdet sieht? Zu einer Antwort auf die letzte Frage will dieses Buch verhelfen. Notwendig dazu ist ein Einblick in diejenigen biologischen Gesetzmäßigkeiten, die der Erzeugung von Nachkommen und der Partnerbindung zugrunde liegen.

4. Ethologie und Medizin

Wenn es im Menschen biologisch vorgeplantes, natürliches Verhalten gibt, dann muß derjenige es kennen, der das menschliche Verhalten ändern oder beeinflussen will. Das läßt sich am einfachsten durch einen Vergleich mit der Medizin zeigen, die ja auch biologische Funktionen des Menschen beeinflussen will. In beiden Fällen handelt es sich darum, Abweichungen von einer Norm zu beheben. Woher die Norm kommt, woher also der Mediziner weiß, wie ein gesunder Mensch beschaffen und was dementsprechend krank ist, oder woher man weiß, welches Verhalten richtig und was dementsprechend korrekturbedürftiges falsches Verhalten ist, bleibe hier außer Betracht. Man muß nur festhalten, daß die Norm nicht einfach von der Mehrheit abhängt, also von dem, was man gegebenenfalls mit »normal« bezeichnen könnte: Selbst wenn 90 Prozent der Menschen zuckerkrank sein sollten, wird man sie deshalb nicht »zuckergesund« nennen. In der Moraltheologie gibt es zwar ab und zu das Bestreben, z. B. die Ein-Ehe als Norm für den Menschen damit zu begründen, daß sie in den meisten Völkern vorherrscht und daß es in der menschlichen Geschichte ein »Gefälle auf die Monogamie hin« gibt, wie Thielicke es ausdrückt. Ganz abgesehen davon, ob diese Behauptungen wahr sind, taugen sie nicht dazu, eine sittliche Norm zu begründen. Denn nach der gleichen Methode wird man entdecken, daß die meisten Menschen lügen, daß, je enger die Kontakte zu immer mehr Menschen werden, es ein »Gefälle aufs Lügen hin« gibt, und müßte dann konsequent das Lügen zur sittlichen Norm erklären. Schon das Achte Gebot lehrt, daß die Methode falsch war.

Setzen wir also voraus, der Mediziner wisse, was ein gesunder Mensch ist. Abweichungen von diesem Leitbild sind dann Krankheiten, und es gilt, diese Abweichungen zu beheben. Das älteste Verfahren dazu besteht darin, beschwörend zu verkünden: »Du sollst gesund werden.« Beschwörung und Gesundbeten sind zwar heute noch im Gebrauch, als Heilmethode aber nicht sehr verläßlich. Viel besser bewährt haben sich Kausalanalysen der Krankheitszustände, die es dem Arzt erlauben, Infektionsherde und organische Fehlfunktionen zu erkennen und gezielt zu behandeln. Selbstverständlich befähigt die genaue Kenntnis der Funktionszusammenhänge den Mediziner auch, einen gesunden Menschen krank oder einen kranken noch kränker zu machen. Die Methode ist ethisch neutral, man kann sie zum Guten wie zum Bösen benutzen.

Entsprechend setzen wir voraus, man wisse, wie ein Mensch sich richtig verhalten soll. Die meisten Abweichungen vom Soll finden sich erfahrungsgemäß im Sozialverhalten. Das heute noch verbreitetste Verfahren, solche Abweichungen zu korrigieren oder zu verhindern, besteht darin, beschwörend zu verkünden: »Du sollst deinen Nächsten lieben wie dich selbst.« Wieder lassen die Erfolge dieser Methode viel zu wünschen übrig und ermutigen eher, es auch hier mit einer genauen Kausalanalyse des gestörten Systems und seines Funktionsgefüges zu versuchen. Wieder wird bestenfalls ein neutrales Schema von Behandlungsmöglichkeiten herauskommen, mit dem sich auch anderes als die gültige Norm verwirklichen läßt. Um experimentieren zu können und um allgemeingültige Gesetze zu finden, untersucht man vergleichend zum Menschen auch tierisches Verhalten. Sogar Beeinflussungsmethoden kann man an geeigneten Tieren ausprobieren, und zwar nicht, weil der Mensch »auch nur ein Tier« wäre, sondern weil er manches Untersuchbare mit den Tieren gemeinsam hat. Auch Mediziner probieren erfolgreich Medikamente an Mäusen aus, ohne daß sie deshalb behaupten würden, der Mensch sei ein Nagetier. Ferner kann weder der Mediziner noch der Verhaltensforscher die an einer Tierart gewonnenen Ergebnisse auf eine andere Tierart oder auf den Menschen übertragen; übertragen lassen sich immer nur Arbeitshypothesen, bestimmte Voraussagen, die jedoch stets nachgeprüft werden müssen. Auch über die Wirkung neuer Medikamente auf den Menschen lassen sich nach Tierversuchen nur Wahrscheinlichkeitsaussagen machen, und trotz schärfster Prüfbestimmungen kann die Voraussage auch einmal falsch sein.

Wie man zu möglichst richtigen Voraussagen kommt, ist eine Methodenfrage, die im folgenden erörtert werden soll.

5. Wie findet man ein Naturgesetz?

Das ist eine Frage nach der Methode, wie sie heute in vielen Wissenschaften sehr akut ist. Sie taucht immer dann auf, wenn irgendwelche wissenschaftlichen Aussagen auf Zweifel stoßen. Woher diese Zweifel kommen, ist dabei nicht so wichtig. Wenn man »so das Gefühl hat«, eine Aussage stimme nicht, dann kann man prüfen, wie denn diese Aussage zustande gekommen ist. Dazu wird man nachsehen müssen, auf welche Grundfakten sie zurückgeht und auf welchen Wegen sie aus diesen Fakten abgeleitet wurde. Man kann die Methodenfrage aber auch um ihrer selbst willen stellen und untersuchen, zu welchen Aussagen man kommt, wenn man ein neues methodisches Verfahren anwendet. Getestet wird die Methode daran, ob das, was man mit ihr herausbringt, wahr ist. Als Wahrheit gilt die Übereinstimmung zwischen verschiedenen Aussagen oder auch zum Beispiel zwischen Verstand und Sachverhalt. Wir wollen hier aber nicht in die Philosophie schweifen, sondern natürliche Sachverhalte erörtern. »Natur« ist in diesem Zusammenhang zunächst derjenige Teil oder Aspekt der Schöpfung, der den naturwissenschaftlichen Arbeitsmethoden zugänglich ist. Wir werden zum

Schluß, wenn es um den Menschen geht, noch dasjenige der menschlichen Natur hinzunehmen, was nicht den naturwissenschaftlichen Methoden zugänglich ist, wohl aber unserer unmittelbaren eigenen Erfahrung. Die Naturwissenschaft ist eine empirische Wissenschaft; was in ihr wahr ist, entscheidet die Nachprüfung. Diese endet nach Weizsäcker in Sätzen, die zwar unbewiesene Axiome sind, aber allgemein als wahr gelten. Eine biologische Aussage ist wahr, wenn sie dem Lebewesen angemessen, seiner Natur gemäß ist. Diese Aussagen müssen der Natur der Lebewesen angepaßt werden, denn es ist offensichtlich Unsinn zu behaupten, eine Aussage sei wahr, stimme aber nicht zur Natur, weil die Lebewesen falsch seien.

Es gibt jedoch verschiedene naturwissenschaftliche Methoden, mit denen man ein und denselben Sachverhalt prüfen kann. Es gibt ferner Aussagen über den Menschen, die von verschiedenen Wissenschaften kommen und daher mit verschiedenen Methoden gewonnen worden sind. Da sich in jeden wissenschaftlichen Arbeitsgang Fehler einschleichen können, kann es auch vorkommen, daß derartige Aussagen miteinander unvereinbar sind. Das hat einen großen Vorteil: Erst dadurch wird man nämlich darauf aufmerksam, daß eine der Aussagen möglicherweise falsch ist. Man wird daraufhin beide Aussagen methodisch überprüfen und kann berechtigtermaßen hoffen, am Ende einen Erkenntnisschritt weitergekommen zu sein. Wo die Methoden nicht in Frage gestellt werden, handelt es sich schon um Ideologie. Weil sich nun heute immer wieder naturwissenschaftliche und theologische Aussagen zu ein und demselben Sachverhalt widersprechen, gewinnt auch in der Theologie die rationale Methodenreflexion immer mehr an Bedeutung. Speziell in der Moraltheologie ist heute eine starke Methodenkritik, eine Methodenüberprüfung, im Gange. In diese kann der Naturwissenschaftler nicht eingreifen; wohl aber kann er sich bemühen, um des gutnachbarlichen Verhältnisses und der gemeinsamen Erkenntnis willen alles von seinem Wissen zur Verfügung zu stellen, was der Moraltheologe zur Prüfung seiner Methoden brauchen kann. Für den besonderen Bereich der Ehemoral soll das hier von seiten der Biologie und der Verhaltensforschung geschehen.

Charakteristisch für die Verhaltensforschung ist, daß sie sich nicht auf die Erforschung bestimmter Teile der Lebewesen beschränkt – etwa der Hormone oder der Sinnesorgane – und auch nicht auf bestimmte biologische Leistungen, etwa den Winterschlaf oder die Zellteilung; sie versucht vielmehr herauszubekommen, wieso die verschiedenen Tierarten, so wie sie heute sind, eigentlich bestehen können. Sie untersucht das lebende Tier, und zwar, wenn möglich, in seiner natürlichen Umwelt. Sie fragt, welche Konsequenzen es für den Fortbestand der Art hat, wenn die Individuen Reviere verteidigen, in wohlorganisierten Staaten leben, angeborenermaßen auf bestimmte Umweltreize antworten, wenn sie eigene Erfahrungen sammeln und diese gegebenenfalls an andere weitervermitteln können usw. Die Verhaltensforschung versucht zu erklären, warum manche nahe miteinander verwandte Tierarten sich in ihrem Verhalten erheblich unterscheiden, warum z. B. einige Tierarten sich in innerartlichen Kämpfen stark verwunden oder gar töten, andere trotz gefährlicher Waffen aber nicht. Sie muß dazu auch die Historie untersuchen; sie muß wissen, wie sich die einzelnen Verhaltensweisen des Kampfes, der Balz usw. im Laufe der Stammesgeschichte verändert haben und wie sie sich im Laufe der Jugend an einzelnen Individuen entwickeln. Das alles zwingt den Forscher weg vom isolierten Detail und hin zum Systemdenken; er könnte z. B. fragen, was geschehen würde, wenn Schimpansen zum Leben an einem baumlosen Meeresufer gezwungen würden oder warum eigentlich die Vorstellung so lächerlich ist, daß eine Kuh sich vor einen Kaninchenbau legt und lauert, ein Kaninchen fängt und es dann verspeist. Regelmäßig zeigt sich, daß die verschiedenen Arten von Lebewesen ganz verschiedene Lebensmöglichkeiten ausnutzen und dazu in ganz besonderer Weise befähigt sind, so wie der Fisch zum Schwimmen, der Vogel zum Fliegen, der Maulwurf zum Graben in der Erde. Es zeigt sich aber auch, daß übereinstimmende Fähigkeiten unabhängig entwickelt werden und bestehende Übereinstimmungen verlorengehen können: Der Pinguin ist ein Vogel, aber er kann nicht fliegen; dafür kann er so gut schwimmen wie der Wal – und doch sind beide keine Fische. Fliegen können Vögel, Insekten und Fledermäuse, aber sie haben diese Fähigkeit unabhängig voneinander entwickelt. Es gibt also zwei grundsätzlich verschiedene Vergleichsmöglichkeiten: den *Verwandtschaftsvergleich* und den *Leistungsvergleich*. Im ersten wird untersucht, was aus demselben Organ Verschiedenes werden kann (aus einem Vorderbein etwa ein Vogelflügel oder aus diesem eine Flosse wie beim Pinguin); im Leistungsvergleich wird untersucht, aus welchen verschiedenen Organen Übereinstimmendes werden kann (ein Flügel etwa aus einem Vorderbein bei Vögeln und Fledermäusen, aus einer Hautvorstülpung am Rücken bei Insekten). Methodisch kann man charakteristische Verhaltensweisen ebenso behandeln wie Organe, denn es hat sich gezeigt, daß ihre Form weitgehend überliefert wird, daß sie aber außerdem von der Funktion der betreffenden Verhaltensweise abhängt und sich allmählich ändert, wenn die Verhaltensweise ihre Funktion ändert.

Will man wissen, wie ein bestimmtes Organ oder eine Verhaltensweise im Laufe der Stammesgeschichte zu ihrer heutigen Form gekommen ist, so muß man ihre Vorstufen suchen, muß also streng bei demselben Organ oder derselben Verhaltensweise bleiben: Es nutzt nicht, Insektenflügel zu vergleichen, um zu verstehen, woher der Vogelflügel stammt. Wohl aber hilft ein Vergleich zwischen Vogel- und Insektenflügel zum Verständnis, was für die Funktion eines Flügels wesentlich ist. Es kommt dabei offensichtlich nicht so sehr darauf an, ob der Flügel aus Knochen und Federn oder aus Chitin besteht. Weil dieser methodische Ansatz sehr wichtig ist, sei er noch an einem technischen Beispiel erläutert: Ein und dieselbe Autofirma kann so verschiedene Autotypen entwickeln wie Personenwagen, Lastwagen und Kleinbus; entsprechend entwickelt die Firma »Säugetier« Maulwürfe, Gazellen und Eichhörnchen. Daß diese so verschiedenen Modelle je zur selben Firma gehören, kann man zwar nicht auf den ersten Blick von außen, wohl aber bei genauerer Untersuchung ihrer Konstruktion feststellen. Andererseits bauen aber ganz verschiedene Firmen weitgehend übereinstimmende Autotypen, z. B. Kleinbusse; entsprechend haben ganz verschiedene Tierklassen flugfähige Lebewesen entwickelt. Obwohl äußerlich oft ziemlich ähnlich, zeigt doch eine genaue Konstruktionsanalyse, daß diese weitgehend übereinstimmenden Modelle von verschiedenen Firmen stammen. Will man nun wissen, was für das Prinzip des Kleinbusses kennzeichnend ist, so vergleicht man am besten Kleinbusse verschiedener Firmen. Man findet dann firmentypische Unterschiede, die offenbar unwesentlich sind (z. B. wie die Räder aufgehängt sind; ob der Motor vorn oder hinten sitzt; wie die Scheibenwischer laufen), und Übereinstimmungen, die trotz der verschiedenen firmentypischen Bauweisen vorhanden sind, auf die es also offenbar ankommt, wenn man überhaupt so etwas wie einen Kleinbus bauen will.

Der Anatom vergleicht auf diese Weise Organe, die weitgehend übereinstimmen, aber völlig unabhängig entwickelt worden sind, etwa das Auge der Wirbeltiere und das Auge der Tintenfische. Äußerlich unglaublich ähnlich, erweisen sie sich als zwei ganz getrennte »Erfindungen«: Das Tintenfischauge entsteht als Hauteinstülpung und hat die Sinnesfortsätze der Netzhaut zur Augenlinse hin gerichtet, das Wirbeltierauge hingegen ist eine Ausstülpung des Gehirns und hat Sinneszellen, die von der Linse weg zeigen. Wie das im einzelnen konstruiert wurde, ist für die Funktion unwesentlich; wesentlich sind die für ein Linsenauge kennzeichnenden Bauteile wie Linse, Iris, Glaskörper, Netzhaut.

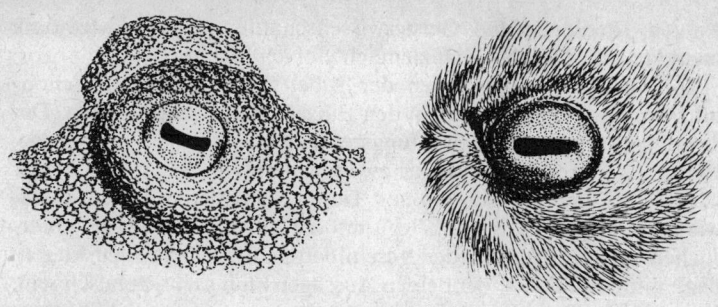

Fast gleiche Sehorgane entstanden im Tierreich zweimal. Links das Auge eines Tintenfisches (Octopus), rechts das eines Säugetieres (Ziege)

Der Verhaltensforscher vergleicht auf dieselbe Weise tierische Leistungen, z. B. die Fortpflanzung, das Kämpfen oder verschiedene Typen tierischer Sozietäten, z. B. Dauerpaare oder geschlossene größere Gruppen. Und wenn man wissen will, was für die Paarbindung wesentlich ist, dann muß man möglichst verschiedene Tierformen vergleichen, die unabhängig voneinander die Einehe »erfunden« haben. Diese Methode liefert sowohl die Naturgesetze, denen das Linsenauge gehorcht, wie auch die Naturgesetze der Ehe. Erst wenn man diese erkannt hat, kann man versuchen, sie mit den menscheneigenen Mitteln besser zu verwirklichen.
Anders haben es viele Theologen gehandhabt.
Sicher sieht es unfein aus, den andern anzuschwärzen, statt vor der eigenen Tür zu kehren. Es mag hier dennoch erlaubt sein, nicht um die Theologen abzukanzeln, sondern um der Wahrheit näherzukommen. Um das Naturgesetz bemühen sich beide, Biologen und Theologen. Und wenn auch das, was sie suchen, nicht unbedingt identisch ist, so stimmt es doch wenigstens teilweise überein. Zumindest ist es derselbe Mensch, der moraltheologische Weisungen hört und Naturgesetze erforscht. Wenn er dann für die Erforschung der Naturgesetze eine strenge Methodik entwickelt und damit zu Aussagen kommt, die mit den Aussagen der Theologie nicht übereinstimmen, dann wird er diese anzweifeln müssen. Es ist kein Geheimnis, daß viele Aussagen der Theologen und Geisteswissenschaftler über den Menschen recht fragwürdig geworden sind, ob es sich nun um die Frage des Verhältnisses zwischen Mensch und Tier oder um die Erbsünde handelt.
Wer aber hat dies alles fragwürdig werden lassen? Das waren die-

jenigen Theologen und Geisteswissenschaftler, die ihre Methodik nicht kennen. Das läßt sich ziemlich einfach zeigen:

Schon auf den ersten Seiten der Bibel findet man zwei Schöpfungsberichte, die einander in den Einzelheiten widersprechen. Der erste nennt folgende Schöpfungsreihenfolge: Himmel und Erde, Pflanzen, Tiere, Mensch; der zweite aber sagt ausdrücklich, der Mensch sei vor den Pflanzen und Tieren erschaffen. Für den Naturwissenschaftler ist es ganz legitim, die Unstimmigkeit zu untersuchen und die verschieden geschilderten Einzelheiten zu klären; denn mindestens eine der beiden Aussagen muß sachlich falsch sein. Über die sachliche Frage hinaus kann man aber zu den Schöpfungsberichten sehr verschiedene Grundeinstellungen haben, und das ist für diese und viele ähnliche Debatten entscheidend: Einerseits könnte man auf die deutlich voneinander abweichenden Einzelheiten hinweisen und damit das Ganze als Geschwätz oder gar als Betrug entlarven. Das ist Kriminalistenlogik, durch die z. B. Daniel berühmt wurde, weil er mit ihr die Frau des Joakim, Susanna, vor der Rache der lüsternen Alten rettete (Dan. 13 bzw. Geschichte von Daniel und Susanna). Voraussetzung für dieses durchaus berechtigte Verfahren ist Mißtrauen. Gott gegenüber ist Mißtrauen aber unangebracht; er verlangt Vertrauen. Und daraus ergibt sich die andere mögliche Grundeinstellung, die annimmt, es seien absichtlich zwei in den Einzelheiten verschiedene Berichte gegeben, und zwar als Hinweis darauf, daß es auf die Einzelheiten selbst nicht ankomme, sondern auf etwas Allgemeineres, das man so oder so ausdrücken kann. Die widersprüchlichen Einzelheiten sollten dann also gerade verhindern, daß der Leser an den vordergründigen Kleinigkeiten hängenbleibt und sich mit ihnen begnügt. Die Theologie sagt dementsprechend, die Bibel sei kein Naturkundebuch, sondern enthalte die in eine bestimmte Sprachform gekleidete Botschaft, *daß* Gott die Welt geschaffen hat, sie gebe aber keine Auskunft darüber, *wie* er sie schuf.

Den Naturwissenschaftler jedoch interessiert gerade das Wie; und er findet dann alsbald heraus, daß in dieser Hinsicht beide Schöpfungsberichte nicht stimmen. Das aber weckt in vielen Menschen Zweifel, ob überhaupt etwas Wahres am Schöpfungsbericht sei und ob es für Naturwissenschaftler nicht besser oder gar notwendig sei, die Bibel abzulehnen. Wer immer diesem Zweifel folgt, Naturwissenschaftler oder Theologe, hängt sich selbst ebenfalls wie ein Pharisäer an die Einzelheiten und übersieht, daß möglicherweise die Naturwissenschaft wieder eine andere Beschreibungsweise gefunden hat, in der sich das Wesentliche ebensogut sagen läßt. Je mehr solche

Beschreibungsweisen es gibt, desto reiner sollte das Wesentliche vom Unwesentlichen zu trennen sein.

Leider ist das auch von den Theologen immer wieder übersehen worden; sie haben, um Zweifel zu bekämpfen und die Menschen im Glauben zu erhalten, versucht, die Bibel gegen die Naturwissenschaftler zu verteidigen, d. h. naturwissenschaftliche Gegenargumente zu sammeln. Natürlich kann es vorkommen, daß ein Naturwissenschaftler behauptet, er habe widerlegt, daß die Welt von Gott geschaffen sei; er kann es aber nicht als naturwissenschaftliche Aussage hinstellen, denn das geben seine Methoden gar nicht her. Der Glaubende darf sich aber durch solche Äußerungen auch nicht ins Bockshorn jagen lassen. Die theologische Heilsaussage ist durch die Naturwissenschaft nicht angegriffen; wer sie dennoch zu verteidigen sucht, muß der Naturwissenschaft eine Grenzüberschreitung unterschieben – und wird dann selbst eine Grenzüberschreitung in umgekehrter Richtung begehen und die Heilsaussage mit naturwissenschaftlichen Argumenten beweisen wollen. Das ist nun eine ziemlich tragische Verwirrung. Ihr verdanken wir den bis heute nicht überstandenen Galilei-Prozeß. Denn auch da hat die Kirche versucht, ein biblisches Bild – wenn auch ein Weltbild – zu verteidigen. Sie benutzte dazu das Argument, Galilei dürfe seine Meinung nicht verkünden, da er sie nicht bewiesen habe. Es ist aber nicht Sache der Theologie, über die Schlüssigkeit naturwissenschaftlicher Beweise zu befinden.

Ein anderer tragischer Fall, in dem Methodenfehler bis heute schwerwiegende Folgen gezeitigt haben, ist die herkömmliche Lehre der katholischen Kirche über den Monogenismus, d. h. die Abstammung aller Menschen von einem einzigen Elternpaar. Der Schöpfungsbericht erwähnt nur die Erschaffung von Tierklassen (Vögeln, Fischen usw.), nicht von Einzelindividuen; und ebenso heißt es: »Wir wollen Menschen machen.« Aus der biblischen Schöpfungsgeschichte läßt sich die Lehre von dem einen Paar Stammeltern nicht ableiten. Sie wird auch anders begründet, nämlich von der theologischen Lehre der Ursünde her, die gewöhnlich Erbsünde genannt wird, und von der es dogmatisch heißt: »Die Sünde Adams ist durch Abstammung, nicht durch Nachahmung auf alle seine Nachkommen übergegangen«; »Die Erbsünde wird durch Zeugung fortgepflanzt.« Daraus nun wurde gefolgert: »Das ganze Menschengeschlecht stammt von einem einzigen Menschenpaar ab«; zwar ist das nicht strenges Dogma, sondern lediglich »theologisch sichere Lehre«, die revidiert werden kann, sobald hinreichende Gründe vorliegen. Solche Gründe lagen aber von Anfang an vor, und zwar auch schon innerhalb der Theologie. Daß der Monogenismus aus theologischen Gründen auf jeden Fall zu fordern ist, wie es lange Zeit hieß, bestreiten heute einige namhafte Theologen[37]. Man braucht aber kein Theologe zu sein, um zu sehen, daß die Behauptung, alle Menschen stammten von einem einzigen Elternpaar ab, eine handfeste biologische Aussage ist. Solche Aussagen kann die Naturwissenschaft im Prinzip überprüfen; ob wir genügend Forschungsergebnisse haben, um es jetzt schon zu tun, ist eine andere Frage. Auf jeden Fall handelt es sich hier um eine Behauptung, die prinzipiell in den Bereich der Naturwissenschaft fällt. Damit ist die Naturwissenschaft aufgerufen zu entscheiden, ob diese Behauptung richtig ist. Die Theologie will und kann keine das Gewissen der Gläubigen bindenden positiven Aussagen im naturwissenschaftlichen Bereich machen; sie unterwirft aber hier sogar eine dogmatische Aussage dem Richterspruch der Naturwissenschaft, riskiert also, daß diese Behauptung widerlegt wird. Da theologische Aussagen außerhalb des Bereichs der Naturwissenschaft liegen, muß die Aussage über den Monogenismus untheologisch sein. Aufgabe der Theologen ist die Heilsverkündung, und dabei müssen sie ihre Aussagen unabhängig halten vom jeweiligen naturwissenschaftlichen Erkenntnisstand, weil sie sonst gewollt oder ungewollt zu Verfechtern naturwissenschaftlicher Thesen werden. Es ist also nicht nur untheologisch, sondern überhaupt unlogisch, wenn Papst Paul VI. noch im Juli 1966 erklärte: »Es ist daher ganz klar, daß euch« (den zwölf Theologen, die zu einem Symposion über die Erbsünde nach Rom gekommen waren) »die Erklärungen, die einige moderne Autoren über die Erbsünde geben, unvereinbar mit der ursprünglichen katholischen Lehre erscheinen werden. Diese Autoren gehen von der alles andere als fest bewiesenen Annahme aus, daß das Menschengeschlecht nicht von einem einzigen Stammelternpaar, sondern von mehreren Stammeltern abstamme, und leugnen mehr oder weniger offen, daß die Sünde, aus der eine solche Flut von Übel in die Menschheit gekommen ist, vor allem und eigentlich der Ungehorsam eines einzigen ersten Menschen, Adams, des Stammvaters aller Menschen, am Beginn der Geschichte gewesen ist. Diese Auffassungen stimmen nicht mit der Lehre der Heiligen Schrift, der Tradition und des kirchlichen Lehramtes überein, denen zufolge sich die Schuld des ersten Menschen auf alle seine Nachkommen auswirkt. Aber auch die Hypothese des Evolutionismus, die sich heute bei vielen Wissenschaftlern und nicht wenigen Theologen wegen ihrer Wahrscheinlichkeit großer Beliebtheit erfreut, wird euch keiner ernsteren Betrachtung wert erscheinen, soweit sie nicht klar mit der katholischen Lehre übereinstimmt, die entschieden die unmittelbare Erschaffung aller und jeder einzelnen menschlichen Seele durch Gott bestätigt und die Bedeutung des Ungehorsams des ersten Menschen für das Schicksal der ganzen Menschheit für entscheidend hält.« Der Hinweis auf die »alles andere als fest bewiesene Annahme« verrät die gleiche methodische Unsicherheit wie gegenüber Galilei. Der Papst zieht Erkenntnisgrenzen im naturwissenschaftlichen Bereich; »diese Grenzen werden vom lebendigen Lehramt der Kirche gezogen, das die oberste Norm der Wahrheit für alle Gläubigen ist«.

Und zumindest sehr mißverständlich im Sinne des hier vorgeführten Methodenfehlers ist die Aufforderung des Papstes an die Mediziner in der Enzyklika »Humanae vitae«: »So werden die Männer der Wissenschaft, vor allem aber die katholischen Wissenschaftler, durch ihren Beitrag beweisen, daß, wie es die Kirche lehrt, kein wirklicher Widerspruch zwischen den göttlichen Gesetzen, die die Weitergabe des Lebens regeln, und jenen, die die echte eheliche Liebe fördern, bestehen kann.« Naturwissenschaftler können nicht beweisen, daß eine theologische Lehre richtig sein muß. Selbst wenn der Wunsch des Papstes in Erfüllung geht, »daß es der medizinischen Wissenschaft gelingen möge, der Geburtenregelung eine hinreichend sichere Grundlage zu geben«, die weibliche Empfängnisbereitschaft immer genauer zu bestimmen, so ist das noch kein Beweis für die Richtigkeit irgendeiner kirchlichen Doktrin. Zwischen natürlichen Gesetzen und dem, was die Theologie als göttliches Gesetz verkündet hat, können Unterschiede bestehen. Die Aussagen der Theologie über die Natur und insbesondere die Natur des Menschen sind so sehr mit überholten naturwissenschaftlichen Auffassungen imprägniert, daß es Naturwissenschaftler braucht, um herauszubekommen, was an den Aussagen theologischer Kern ist[93]. Aber die Hälfte aller Wissenschaftler, die die Weltgeschichte kennt, lebt heute. Entsprechend schnell wächst unsere Erkenntnis. Selbstverständlich wird die Theologie immer die Sprache der Zeit reden müssen, um verstanden zu werden; aber sie muß auch mit den naturwissenschaftlichen Erkenntnissen mitwachsen, wenn sie in Zukunft nicht mißverstanden werden will. Sie muß beachten, daß der Mensch die Welt nicht nur ändert, sondern sie mit zunehmender Geschwindigkeit ändert.

II.

1. Relative Männlichkeit und Weiblichkeit

Jede lebende Zelle ist zweigeschlechtlich angelegt und kann männlich oder weiblich reagieren, je nachdem, welche bestimmenden Einflüsse herrschen. Das Verwirklichen eines Geschlechtes kann von Erbfaktoren bestimmt werden, die oft auf den sogenannten Geschlechtschromosomen sitzen; es kann aber auch von äußeren Einflüssen abhängen. Im ersten Fall spricht man von genetisch bedingter, im zweiten von modifikatorisch bedingter männlicher oder weiblicher Anlageentfaltung. Durch die überwiegende Entfaltung der einen oder der andern dieser Anlagen wird eine Zelle männlich oder weiblich, und zwar – und das ist wichtig – *in bezug auf* eine andere Zelle, in der die entgegengesetzte Anlage überwiegt. Schon bei ganz einfachen Lebewesen, den Algen mit fadenförmig hintereinandergereihten Zellen, kann man beobachten, daß die Zellen eines Fadens sich bei der Kopulation männlich gegenüber den Zellen eines zweiten Fadens, aber weiblich gegenüber den Zellen eines dritten Fadens verhalten. Als Kennzeichen männlichen Verhaltens gilt dabei, daß die Zelle sich bewegt und aktiv zur andern hin kriecht oder schwimmt; weiblich heißt diejenige Zelle, die passiv bleibt. Die geschlechtliche Differenzierung ist also hier nicht absolut, sondern es muß innerhalb eines Geschlechtes Unterschiede in der »Stärke« des Geschlechts geben, die dazu führen, daß etwa eine normalerweise weibliche Zelle sich gegenüber einer stärker weiblich differenzierten als männliche Zelle verhält. Das ist inzwischen an vielen Arten nachgewiesen, allerdings sind die dazu notwendigen Versuche meist außerordentlich umständlich; einige Fälle machten nahezu zehn Jahre lange Arbeiten notwendig, bis mit Hilfe rein gezüchteter Stämme die Frage geklärt wurde.

An einer Tierart, deren Individuen nur aus einer einzigen Zelle bestehen, kann man das Geschlecht und dessen Ausbildungsstärke ausnahmsweise sofort sehen; es ist ein Geißeltierchen aus der Verwandtschaft der Vielgeißler *(Polymastigina)*, lebt im Darm einer holzfressenden amerikanischen Schabe und heißt *Trichonympha*. Wie bei vielen Einzellern verschmelzen im Sexualakt die Individuen

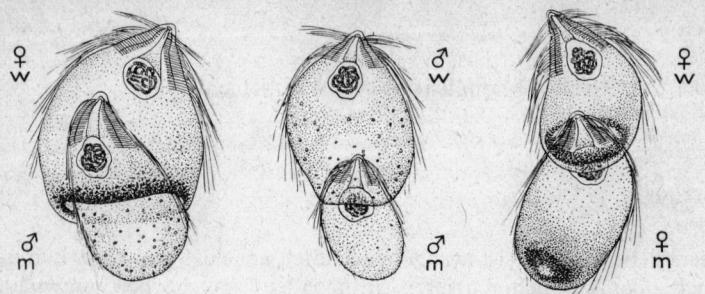

Jedes Individuum des Geißeltierchens Trichonympha ist entweder stärker
weiblich (♀) oder stärker männlich (♂) differenziert, kann aber sowohl
als Weibchen (w) wie als Männchen (m) reagieren. Ein männliches Tier
kann also gegenüber einem stärkeren Männchen die Weibchenrolle (Mitte,
♂ w), ein weibliches einem stärker weiblichen gegenüber die Männchenrolle spielen (rechts, ♀ m). Links »normale« Paarung zwischen sexuell
deutlich verschiedenen Individuen

ganz miteinander, hier, indem das männliche Individuum dem
weiblichen folgt und von hinten durch eine besondere Plasma-Zone
in dieses eindringt. Dieser Vorgang stimmt weitgehend mit dem
Eindringen eines Samenfadens in ein tierisches Ei überein. Ein
typisches *Trichonympha*-Weibchen ist dadurch kenntlich, daß es in
seinem hinteren Zellabschnitt viele dunkle Körnchen hat, die zu
einem dichten Ring angeordnet sind. Das Männchen dagegen hat
nur ganz wenige solche Körnchen frei im ganzen Zellkörper verteilt.
Zwischen diesen beiden Extremen gibt es nun aber alle Übergänge,
und man kann an der Menge der vorhandenen dunklen Körnchen
ablesen, wie stark weiblich ausgebildet ein solches Zell-Individuum
ist. Bei einer typischen Kopula dringt ein nur wenig Körnchen ent-
haltendes Individuum in eins mit dichtem Körnchenring ein, wie es
die Abbildung zeigt, spielt also Männchen. Es wird jedoch in die
Rolle des Weibchens gedrängt, wenn ihm ein Individuum mit noch
weniger Körnchen im Plasma begegnet, das dann seinerseits die
Männchenrolle übernimmt.
Und ganz entsprechend kann sich ein schwächer ausgebildetes Weibchen einem stark ausgebildeten Tier gegenüber als Männchen erweisen. Es kann sogar vorkommen, daß drei Individuen miteinander
kopulieren, wobei das mittlere als Männchen in das vorderste eindringt, zugleich aber dem letzten als Weibchen dient[15].

Derartige relative Sexualität kommt nun nicht nur bei niederen Pflanzen (Algen, Pilzen) und einzelligen Tieren vor, sondern auch bei recht hoch entwickelten Tieren. Unter den Ringelwürmern, zu denen auch unser Regenwurm gehört, gibt es in der großen Verwandtschaftsgruppe der Vielborster *(Polychaeta)* die Art *Ophryotrocha puërilis.* Sie lebt im Meer. Diese Tiere wachsen aus einem Larvenstadium allmählich zu einem immer längeren Wurm heran. Je länger er ist, desto mehr Segmente (»Ringel«) hat er, und alle Individuen mit mehr als 20 Körpersegmenten sind Weibchen. Bekannt ist der Versuch, ein solches Tier auf fünf bis zehn vordere Segmente zurückzuschneiden, woraufhin es zu einem Männchen wird, bis es wieder die für Weibchen typische Segmentzahl ausgebildet hat. Dieser Versuch glückt aber nur, wenn man die Tiere zugleich schlecht ernährt. Und tut man das auch weiterhin, bleiben diese Tiere Männchen, selbst wenn sie schon zu groß dafür sind. Dieser Wurm zeigt einen typischen Fall von Proterandrie oder »Zunächst-Männlichkeit«, weil die Individuen zunächst Männchen sind und dann zu Weibchen werden. Er zeigt aber noch mehr: Hält man zwei ausgewachsene Weibchen zusammen in einer Kulturschale, dann wird bald eins davon zum Männchen und befruchtet das Eigelege der Partnerin. Diese Umwandlung wird durch einen Stoff bewirkt; er geht von den Eiern aus, die noch im Körper des Weibchens liegen. Dasjenige Tier, das die meisten Eier hat, macht diesen Einfluß geltend und zwingt dadurch das andere Tier, Männchen zu spielen. Nach dem Ablegen der Eier freilich kann es sein, daß jetzt das andere Tier schneller viele Eier ausgebildet hat, und dann tauschen die beiden die Rollen. Möglich ist das, weil die Tiere in jedem Segment indifferente Geschlechtszellen bilden, die unter bestimmten äußeren Einflüssen zu Eiern oder zu Spermien werden[41].

In Lehrbüchern der Zoologie wird auch der im Mittelmeer und im Nordatlantik in Felsspalten versteckt hausende Wurm *Bonellia viridis* erwähnt. Aus seinen befruchteten Eiern entstehen zunächst frei schwimmende Larven, die noch geschlechtlich indifferent sind. Sie wachsen heran, lassen sich irgendwo nieder und werden zu weiblichen Individuen, deren dicker Körper mehrere Zentimeter lang ist und einen fast meterlangen Rüssel trägt, mit dem das Tier in seiner Umgebung Nahrung sucht. Trifft nun eine der umherschwimmenden Larven auf den Rüssel eines Weibchens, so setzt sie sich auch dort fest, wandelt sich im Laufe von vier Tagen zu einem Männchen um, löst sich vom Rüssel und wandert in die Geschlechtswege des Weibchens, wo es bleibt und – oft zusammen mit anderen Männchen –

für die Befruchtungen sorgt. Die Entwicklung zum Männchen geht so rasch, weil die Tiere dabei kaum zu wachsen brauchen – die Männchen werden nämlich nur etwa einen Millimeter groß. Das Verfahren, geschlechtlich noch nicht festgelegte Larven durch Einflüsse, die von einem Weibchen ausgehen, zum Männchen werden zu lassen, ist unter Wirbellosen überhaupt ziemlich weit verbreitet. Bei einer Assel – *Ione* –, die als Parasit paarweise auf den Kiemen des Maulwurfskrebses *Callianassa* lebt, wird aus der Larve ein Weibchen, wenn sich die Larve direkt auf eine Wirtskieme setzt. Die nächste Larve aber, die sich auf dieses Weibchen setzt, wird zum Männchen; nimmt man sie herunter und setzt sie auf die Kieme daneben, wird auch sie zu einem Weibchen. Bei einer anderen Assel gibt es nur alte Weibchen und nur junge Männchen, weil jedes Individuum in der Jugend männlich ist und sich später zum Weibchen umwandelt. Auch bei der ebenfalls im Meer lebenden Pantoffelschnecke *Crepidula* ist das junge, noch frei lebende Tier männlich. Wenn es eine bestimmte Größe erreicht hat, setzt es sich irgendwo fest und wandelt sich in ein Weibchen um. Gern siedelt sich das Jungtier aber auf einen bereits festsitzenden Artgenossen an, und so entstehen Reihen von bis zu zwölf übereinandersitzenden Tieren. Die zuletzt angekommenen sind stets Männchen und bleiben es auch noch sehr lange, denn von den daruntersitzenden weiblichen Tieren geht ein – vermutlich stofflicher – Einfluß aus, der die Jungtiere länger im Männchenzustand hält[41].

Schon bei diesen Tieren wird zwar die endgültige Ausbildung zum Männchen oder Weibchen von äußeren Einflüssen bestimmt, diese geschlechtliche Differenzierung ergreift jedoch viele Körperorgane und kann dann schließlich nicht mehr so rückgängig gemacht werden wie bei dem oben besprochenen Wurm *Ophryotrocha*. Außer dem Körperbau werden auch die physiologischen Vorgänge im Körper und das Verhalten durch die Ausbildung eines Geschlechts mitgeformt. Davon ist der Körperbau naturgemäß am starrsten, das Verhalten am ehesten variabel. So kommt es, daß auch bei Tieren, die dem Körperbau nach eindeutig Männchen oder Weibchen sind, dennoch jedes Individuum das Verhalten beider Geschlechter äußern kann. Selbst Vögel, die keinen Penis haben und zur Kopula nur die Kloakenränder fest aufeinanderpressen, können noch invers kopulieren, d.h., das Weibchen kann auf das Männchen springen, sich wie ein Männchen gebärden und die Kopula vollziehen. In diesem Fall ist es sogar möglich, z.B. bei Tauben, daß es zu einer richtigen Befruchtung kommt.

Wenn man genauer hinschaut, wird man auch an Säugetieren

männliches und weibliches Verhalten oft weniger sauber getrennt und auf verschiedene Individuen verteilt finden, als man sich das üblicherweise vorstellt. Wir verbinden mit den Begriffen »männlich« und »weiblich« ganz bestimmte Rollen, nicht nur im Paarungsakt, sondern im ganzen Sozialleben. Diese Rollen-Vorstellung stammt oft genug aus unserer eigenen Kultursphäre, und wir übertragen sie unbemerkt auf die Tierwelt. Im Extrem führt das dann dazu, bei Tieren von Perversitäten zu sprechen, weil das beobachtete Verhalten pervers hieße, hätten es Menschen untereinander ausgeführt. Wie relativ männliches und weibliches Verhalten normalerweise auch unter Säugetieren sein kann, läßt sich recht gut am Dickhornschaf *(Ovis canadensis)* aus den Rocky Mountains vorführen. Es lebt dort in kleinen oder größeren Herden. Die erfahrensten Mitglieder führen die Herde zu den jeweils jahreszeitlich günstigsten ihnen bekannten Futterplätzen, die bis zu 20 Kilometer auseinander liegen können und die kaum ein einzelnes Tier auf eigene Faust fände. Schon deswegen ist der Zusammenschluß in Herden vorteilhaft; die jungen und noch unerfahrenen Schafe übernehmen von den alten und erfahrenen die Kenntnis verschiedener Orte und Wege.

Außerhalb der Brunstzeit leben die Tiere in Herden, die entweder nur aus Männchen oder aus Weibchen mit Jungen und einigen kleineren Männchen bestehen. Auffällig ist an diesen Tieren, daß es zwischen den über acht Jahre alten Böcken als dem einen Extrem und den noch kein Jahr alten Lämmern als dem anderen Extrem alle Übergänge und nichts sonst gibt: Es fehlt eine klare Unterscheidung der Geschlechter; Körperform, Hornausbildung und Fellfärbung sind in beiden Geschlechtern gleich. Da die Männchen größer und schwerer werden, fehlt also in diesem Artbild das typische Weibchen. Dr. Geist hat das Sozialverhalten dieser Tiere eingehend untersucht[35] und dabei gefunden, daß auch die Männchen selbst ein weibliches Tier kaum als solches erkennen. Hinzu kommt, daß die weiblichen Tiere für den Bock nur in ihrer Brunft von Interesse sind.

Im Sozialleben dieser Wildschafe gibt es eine ganze Anzahl deutlich unterscheidbarer Verhaltensweisen: Gehörnpräsentieren, Vorderlaufschlag, Aufreiten, Kopfstoßen, Kampfsprünge, Verfolgen, Beriechen, Flehmen usw. Je mehr man nun geneigt ist, diese Verhaltensweisen nach den Geschlechtsrollen zu ordnen, desto erstaunter wird man darüber sein, daß *beide* Geschlechter zwei Rollen spielen, entweder die des Männchens oder die des Jungmännchens: Außerhalb der Brunft verhalten sich Weibchen wie Jungtiere, in der Brunft wie kampflustige Männchen. In Brunft ist das Weibchen aber nur zwei

Altersklassen männlicher Dickhornschafe, von links nach rechts: 8–16, 6–8, 3–6, 2½, 1½ Jahre; rechts anschließend, mit dem schwächsten Gehörn, ein ausgewachsenes Weibchen

Tage im Jahr; nur wenn es von einem stärkeren Bock besiegt wird, läßt es ihn aufreiten. Das tun aber auch unterlegene Böcke. Das heißt, männliche Tiere verhalten sich gegen unterlegene Tiere aggressiv, gegen überlegene aber wie ein brünftiges Weibchen. Brünftige Weibchen greifen Böcke an, nicht-brünftige Weibchen weichen angreifenden Böcken aus. Jungböcke und brünftige Weibchen bevorzugen von sich aus die Nähe starker Böcke mit kräftigem Gehörn. Die ranghohen Böcke haben also tagaus, tagein Tiere um sich, die sich wie brünftige Weibchen benehmen, entweder weil es wirklich welche sind oder aber, weil es sich um rangtiefere Männchen handelt. Würden sie einfach mit voller Kraft gegen diese Tiere kämpfen, so vertrieben sie damit auch alle brünftigen Weibchen aus ihrer Nähe und nähmen sich dadurch die Chance der Fortpflanzung. Da die starken Böcke das Verhalten brünftiger Weibchen dulden müssen, haben rangtiefere die Möglichkeit, in der Nähe der viel stärkeren Rivalen ungeschoren zu bleiben, indem sie sich mit dem Verhalten brünftiger Weibchen maskieren. Deren weitgehend aggressives Verhalten reizt ranghohe Böcke zum Aufreiten, und daher kommt es, daß Böcke auch rangtieferen Geschlechtsgenossen aufreiten. Da nicht-brünftige Weibchen und Jungtiere den Angriffen der Männchen ausweichen, bilden sich außerhalb der Brunftzeit Herden aus weiblichen Tieren mit Jungen, die abseits von den Männchengruppen stehen; in den Männchengruppen bleibt das Angriffsverhalten immer wach, vor allem bei den rangtiefen Männchen, die ranghohen Männchen müssen das – wie geschildert – dulden. Die Männchengruppe bietet also für die Böcke Gelegenheit für kämpferische und sexuelle Betätigung; beidem entziehen sich die nicht-brünftigen weiblichen Tiere. In der Brunft aber suchen sie von sich aus die Bockgruppen auf.

Diese Wildschafe behandeln also Artgenossen graduell verschieden, aber nicht abhängig vom Geschlecht, sondern abhängig von Größe und Rang. Es gibt einen Entwicklungsweg vom Lamm zum rang-hohen Bock, und die weiblichen Tiere (♀) verhalten sich genauso, als seien sie in der Entwicklung steckengebliebene Männchen (♂); da sie zwischen Brunft und Nicht-Brunft wechseln, wechseln sie auch mehrfach im Leben zwischen dem Verhalten des Männchens und des Jungtieres. Schematisch läßt sich das etwa so darstellen:

Typisches Verhalten

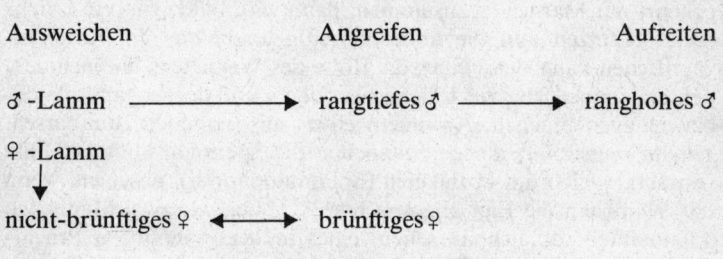

Ausweichen	Angreifen	Aufreiten
♂-Lamm ⟶	rangtiefes ♂ ⟶	ranghohes ♂
♀-Lamm		
nicht-brünftiges ♀ ⟷	brünftiges ♀	

Man kann also sagen, die einzigen voll erwachsenen Dickhornschafe sind die starken Böcke, denn nur sie erreichen im Laufe von fünf bis sieben Jahren nach der Geschlechtsreife das dieser Art mögliche Endstadium der Vollreife in Körperbau und Verhalten. Die Weib-chen bleiben, auch wenn sie geschlechtsreif sind, auf einer jugend-lichen Entwicklungsstufe stehen, die der Entwicklungsstufe der Jungböcke entspricht.

Beispiele dafür, daß die für ein Geschlecht typischen Verhaltens-weisen sozusagen als Durchgangsstadien auf bestimmten Jugend-stadien oder Entwicklungsstufen auch des anderen Geschlechts auf-treten, findet man bei vielen Tierarten. Im einzelnen kann das aber sogar bei nahe verwandten Tierformen ziemlich verschieden aus-sehen. Heranwachsende Gimpelmännchen etwa zeigen bis in den ersten Winter hinein rein weibliches Verhalten; sie machen Nest-baubewegungen, obwohl sich der erwachsene Gimpelmann am

Nestbau nicht beteiligt, und fordern sogar zur Begattung auf. Die gleichaltrigen Gimpelweibchen jedoch gebärden sich nicht etwa als Männchen. Hingegen zeigen junge Gartengrasmücken beiderlei Geschlechts männliches und weibliches Verhalten; erkennen kann man die Männchen erst an ihrem Jugendgesang. Bei jungen Prachtfinken aber tritt nie das Verhalten des anderen Geschlechts auf.

Im Sozialverhalten der Dickhornschafe gilt offenbar weibliches Verhalten als rangtief, männliches als ranghoch. Das ist aber nicht nur bei Schafen so. Hält man von Buntbarschen derjenigen Arten, die ein deutlich verschiedenes Geschlechtsverhalten haben, nur Individuen des gleichen Geschlechts zusammen, also etwa nur Weibchen, so beobachtet man regelmäßig, daß eines der Tiere, meist das stärkste, sich als Männchen aufspielt, eine Laichgrube baut, balzt und die anderen Weibchen dorthin zu locken sucht. Hält man umgekehrt nur Männchen zusammen, dann wird bald eines ein Laichrevier besetzen und die anderen heftig angreifen. Von den Angegriffenen kann dann eines die Rolle des Weibchens übernehmen, dem balzenden Tier zur Laichgrube folgen und dort sogar Ablaichbewegungen machen. An einem etwas ausgefallenen Buntbarsch, *Tilapia macrochir*, dessen Männchen die Spermien in einer Hülle verpackt, gleichsam in Paketen (Spermatophoren), absetzen, wenn das Weibchen die Eier abgelegt hat[121], haben wir zwei Männchen miteinander »ablaichen« sehen, eines in der männlichen Prachtfarbe, das andere im Weibchenkleid. Natürlich legte keiner von beiden Eier, aber beide setzten ihre Spermatophoren ab.

Ziemlich weit verbreitet im Tierreich ist, daß weibliches Sexualverhalten sich – wie beim Dickhornschaf – nur mit Unterwürfigkeit verträgt. Man merkt das natürlich erst, wenn man die Tiere gut kennt und beide Geschlechter nach Belieben zusammenleben läßt. Es kommt heute ziemlich selten vor, daß wir unsere großen Haustiere sich frei paaren lassen; meist greift der Mensch steuernd ein, im Extrem mit der künstlichen Besamung. Manche Haustierrassen – hochgezüchtete Hunde und Pferde zum Beispiel – sind sogar unfähig, ohne die helfende Hand des Menschen überhaupt zu kopulieren. Aber auch auf weniger anspruchsvolle Pferde hat der Besitzer ein wachsames Auge, hält oft die Stuten auf einer Koppel für sich und führt nur in bestimmten Zeiten einen ausgesuchten Hengst zu. Bei einem solchen »freien Herdensprung« kann es nun zu unliebsamen Zwischenfällen kommen, weil die ranghöchste Stute die Rolle des Hengstes übernommen hat und den nun auftauchenden echten Hengst rücksichtslos angreift oder doch alle »ihre« Stuten von ihm fernhält. In gefangengehaltenen Affengruppen kann es passieren, daß durch Tod oder Unfall das einzige alte Männchen ausfällt. An seine Stelle kann dann, namentlich bei Makaken, ein erwachsenes Weibchen treten. Und selbst wenn es in der nun von diesem Weibchen beherrschten Gruppe ein untergeordnetes Männchen gibt, gelingt es diesem oft nicht, das ihm überlegene Weibchen zu begatten, das dann vorerst ohne Nachkommen bleibt.

Daß unterlegene Tiere die Rolle eines Weibchens spielen, führt manchmal zu merkwürdigem Verhalten. An Buntbarschen haben wir oft gesehen, daß nach einem heftigen Kampf zwischen zwei Männchen der Verlierer die Prachtfärbung aufgab (was mit Hilfe des diesen Tieren eigenen physiologischen Farbwechsels in wenigen Sekunden geschieht), dann aber nicht versuchte, aus dem Aquarium zu entkommen, sondern dem Sieger nachschwamm. Man sollte meinen, das sei das Dümmste, was er tun konnte, denn so riskiere er erneute Prügel. Tatsächlich ist das aber das Beste, was er tun kann; denn dem Revierbesitzer folgen, ohne zu drohen, ist typisch weibliches Verhalten, das den Sieger höchstens zur Balz und zum Zu-Neste-Führen veranlaßt.

Unterlegene Weibchen spielen natürlich ebenfalls die Weibchenrolle, oft sogar besonders intensiv. Deswegen hat ein Mantelpavian-Mann Erfolg, wenn er ein abseits gehendes Weibchen heftig angreift und beißt: Er kehrt sich danach einfach um und geht zurück, und das gemaßregelte Weibchen folgt dicht »bei Fuß«. Auch hier könnte man fragen, warum es nicht nach der Attacke einen möglichst großen Bogen um das »böse« Männchen macht oder gar versucht, vor ihm zu fliehen. Tatsächlich aber kann in solchen Fällen die Aggression des Ranghöchsten den Zusammenhalt der Gruppe bekräftigen, und zwar auch dann, wenn sich diese Aggression nicht gegen Außenstehende, sondern gegen Gruppenmitglieder richtet.

Das geht übrigens auch mit der Eltern-Kind-Bindung. Junge Enten, die der Mutter folgen, kann man durch Strafreize nicht davon abbringen – sie folgen dann nur um so eifriger. Zwar ist das eine experimentelle Situation, und die Strafe geht auch nicht von der Mutter aus. Doch scheint mir ähnliches auch bei den Entwöhnungsversuchen von Affenmüttern eine Rolle zu spielen, die gegen ihre Jungen sogar aggressiv werden, aber anfangs kaum Erfolg haben und später nur dadurch, daß sich das Junge anderen Gruppenmitgliedern, vor allem gleichaltrigen, anschließt.

Wie eng Aggression, Rangverhalten und Sexualverhalten zusammenhängen, sieht man daran, wie leicht eins ins andere übergehen kann. Bekannt sind die Wut-Kopulationen von verschiedensten Säugern, z. B. von See-Elefanten, Pavianen, Makaken, Schweinsaffen oder Schimpansen. In allen Fällen reitet ein in Wut gebrachtes Männchen irgendeinem gerade erreichbaren Artgenossen auf, ob das nun ein Männchen oder ein Weibchen ist, und macht Kopulationsbewegungen oder kopuliert mit ihm. Die Tiere tun das auch, wenn der Mensch sie in solche Erregung versetzt, z. B. einem eingesperrten Affen Leckerbissen zeigt, aber nicht gibt. Schimpansen können dann mit erigiertem Penis durch den Käfig toben. Wut-Kopulationen kommen nicht vor, wenn man die Tiere in Furcht versetzt. Aggression schlägt also bei männlichen Tieren leicht in männliches Paarungsverhalten um. Umgekehrt fliehen sexuell gestimmte Weibchen im »Sprödigkeitsverhalten« vor dem Männchen, warten oder kommen zurück, wenn das Männchen nicht folgt, und reizen es durch erneutes kurzes Flüchten zum Verfolgen und zum Aufreiten. Daß der Unterlegene dem ranghöheren Artgenossen gegenüber oft weibliches Paarungsverhalten zeigt, ist auf Seite 181 f. ausführlich besprochen.

2. Verhalten geht vor Körperbau

Die Frage, warum sich männliches Sexualverhalten eher mit Aggression, weibliches dagegen eher mit Unterwürfigkeit oder Flucht verträgt, läßt sich leichter beantworten, wenn man sie gewissermaßen umdreht: Was hat das männliche Sexualverhalten mit Aggression, das weibliche mit Flucht zu tun? »Aggression« leitet sich vom lateinischen Verb aggredior her, das im Deutschen »hinzugehen, sich nähern, angreifen« heißt. Und bei sehr einfachen Lebewesen, die zwar zweigeschlechtlich sind, deren Geschlecht sich aber äußerlich nicht erkennen läßt, gilt dasjenige Individuum als männlich, das sich zur Kopula zu einem anderen hinbegibt. Als Beispiel dafür wurden die Fadenalgen erwähnt (s. S. 41). Auf dieser Stufe ist das Ganze also einfach eine Definitionsfrage: Das aggressivere Individuum nennen wir männlich. Die höheren Lebewesen aber bestehen nicht mehr nur aus einer Zelle, die dann zugleich Keimzelle ist, sondern haben einen von den Keimzellen deutlich abgegrenzten Körper. Der nun kann im Rahmen der Fortpflanzung helfen, die Keimzellen möglichst nahe zusammenzubringen.

Schwämme und viele Muscheln strudeln die Spermien wie Nahrung ein; die Eier bleiben also »am Ort«, d. h. im Muttertier, die Spermien begeben sich auf die Reise. Die Spermien kommen aber sicherer zum Ziel, wenn sie nicht einfach irgendwo aus dem Tierkörper entlassen, sondern von diesem bis dicht an die Eizellen gebracht werden, die entweder im Muttertier sind oder ebenfalls ins Freie gesetzt werden. In diesem Fall müssen dann Eier und Spermien gleichzeitig ausgestoßen werden, und das wird durch Synchronisation der Geschlechtstiere erreicht, die dazu ihre Hormone, ihre Sinne und ihre Bewegungsfähigkeiten brauchen.

Die Seeringelwürmer *(Nereïs)* steigen in der Nordsee in den Nächten um den 15. April zur Oberfläche auf, versammeln sich da und stoßen Eier und Spermien in Massen aus. Augen, Antennen und andere Sinnesorgane werden zu dieser Zeit viel größer. Nach dieser Fortpflanzungsreise gehen die Würmer zugrunde. Der Palolowurm *(Eunice)* dagegen, ein Vielborster tropischer Meere, der in Höhlungen von Korallenriffen lebt, schnürt die hintere Körperhälfte ab, in der die männlichen oder weiblichen Geschlechtsprodukte liegen. Diese Körperhälfte verläßt den Vorderleib, schwimmt an die Wasseroberfläche zu anderen solchen verselbständigten Körperhälften, entleert dort die Geschlechtsprodukte und stirbt. Der sitzengebliebene Vorderteil aber regeneriert ein neues Hinterende. Das Geschehen hängt von den Mondphasen ab, so daß die Synchronisation gewährleistet ist (und die Samoaner sammeln die schwärmenden Wurmstücke als Leckerbissen zu diesen vorhersagbaren Zeiten massenhaft in Körben ein). Der Hauptabschnitt des Tieres mit Kopf und Hirn nimmt am Geschlechtsleben überhaupt nicht teil. Bei einem nahe verwandten Wurm, *Autolytus,* regeneriert der abgeschnürte Hinterkörper (der nun natürlich nicht abstirbt) einen neuen Kopf, wird also ein neues, selbständiges Individuum. Für das Zusammenführen der Keimzelle gibt es also in der Natur recht verschiedene Verfahren.

Wer immer sich für die natürlichen Gesetze »der Kopula« und »der Fortpflanzung« schlechthin interessiert, sollte einen Überblick über diese Verfahren haben. Und da es in der Schöpfung etwas über eine Million Tierarten gibt, von denen aber nur sechs Prozent Wirbeltiere sind, wird man auch die sogenannten Niederen Tiere beachten müssen, sofern man nicht behaupten will, daß sie über Gottes Schöpfungsplan nichts aussagen.

Obwohl Wasser ein ganz gutes Transportmittel für die Spermien ist, gehen doch viele verloren und, falls verschiedene Tierarten gleichzeitig ablaichen, geraten zu viele Spermien an falsche Eier. Schon Wassertiere haben deshalb die Kopula »erfunden«, die dann bei Landtieren besonders wichtig wird. In der Kopula, dem eigentlichen Paarungsakt oder der Begattung, werden nun wieder regelmäßig die Spermien zu den Eizellen gebracht, und zwar indem das ganze männliche Tier das weibliche aufsucht und die Spermien außen an ihm absetzt oder in den weiblichen Körper einführt. Bei den Saiten-würmern *(Gordius aquaticus)* unserer Bäche setzt das Männchen das Sperma neben die weibliche Genitalöffnung, und die Spermien wandern im Laufe von zwei Tagen von selbst in die weiblichen Geschlechtswege ein. Der Hunde-Egel *(Herpobdella)* setzt die in eine besondere Hülle verpackten Spermien irgendwo am Partner ab. Eine Flüssigkeit aus diesem Spermienpaket – das man Spermatophore nennt – ätzt den Spermien durch Haut und Muskeln einen Weg in die Körperhöhle, und dort werden sie dann umhergespült. Einige gelangen zu den Eiern, die meisten allerdings werden vorher wie eindringende Krankheitskeime von Abwehrzellen aufgefressen. Auch bei den Stummelfüßlern *(Peripatus),* die Landbewohner sind, kriecht das Männchen ohne Vorspiel auf das Weibchen und heftet irgendwo eine Spermatophore an. Hier fressen die Abwehrzellen des Weibchens unter der Anheftstelle ein Loch in den Körper und in die Spermatophorenwand, und wieder schwimmen dann die Spermien im Blut des Weibchens zu den Eierstöcken und befruchten dort die Eier. Trotz dieser merkwürdigen Form der Kopula sind diese Tiere durchaus nicht primitiv; z. B. entwickeln sich die Jungen innerhalb des Weibchens, werden durch eine Placenta von der Mutter ernährt und schließlich, schon recht groß und ausgebildet, lebend geboren.

Ganz ähnlich verläuft die Kopula bei der Bettwanze. Das Männchen sticht mit einem vor dem Penis liegenden Dorn ein Loch in den Rücken des Weibchens und ejakuliert das Sperma dorthinein. Ebenso machen es viele andere Plattwanzen – und das, obwohl die Weibchen ausgebildete Geschlechtsorgane haben, die aber nie zur Kopula benutzt werden. Vielmehr haben die Weibchen dort, wo der Einstich des Männchens am ehesten zu erwarten ist, ein besonderes Körpergewebe, das die Spermien aufnimmt und sie dann ans Blut weiterleitet. Und eine *Xylocoris* benannte Wanze hat schließlich auf dem Rücken eine neue, kompliziert gebaute Öffnung entwickelt, in die hinein das Männchen kopuliert[14].

Die Vorfahren dieser Tiere haben sich einmal »normal« gepaart, und dazu war die gewöhnliche weibliche Geschlechtsöffnung geeignet. Dann entstand bei einigen Arten eine sexuelle Aberration, die zunächst unnatürlich hätte heißen müssen, wenn man sie auf die vorhandenen Kopulationsorgane beider Partner bezog. Die Weiterentwicklung führte nun aber nicht zu einer Ausmerzung dieser Aberration, sondern gerade im Gegenteil zu ihrer Normalisierung. Sogar der Körperbau hat sich dieser »extragenitalen Kopulation« angepaßt. Durch vergleichende Untersuchungen an verschiedenen spezialisierten Arten kann man heute ohne große Schwierigkeiten dieses Stück stammesgeschichtlicher Entwicklung rekonstruieren. Wenn hier also etwas unnatürlich war, dann unser Denken in statischen Normen! *Man kann eben aus dem Körperbau und der Form der Organe keine für die Zukunft verbindlichen Normen für Verhaltensweisen ableiten, zu denen diese Organe gebraucht werden,* also auch nicht die ventro-ventrale Kopula *aufgrund der Organlage* zur dem Menschen einzig naturgemäßen Form erklären. (Übrigens ist die Fähigkeit, daß außerhalb der weiblichen Geschlechtswege in die Bauchhöhle gespritzte Spermien den Weg zu den Eiern finden und sie befruchten, selbst bei den höchstentwickelten Tieren nicht verlorengegangen; eine solche »intraperitoneale Besamung« ist z. B. bei Hühnern, Kaninchen und Rindern möglich.)

3. Die Entstehung von Begattungsorganen

Das eben geschilderte Wanzenbeispiel lehrt, daß Änderungen des Verhaltens Änderungen im Körperbau nach sich ziehen können. Das ist aber nicht nur bei Wanzen so. Wir stellen uns gewöhnlich eine Begattung so vor, daß das Männchen einen Penis in die Geschlechtsöffnung des Weibchens einführt. Es gibt aber auch ganz andere Begattungsvorgänge und Begattungsorgane. Ob man das Absetzen von Spermienpaketen außen am Weibchen »Begattung« nennen will, ist eine Frage der Definition. Es ist ein Grenzfall; das Absetzen von Samenpaketen kommt nämlich im Tierreich sehr weit verbreitet vor, geschieht aber unter sehr verschiedenen Begleitumständen. Die Männchen der Moosmilben *(Oribatëi)* und einiger Springschwänze *(Collembola)* setzen ohne Beziehung zu einem Weibchen irgendwo große Mengen von gestielten Samenpaketen am Boden ab, so daß es aussieht, als wüchsen dort Schimmelpilze. Wenn die Weibchen an solch einen »Liebesgarten« kommen, pflücken sie einige Spermienpakete mit ihrer Geschlechtsöffnung ab. Die Männchen und Weibchen selbst nehmen, auch wenn sie sich treffen, keinerlei Kenntnis voneinander. Beim Kugelspringer *(Dicyrtomina)* aber nimmt wenigstens das Männchen Bezug aufs Weibchen: Es setzt seine auf Stielchen sitzenden Spermatropfen wie einen Palisadenzaun rings um das Weibchen ab; so muß es, wenn es weggeht, auf eins davon treffen. Die Männchen der Pinselfüßer *(Pselaphognata = Polyxenoïdea)*, der Gruppe der kleinsten Tausendfüßer, setzen ihre Spermatropfen ohne Fühlungnahme mit dem Weibchen ab, spinnen aber aus Fäden »Leitwege«, die in der Nähe vorbeilaufende Weibchen aufmerksam machen und zu den Spermatropfen führen. Steinkriecher *(Lithobius)*, Felsenspringer *(Machilidae)* und Silberfischchen *(Lepisma)* haben geradezu abenteuerliche »Fadenspiele« ausgebildet, mit deren Hilfe das Weibchen zur Spermatophore gelenkt wird – sie stehen an Komplikation den Balz- und Paarungsvorspielen der höheren Tiere in keiner Weise nach[98]. Unter den Wirbeltieren setzen die Männchen unserer einheimischen Molche im Frühjahr in Tümpeln ebenfalls Spermatophoren vor dem Weibchen ab und locken es dann darüber, indem sie mit dem Schwanz wedelnd einen Duft auf das Weibchen hin schicken und gleichzeitig langsam rückwärts gehen. Skorpione fassen das Weibchen an den Scheren, setzen eine Spermatophore auf den Boden und ziehen dann, rückwärts gehend, das Weibchen darüber, so daß es die Spermatophore mit der Geschlechtsöffnung aufnehmen kann. Auch bei dieser Paarung berühren die Tiere einander mit den Geschlechtsöffnungen nicht; dennoch kommen die Spermien durch die weiblichen Geschlechtswege zu den Eiern.

Es geht aber auch anders. Die Männchen des kleinen, blinden Tausendfüßers *Scutigerella* setzen ebenfalls ein gestieltes Spermatröpfchen ab. Das Weibchen aber, das irgendwann darauf trifft, beißt das Tröpfchen vom Stiel ab, schluckt aber das Sperma nicht hinunter, sondern verstaut es in besonderen Backentaschen. Wenn es dann Eier legt, nimmt es jedes einzelne Ei in den Mund und beschmiert es mit einer kleinen Portion Samen. Die Weibchen des im Meer lebenden vielborstigen Ringelwurms *Megalops* beißen die spermahaltigen Körperenden der sie umschwärmenden Männchen ab und verschlingen sie; die Spermien durchstoßen den Schlund, gelangen in die Körperhöhle und schwimmen dann auf die Eier zu und besamen sie. Ob man das eine Begattung nennen will, ist nicht so wichtig wie einzusehen, daß viele Wege zur Befruchtung führen und daß jeweils bestimmte Eigentümlichkeiten des Verhaltens die Richtung bestimmen, in welche Organe und physiologische Prozesse sich entwickeln, so daß die Befruchtung zustande kommt. Das geht sogar dann, wenn das Weibchen »bissig« ist und Teile des Männchens frißt. Unter den Wirbeltieren hat eine Reihe von Buntbarschen (z. B. *Haplochromis*) eine ähnliche Besamungsmethode entwickelt wie die eben beschriebene *Scutigerella:* Die Weibchen nehmen die Eier zum Ausbrüten ins Maul, ehe die Männchen zum Besamen gekommen sind; die Männchen aber haben auf der Afterflosse farbige Ei-Attrappen, und die Weibchen versuchen, auch diese »gemalten« Eier ins Maul zu nehmen. Dabei ejakuliert das Männchen, und das Weibchen, das sich vergeblich um die Ei-Attrappen bemüht, bekommt statt dessen das Sperma ins Maul zu den Eiern, die so »noch nachträglich« besamt werden. Auch hier habe ich durch vergleichende Untersuchungen zeigen können, wie eine »Verhaltens-Anomalie« nicht korrigiert, sondern durch Umkonstruktion anderer Verhaltensweisen und Organe kompensiert und zu einer neuen Norm geworden ist[120], [125].

In all den Fällen, in denen die Geschlechtspartner einander zur Paarung direkt berühren, hängt es ganz von ihrer gegenseitigen Stellung und ihrem Verhalten ab, aus welchen Körperteilen ein Kopulationsorgan entsteht. Bei den Tintenfischen oder Kraken stehen sich die Partner gegenüber und berühren sich mit den Mundflächen, z. B. bei *Sepia,* oder sie sitzen, wie bei *Octopus,* weit voneinander entfernt. Beide Male setzt das Männchen eine Spermatophore direkt auf seinen besonders dafür umgebildeten linken bauchseitigen Arm und führt sie mit diesem in die weibliche Geschlechtsöffnung ein. Die Männchen der meisten Spinnen ejakulieren einen Spermatropfen auf ein kleines, eigens dafür angefertigtes Netz, nehmen ihn dann in ein zum Kopulationsorgan umgebautes Bein, den sogenannten Kiefertaster oder Pedipalpus, suchen ein Weibchen und pumpen ihm das Sperma mit dem Kiefertaster in die Geschlechtsöffnung; sie kopulieren also »mit den Händen«. Unter den Fischen synchronisieren sich die Geschlechtspartner der Eierlegenden Zahnkarpfen *(Cyprinodontidae)* sehr genau und stoßen dann Eier und Spermien gleichzeitig aus. Dabei rollen die Weibchen den vorderen Teil ihrer Afterflosse wie eine Tüte ein und um die Afterflosse des Männchens; in diesem Kanal werden Eier und Spermien beisammengehalten. In der Nachbargruppe der Lebendgebärenden Zahnkarpfen *(Poeciliidae)* haben wahrscheinlich ursprünglich die Männchen die Afterflosse so eingerollt. Denn die Männchen der heute noch lebenden Arten haben eine in dieser Richtung weiter spezialisierte Afterflosse, deren wenige übriggebliebenen Strahlen bei der Balz gegeneinander gefaltet werden. Dadurch entsteht genau vor der Geschlechtsöffnung eine Rinne, auf die oben eine Bauchflosse als Deckel zu liegen kommt. Das Ganze dient als Kopulationsorgan, dessen Spitze in die weibliche Geschlechtsöffnung eingeführt wird. Bei den Kehlphallusfischen *(Phallostethidae)* entsteht ein Kopulationsorgan aus Teilen des Becken- und Schultergürtels und aus dem ersten Rippenpaar. Die Männchen der Haie und Rochen haben Kopulationsorgane aus dem hinteren Teil der paarigen Bauchflossen gebildet, und einige Arten der Groppen *(Scorpaenidae)* und *Brotulidae* haben einen »Penis«, eine fleischige Verlängerung der Genitalpapille.

Einen Penis als männliches Kopulationsorgan, wie es uns so selbstverständlich vorkommt, haben ganz verschiedene Tiergruppen unabhängig voneinander ausgebildet. Während z. B. der Hunde-Egel, wie beschrieben, Spermapakete außen am Weibchen absetzt, hat der Medizinische Blutegel *(Hirudo)* einen Penis und begattet das Weibchen; dazu legen sich beide Bauch an Bauch. Strudelwürmer haben einen Penis, ebenso Schnecken, die Zwitter sind. Einige Milben setzen Spermatophoren ab, andere übertragen sie mit den Kiefertastern in die weibliche Geschlechtsöffnung, wieder andere haben einen Penis. Die Milbe *Pyemotis,* die auf Raupen frißt, bringt lebende Junge zur Welt, die bei der Geburt bereits geschlechtsreif sind. Die Jungmännchen bleiben nach ihrer Geburt auf der Mutter sitzen, stechen diese an, saugen von ihren Körpersäften und warten auf ein weibliches Jungtier. Um weitere Brüder, die geboren werden, kümmern sie sich nicht; erscheint aber eine Schwester in der Geburtsöffnung, so wird sie von einem ihrer Brüder gepackt, herausgezerrt und sofort begattet[52]. Unter den Spinnen haben die Weberknechte *(Opiliones)* einen Penis, für einige Gattungen ist eine Kopula Bauch an Bauch typisch. Für höhere Insekten ist ein oft sehr kompliziert gebauter Penis und ein entsprechend kompliziertes weibliches Genitalorgan so charakteristisch, daß Systematiker diese Organe zur Artunterscheidung verwenden. Im großen Reich der Fische gibt es vereinzelt Arten mit Penis (s. oben); unter den Amphibien höchstens in einem einzigen Fall, nämlich bei den afrikanischen Falschen Baumkröten *(Nectophrynoïdes)*. Es sind die einzigen Froschlurche, die voll entwickelte Junge zur Welt bringen; die Paarung aber hat noch niemand gesehen. Reptilien, Eidechsen, Schlangen, Schildkröten, Krokodile haben einen meist ziemlich spezialisierten Penis. Eine Ausnahme bildet die berühmte Brückenechse *(Sphenodon),* die eine uralte Reptilienform vertritt; Brückenechsen drücken zur Kopula die Kloakenränder fest gegeneinander. Ebenso kopulieren die meisten Vögel, denn von ihnen haben nur ganz wenige (z. B. der Strauß oder die Entenvögel) einen Penis. Die männlichen Säugetiere besitzen alle einen Penis, wenn auch seine Form und sein Bau sehr verschieden sein können.

Man kann aus dieser Aufzählung schon erkennen, daß ein Penis als Kopulationsorgan recht oft im Tierreich »erfunden« wurde, auch unter den höheren Wirbeltieren. Einen gemeinsamen Ursprung haben die Kopulationsorgane von Schildkröten, Krokodilen und Säugetieren, einen andern die von Eidechsen und Schlangen; diese nämlich haben einen Doppelpenis, der aus zwei Hälften besteht, die einzeln betätigt und zur Kopula wie ein Handschuhfinger sich umkrempelnd ausgestülpt werden. Im Zusammenhang mit den vorher geschilderten Kopulationsmethoden betrachtet, zeigt das alles, daß auch das männliche Kopulationsorgan eine nachträglich entwickelte Hilfsstruktur ist, die an denjenigen Tieren entstand, deren Verhalten im Paarungsakt dazu geeignet war. Auch hier folgt der Körperbau im Schlepptau des Verhaltens. Dementsprechend bezieht sich der einheitliche Name »Penis« lediglich auf seine jeweils gleiche Funktion; entwickelt wird das Kopulationsorgan aus ganz verschiedenen bereits vorhandenen Körperorganen und auf ganz verschiedene Weise. Daher kommt es auch, daß es ganz verschiedene Nebenaufgaben haben kann. Bei einigen Strudelwürmern kommt der Penis zur Mundöffnung heraus, ist mit Stacheln und Giftdrüsen versehen und dient außer zur Kopula auch zur Verletzung von Beutetieren (z. B. bei *Prorhynchus*). Einige Strudelwurmarten führen den Penis in die weibliche Geschlechtsöffnung ein, andere stechen das Weibchen irgendwo damit an. Auch dieses Verfahren ist also im Tierreich mehrfach entwickelt worden.

Die mögliche naive Vorstellung, daß die Tiere sich mit ihrem Verhalten nach den ihnen wachsenden Organen richteten, wäre also zu korrigieren: *Die Ausformung von Organen richtet sich nach dem vorhandenen Verhalten.* Das läßt sich an vielen anderen Organen ebenso zeigen. Wir können daraus folgende recht wichtige allgemeine Gesetzlichkeit ableiten: *Verhaltensweisen sind die Schrittmacher der Evolution.*

Für die Paarungsstellung haben die Stärke- und Rangverhältnisse zwischen den Geschlechtern eine wichtige Rolle gespielt. Der überlegene Verfolger stieg von hinten her auf den Partner. Die abweichenden Kopulationsstellungen vieler niederer Tiere sind noch nicht im Zusammenhang mit dem Rangverhalten untersucht, obwohl man daraus sicher einiges mehr lernen könnte; viele Insektenweibchen sitzen zur Kopula auf dem Männchen. Für die Säugetiere und den Menschen gilt daher, daß sie nicht so kopulieren, weil sie einen Penis haben, sondern daß sie einen Penis haben, weil das Paarungsverhalten ihrer penislosen Vorfahren die Entwicklung eines solchen Organs vorkanalisierte. Dadurch aber tritt das männliche Genitalorgan in alle die Funktionen ein, in denen dasjenige Verhalten eine Rolle spielt, das die Ausbildung dieses Organs nahelegte. So kommt es, daß der Penis einiger Strudelwürmer zum Beutefang benutzt wird. Wozu der Penis der Säugetiere und des Menschen außer zur Kopula noch dienen kann, soll im folgenden Kapitel besprochen werden. Hier sei nur noch darauf hingewiesen, daß – fast möchte man sagen selbstverständlich – die zuweilen geäußerte Behauptung falsch ist, allein der Mensch paare sich in ventro-ventraler Stellung, in der die Partner einander zugewandt sind. Diese Stellung kommt vielmehr schon unter den Niederen Tieren bei Blutegeln, Weberknechten, Hundertfüßern, Nordsee-Garnelen, Taschenkrebsen vor, unter den Fischen bei Rochen, unter den Säugern bei Walen und unter den Affen beim Zwergschimpansen oder Bonobo *(Pan [Satyrus] paniscus)*. Sehr wohl aber kann es sein, daß nur der Mensch diese – sicher aus anderen biologischen Gründen möglich gewordene – Paarungsstellung zur Festigung der tiefen persönlichen Beziehung zwischen den Gatten nutzt.

4. Angeblich homosexuelles Verhalten

Wo sexuelle Verhaltensweisen im Dienste der Auseinandersetzung um den Rang stehen, treten sie oft unabhängig vom Geschlecht der Beteiligten auf. Es kommt also auch vor, daß weibliche Tiere untereinander aufreiten, ebenso wie es männliche untereinander tun. Der Begriff der Homosexualität ist hier allerdings fehl am Platz, obwohl er häufig dafür benutzt wird – vielleicht weil die näheren Umstände, die zu dem beobachteten Verhalten geführt haben, nicht bekannt sind. Von Homosexualität sollte man nur sprechen, wenn ein Individuum im rein sexuellen Zusammenhang deutlich gleichgeschlechtliche Artgenossen bevorzugt. Wichtig ist dabei das Wort »bevorzugt«, denn es setzt voraus, daß diesem Individuum Artgenossen anderen Geschlechts ebensoleicht zugänglich sind. Ist das nicht der Fall, kann es sich auch um eine sogenannte Triebstauung handeln, die mangels besserer Möglichkeit am falschen

»Spielerisches« Aufreiten junger Mantelpaviane

Kopulation des Mantelpavians und (rechts) Aufreiten eines überlegenen auf ein erwachsenes, unterlegenes Männchen als Dominanzgeste

Objekt abreagiert wird. Auch hier ist die genaue Wortwahl wichtig: Fehlt ein Artgenosse anderen Geschlechts, so *kann* es sich bei der beobachteten gleichgeschlechtlichen Betätigung um eine Ersatzbefriedigung handeln – es kann aber auch wirklich Homosexualität sein; das läßt sich unter diesen Umständen schwer und vielleicht gar nicht entscheiden. Ähnlich mühsam ist die genaue Deutung eines einzeln beobachteten angeblich »homosexuellen« Verhaltens. Denn es könnte sich dabei auch um eine Rangdemonstration gehandelt haben. Leichtfertige Verwendung von Begriffen schafft hier – wie sonst auch – nur Verwirrung. In unserem Themenrahmen kommt es nun aber nicht auf die Deutung soeben gesehener Verhaltensweisen an, sondern darauf, regelmäßig wiederkehrende Verhaltenstypen zu beschreiben.

Nach dem eben Gesagten ist schon klar, daß das Aufreiten männlicher Paviane statt homosexuelles Verhalten auch eine Rangdemonstration sein kann. Dasselbe gilt für das Aufreiten weiblicher Paviane untereinander. In den Fällen, bei denen ein unterlegenes Männchen dem Sieger gegenüber in die Rolle des Weibchens verfällt, weil diese Rolle zugleich Zeichen der Unterlegenheit ist, handelt es sich ebenfalls um eine Rangbekundung und nicht um Homosexualität. Auch die vorn beschriebenen Beispiele von relativer Sexualität (s. S. 42) gehören nicht zur Homosexualität.

Ebenso reitet ein über-
legenes Mantelpavian-
Weibchen rangtieferen
Tieren auf

Es kann aber auch zu gleichgeschlechtlichem Verhalten dadurch
kommen, daß das handelnde Individuum Männchen und Weibchen nicht unterscheiden kann, entweder im speziellen Fall aus
irgendwelchen Zufälligkeiten oder aber prinzipiell nicht. Daß Tiere
sich irren können, auch im Ansprechen des Geschlechts, wird niemanden wundern. Es kommt aber auch vor, daß die Geschlechter
tatsächlich nicht unterscheidbar sind. Das erscheint vielleicht unsinnig, wenn man von der Voraussetzung ausgeht, daß es doch
schließlich darauf ankomme, den Geschlechtspartner zu finden und
ihn von einem gleichgeschlechtlichen Artgenossen unterscheiden zu
können, zumindest wohl zur Paarungszeit und bei denjenigen Tieren, die eine Kopulation vollziehen, also wirklich einen Partner auf-
suchen und nicht zu vielen im Schwarm die Geschlechtsprodukte
einfach freisetzen. Bei den schon erwähnten Plattwanzen zeigt die
Gattung *Afrocimex,* daß es auch anders geht. Wie beschrieben
(s. S. 52), haben diese Tiere eine extragenitale Kopulation entwickelt, bei der das Männchen mit seinem Genitalapparat den
Rücken des Weibchens durchbohrt und dorthin das Sperma absetzt. Ebenso werden aber auch alle Männchen behandelt – d. h.,
die Männchen kopulieren auf diese Weise mit allen Artgenossen.
Ihre Vorfahren konnten noch zumindest zu Beginn der Kopula an
den Genitalien erkennen oder erfühlen, ob der Partner ein Männchen oder ein Weibchen war. Heute aber werden die weiblichen
Genitalien bei der Kopula umgangen, und damit fehlt diese Kon-
trollmöglichkeit. Wenn das Männchen nun genügend Spermien
produziert, mag es angehen, sie einfach auf alle erreichbaren Art-

genossen zu verteilen – in der Gattung *Hesperoctenes* sogar auf Larven beiderlei Geschlechts –; die Verschwendung wird zwar größer, aber die Weibchen bekommen auch so die erforderlichen Spermien zur Besamung der Eier. Es scheint aber, als sei das noch nicht die ganze Geschichte. Denn auch die männlichen Tiere haben – genau wie die Weibchen – unter der Rückendecke das besagte spezialisierte Körpergewebe, das die Spermien aufnimmt und weiterleitet[14]. Die Spermien gelangen selbstverständlich im Körper des Männchens nie zu Eizellen, sondern verteilen sich überallhin, auch in die Beine und den Kopf. Man kann vermuten, daß diese Kopulation unter Männchen nicht einfach eine Panne ist, sondern irgendeinen besonderen Wert hat. Auch dazu sind weitere Untersuchungen nötig.

Die Wanzen sind nur ein Beispiel dafür, wie verschwenderisch die Lebewesen mit Spermien umgehen. Wenn Eizellen sorgsamer gehütet werden, dann liegt das nicht daran, daß sie einer höheren Seinsstufe entsprächen, sondern es ist ganz einfach eine Frage der Ökonomie. Die Eizellen sind nämlich sehr oft vollgepackt mit Nährstoffen für den Embryo, und diese Nährstoffe müssen schließlich vom Mutterkörper aufgebracht werden und »kosten« mehr als die nackte Keimzelle. Spermien aber haben kaum einen nennenswerten »Materialwert«. Unser Rothirsch benutzt Ejakulat, das ziemlich sicher Spermien enthält, zum Reviermarkieren: Er spritzt es sich mit erigiertem Penis ans Fell und ans Geweih und streift es dann als Duftmarke an Zweigen ab[11]! Auch der amerikanische Wapiti (*Cervus canadensis*) benutzt Sperma zum Markieren. Wenn das zwei Reviernachbarn tun, ist es natürlich ebenfalls kein homosexuelles Verhalten. Und ebensowenig wird man folgendes merkwürdige Verhalten der Spermien südamerikanischer Beuteltiere, zum Beispiel des Opossums, homosexuell nennen: Die Spermien dieser Tiere legen sich paarweise aneinander, als wollten sie kopulieren, ehe sie in die weiblichen Geschlechtswege eingebracht werden. Die biologische Bedeutung dieser Spermienpaarung ist unbekannt, aber auch sie ist naturgemäß und muß daher mit natürlichen Gesetzen übereinstimmen.

5. Der Phallus als Rang- und Drohzeichen

Der Penis dient Säugetieren außer zur Kopula auch zum Urinieren, und der Urin dient wiederum ziemlich häufig zum Markieren eines Reviers. Regelmäßig ist das Reviermarkieren Sache des ranghöchsten Tieres, wenn es sich um sozial lebende Tiere handelt. Man kann an der abgestuften Häufigkeit, mit der z. B. Schlank- oder Makibären *(Bassarycion)* an bestimmten Stellen ihres Wohngebietes markieren, ihre Rangordnung ablesen; entfernt man das ranghöchste Tier, so rückt das nächste an seine Stelle und übernimmt auch die dafür typische Markierhäufigkeit. Markiert wird aber nicht nur das Revier, sondern z. B. vom Hengst der Kothaufen einer rossigen Stute und in manchen Arten auch direkt der unterlegene Artgenosse oder das umworbene Weibchen. Der asiatische Marderhund *(Nyctereutes)* bespritzt sein Weibchen mit Urin, und Wildkaninchen, Meerschweinchen, Baumschuppentiere *(Manis),* das große Mara *(Dolichotis),* das Geschwänzte Aguti oder Acuchy *(Myoprocta)* oder der Urson *(Erethizon)* schießen aus erigiertem Penis einen kräftigen Harnstrahl auf den Partner, der gegebenenfalls zurückschießt, so daß sich ein kurzes Harnspritzduell ergeben kann. Daß der Penis dazu erigiert wird, deutet auf eine gemeinsame Verhaltenswurzel für Urinmarkieren und Kopula hin; auch wird der Urin zum Markieren regelmäßig stoßweise ejakuliert, während er beim einfachen Urinieren gleichmäßig abläuft. Wege-Markieren mit Urin ist unter den Halbaffen vom Schlanklori *(Loris),* Plumplori *(Nycticebus)* und von Makis *(Lemur)* bekannt; der Mongoz-Maki markiert außerdem sein Weibchen mit Harn. Diese Tiere sind vorwiegend geruchlich orientiert, zum großen Teil sind es Nachttiere. Die höheren Affen aber sind Tagtiere und orientieren sich weitgehend mit den Augen. Damit hängt es nun zusammen, daß der erigierte Penis direkt zum Signal wird und nicht erst die aus ihm abgegebene Duftmarke. Am südamerikanischen Totenkopfaffen *(Saimiri)* kann man den Übergang recht gut sehen: Die Tiere imponieren einander durch Spreizen der Hinterbeine und Präsentieren des erigierten Genitales an. Diese Geste dient zum Drohen gegen gruppenfremde Individuen – auch gegen das eigene Spiegelbild – und als wichtigste Rangdemonstration innerhalb der Gruppe[90]. Dabei tritt zuweilen ein Tröpfchen Urin aus, das jedoch bedeutungslos ist. Dasselbe Genitalpräsentieren kommt auch beim Kapuzineraffen *(Cebus)* vor. Unter den noch höher entwickelten Altweltaffen verschwindet die Harnabgabe in dieser Situation völlig, der Penis aber wird sehr deutlich zur Schau gestellt. Da diese Tiere nicht

Genital-Imponieren eines Totenkopfaffen-Kindes

mehr – wie noch viele Halbaffen – auf Geruchsspuren in festen Revieren, sondern oft frei nomadisierend umherstreifen, dient das Genitalpräsentieren ihnen dazu, die augenblickliche Gruppengrenze gegenüber anderen zu demonstrieren. Dazu sitzen die Männchen direkt »Wache«, oft mit dem Rücken zur Gruppe; der Penis ist weit ausgefahren und schon dadurch sehr auffällig, z. B. an Steppen-Pavianen *(Papio),* bei denen er kaum zu sehen ist, wenn er zurückgezogen wird. Im Dienste dieser Signalfunktion wird nun das männliche Genitale der Meerkatzen *(Cercopithecus)* extrem farbig, etwa der Penis kräftig rot, das Skrotum leuchtend blau. Die

»Wachesitzender« Steppenpavian

Farbkombination kann von Art zu Art wechseln und gehört zu den leuchtendsten Hautfarben, die es bei Säugetieren gibt. Diese Verwendung des Genitales hängt nicht unmittelbar mit dem Sexualtrieb zusammen; sie kommt unabhängig von sexuellen Verhaltensweisen und mitunter (z. B. bei Totenkopfaffen) schon am wenige Tage alten Jungtier in der entsprechenden sozialen Situation vor.

Ein betontes Vorweisen des männlichen Genitales außerhalb des sexuellen Zusammenhanges gibt es nun auch beim Menschen. Griechische Hopliten und etruskische Krieger waren mit Beinschienen, Helm und Brustpanzer bekleidet, trugen aber das Genitale unbedeckt. Dem getöteten Feind wurde der Penis abgeschnitten; diese ehedem weitverbreitete Sitte fand Haberland noch vor wenigen Jahren in Südäthiopien[39]. Diese Siegestrophäe wurde schon früh durch Nachbildungen ersetzt. Noch heute haben fast alle Volksstämme Südäthiopiens als vornehmsten Ritualgegenstand den »Kalatscha« genannten einfachen Phallus-Stirnschmuck aus hellglänzendem Metall. Ursprünglich ein Zeichen, daß der Träger einen erwachsenen männlichen Gegner getötet hatte und nun eine Familie gründen durfte, wurde es bei den meisten Galla-Stämmen zu einem Rangabzeichen, das nur dem Hohenpriester und besonderen Würdenträgern gebührt. Der König des großen südäthiopischen Königreiches Kaffa trug früher einen dreifachen Phallus als Stirnschmuck, der zunächst als Krone gedeutet wurde. Entsprechend werden besonders ranghohe Gottheiten – Amun-Rê in Ägypten, Tlaloc in Mexiko, Schiwa in Indien – mit erigiertem Phallus dargestellt.

Phallischer Stirnschmuck aus Metall als Rangabzeichen eines Süd-Äthiopiers

Links: Mannshoher Strohwächter von einem Reisfeld bei Sanur und (Mitte) 44 cm hoher holzgeschnitzter Wächter (»Mömmedi«), beide 1968 in Bali hergestellt. Rechts: 150 cm hoher hölzerner Hauswächter (»Siraha«) von Nias

Außer als Rangabzeichen an einem Menschen oder auf seiner Hütte finden wir den Phallus aber auch an phallischen Figuren, die man ithyphallisch (= mit erigiertem Phallus) nennt. Am bekanntesten sind wohl die steinernen ithyphallischen Hermen, die schon Herodot als altüberliefert beschreibt. Aus Holz gearbeitet findet man gleichartige Figuren noch heute auf den Sundainseln. Aus genauen Fundangaben, aus Mitteilungen der betreffenden Völker oder ihrer Priester sowie aus den Weihe- und Bittgebeten, die mit dem Aufstellen und der Verehrung solcher Figuren verknüpft sind, ergibt sich die verblüffende Übereinstimmung mit den wachesitzenden Affen:

1. Diese Figuren sind Wächter. Sie stehen an Dorf, Haus- und Tempeleingängen sowie an Gräbern oder Besitzgrenzen.
2. Regelmäßig stehen sie mit dem Rücken zum bewachten Objekt und präsentieren das Genitale nach außen.

3. Häufig war oder ist der Phallus auffällig – z. B. rot – angemalt.
4. Diese Wächter richten sich gegen Dämonen verschiedener Art, gegen irdische und überirdische Feinde und gegen die Geister von Verstorbenen, immer also gegen Wesen, die vom Menschen wie Artgenossen behandelt werden. An Holzfiguren dieser Art, die noch heute in Süd-Bali hergestellt werden, kommt zum Droh-Phallus noch eine ausgeprägte Droh-Mimik.

In keinem mir bekannten Fall wenden sich diese Wächter gegen Raubtiere oder Ungeziefer, wohl aber an diejenigen Geister und Dämonen, die der Mensch für das Auftreten von Ungeziefer oder Feldschädlingen verantwortlich macht. Zu diesem Zweck stehen sie unter anderem auf Feldern; auf Bali werden ithyphallische Strohfiguren auf die Reisfelder gestellt. Je mehr aber die alte Rang- und Drohfunktion des Phallus in Vergessenheit geriet, desto mehr wurden diese Wächter gegen die Gefahren für die Fruchtbarkeit direkt zu Förderern der Fruchtbarkeit und zu Fruchtbarkeitssymbolen erklärt, zumal ja das Droh-Organ zugleich Zeugungsorgan und diese Zeugungsfunktion dem Menschen wohlbekannt ist.

Diese Bedeutung hat das Signal vom Betrachter her zudiktiert bekommen. Ebenso ging es den starken vereinfachten Wächterfiguren, an denen man oft Arme und Beine, schließlich sogar Rumpf und Kopf wegließ, so daß nur noch der Phallus allein als »Pilz-

Links: Koreanischer »Steingott« (150 cm hoch); rechts Steinskulptur aus Guatemala (31 cm hoch)

stein« übrigblieb. An seinem Schaft wurden zuweilen sekundär wieder menschliche Umrisse angebracht, und so entstanden die nackten Steinfiguren mit »Hut«.

Je abstrakter die Gestalten werden dürfen, desto mehr Objekte gibt es, die aus anderen Gründen ebenso aussehen und phallisch wirken. Menhire, Monolithen, Obelisken, etruskische Grabmäler, islamische Gebetstürme und süddeutsche Zwiebeltürme sind alle schon phallisch gedeutet worden. Tests und freimütige Zeugnisse ergaben jüngst, daß viele Männer auch Lippenstifte als Phallus-Symbol empfinden; daraufhin wird nun die Lippenstift-Werbung absichtlich sexueller gestaltet. Selbst Psychoanalytiker sind in der Gefahr zu übersehen, daß der Phallus zwei – biologisch verbundene, aber trennbare – Bedeutungen hat: Er ist primär Machtsymbol und erst sekundär auf dem Umweg über das dem Menschen mögliche Verständnis der Zusammenhänge auch Fruchtbarkeitssymbol geworden. Es ist also einseitig, den Phallus nur mit dem Sexuellen in Verbindung zu bringen. Viele Exhibitionisten sind nicht in ihrem Sexualleben gestört, sondern in ihrer Einordnung in die Gesellschaft; sie wollen nicht zu sexuellem Tun anlocken, sondern erschrecken[81].

Wieweit die auffälligen Penis-Stulpen nacktgehender Naturvölker (z. B. auf Neuguinea und im Kongo) ebenfalls als Rangsymbol oder der Geisterabwehr dienen, ist unbekannt. Bekannt ist, daß in Indonesien der Phallus zum Vertreiben böser Geister dient; Inselbewohner, die glauben, daß Wind- und Wasserhosen durch böse Geister hervorgerufen werden, nehmen den entblößten Phallus in die Hand und zeigen ihn in die entsprechende Richtung, damit der böse Geist sich verziehe[101].

Zu diesem Thema gäbe es zahllose weitere Einzelheiten zu berichten; einige habe ich an anderer Stelle zusammengestellt[122], [124]. Hier ging es nur darum, zu zeigen, wie ein Verhaltensvergleich zwischen möglichst vielen Arten auch die Hintergründe menschlichen Verhaltens aufhellen kann.

6. Sozialer Streß

Wo das Problem der Übervölkerung behandelt wird, steht regelmäßig die Frage der Ernährung im Vordergrund. Das ist insofern berechtigt, als das verfügbare Angebot an Nahrung auf jeden Fall der Bevölkerungszahl eine Grenze setzt. Um diese Grenze ist viel gerechnet worden, und man versucht – vorerst meist auf Grund theoretischer Überlegungen – herauszubekommen, um wieviel sich diese Grenze heraufsetzen läßt, wenn man alle bekannten Nahrungsreserven für den Menschen erschließt. Dazu gehört, daß man sich um Ertragssteigerung bei Getreide und sonstigen Anbaupflanzen bemüht, aber auch, daß man Meeresalgen, Plankton und anderes Ungewöhnliches für die menschliche Ernährung nutzbar macht. Selbstverständlich wird auch damit die Grenze nur hinaufgeschoben, nicht aufgehoben – das Problem wird also vertagt, nicht gelöst. Das kann man sich vielleicht leisten, wenn man darauf hofft, daß sich innerhalb der damit herausgewirtschafteten Galgenfrist genügend Erkenntnisse ansammeln werden, die es schließlich gestatten, das Übervölkerungsproblem wirklich zu lösen.

Nicht leisten aber kann man es sich, zu übersehen, daß der Bevölkerungsdichte eine andere Grenze gesetzt ist, die viel niedriger liegt als die »Hungergrenze«. Die Menschen sind nämlich nun einmal keine Maschinchen, die man so dicht aufstellen kann, wie es die Stromversorgung erlaubt, wobei man sich allenfalls noch um die Abfuhr der Arbeitswärme zu kümmern hat. Im Gegensatz zu solchen Maschinchen gehen Menschen sich nämlich auch auf die Nerven, und zwar nicht erst, wenn eine Dichte erreicht ist, die Versorgungsschwierigkeiten mit sich bringt, sondern schon viel früher. Und auch das hat, wie so vieles, der Mensch mit den Tieren gemeinsam. Vielen ist sicher der sehr verschiedene Effekt voller und leerer Straßenbahnen bekannt: Im leeren Wagen verteilen sich die wenigen Fahrgäste völlig »zwanglos«, lassen auch eine Sitzreihe zwischendrin ganz frei, sehen im Durchschnitt behaglich aus und reagieren ziemlich freundlich aufeinander oder auf den Schaffner. In einem sehr vollen Wagen entfallen naturgemäß die freien Plätze, die Leute sehen sehr viel weniger behaglich drein und reagieren erheblich gereizter. Viele bemühen sich, den am dichtesten stehenden Nebenmann möglichst zu übersehen, so als sei es der letzte Ausweg, möglichst keine Kenntnis davon zu nehmen, daß der Nebenmann einem schon viel zu nahe gerückt ist. Dennoch wäre es ohne weiteres möglich, alle diese Fahrgäste auf einer längeren Fahrt mit belegten Brötchen zu versorgen. Auch in Flugzeugen könnte man mehr Passagiere befördern, wenn sie sich das dichtere Packen gefallen ließen. Die erste Klasse kostet nicht mehr, weil es da mehr zu essen gäbe, sondern vor allem, weil jeder mehr Platz hat. Man bezahlt also nicht nur das Essen, sondern auch den Abstand vom Nachbarn. Das gilt genauso für die dauernd beanspruchte Wohnfläche: Je höher der Druck der Bevölkerungsdichte, desto mehr »Geldkraft« muß man aufwenden, um Abstand zu halten.

An Kindern im Alter zwischen drei und acht Jahren haben Hutt und Vaizey die Auswirkungen der Überfüllung in Spielräumen genau untersucht[46]. Jedes Kind wurde in drei verschieden großen Spielgruppen beobachtet: entweder mit höchstens fünf Spielkameraden oder mit sechs bis zehn oder mit mehr als zehn anderen Kindern. Das Spielzimmer war stets gleich groß, neun Meter mal sechs Meter. Dabei zeigte sich, daß die Zahl der sozialen Kontakte zwischen den Kindern immer kleiner wurde, je dichter das Zimmer »bevölkert« war, obwohl es gerade dann ja die meisten Gelegenheiten zu Sozialkontakten gab. Die Kinder wichen einander also aus. Erst wenn mehr als elf Kinder zusammen waren, nahm das Streiten deutlich zu, übrigens auch das Mißhandeln und Zerstören von Spielzeug, worin sich offenbar aggressive Tendenzen äußern, die am Spielzeug statt am Nachbarn abreagiert werden. Danach kann man vermuten, daß der Mensch über Regulationsmechanismen verfügt, die abhängig von der Bevölkerungsdichte sind und sein Verhalten beeinflussen. Bemerkenswert ist, daß hirngeschädigte Kinder unter gleichen Bedingungen sehr viel leichter aggressiv reagieren und, wenn sie zusammen mit normalen spielen, im überfüllten Zimmer deutlich im Vorteil sind.

Ganz allgemein jedenfalls fühlt man sich ausgesprochen ungemütlich, wenn es nicht gelingt, den gewünschten Abstand zum Nächsten zu wahren. Was ist das nun, dieses ungemütliche Gefühl? Durch verschiedernerlei Experimente an sozial lebenden Tieren ist man in letzter Zeit darauf gekommen, was alles für dieses Gefühl verantwortlich sein könnte. Zumindest hat man zeigen können, welche Lebensfunktionen durch Bevölkerungsdichte verändert werden. Es sind dies weit mehr, als man vielleicht erwarten würde. Und diese Veränderungen zeigen auch, was an Verhalten, Hormonen, Wachstum, Reifung usw. miteinander zusammenhängt und folglich in Mitleidenschaft gezogen wird, wenn Extremsituationen herrschen. Aber man braucht gar nicht auf Extreme zu warten; alles das wird stets beeinflußt, ganz gleich, unter welchen Bedingungen das Lebewesen gerade lebt, ob allein, mit wenigen Artgenossen oder mit sehr vielen. Da wir keinen Grund haben anzunehmen, daß der Mensch solchen Einwirkungen entgeht, sollten wir fragen, wie weit unser heutiges Verhalten von solchen Umgebungseinflüssen abhängt, statt bei möglichen Zukunfts-Zuständen anzufangen.

Aus Untersuchungen an verschiedenen Lebewesen, Pflanzen wie Tieren, weiß man, daß sich unter natürlichen Bedingungen die Größe einer Population von selbst regelt. »Von selbst« heißt dabei: unter Mithilfe von Räubern, Krankheitserregern, Nahrungsmangel usw., durch Methoden also, die der Mensch gern mit dem Wort

»grausam« kennzeichnet. So ist bekannt, daß etwa in sogenannten Mäusejahren, in denen sich die Mäuse ungewöhnlich stark vermehrt haben, auch die Mäusefresser mehr Junge hochbringen, so daß die Mäuse unter stärkeren Feinddruck kommen. Wo der Mensch für Massenvermehrung von einzelnen Arten sorgt, wie in den weiten Fichtenanpflanzungen, ist die Gefahr groß, daß auch entsprechende Feinde – hier also Fichtenschädlinge – rasch überhandnehmen. Räuber und Parasiten kann man in diesem Fall unter denselben Oberbegriff »Feind« fassen. Diese Feinde nehmen jedoch auch nicht grenzenlos überhand, weil sie ja selbst zu darben beginnen, wenn ihre Opfer an Zahl wieder abnehmen.

Kein Lebewesen kann beliebig zahlreich werden. Jede Kohlmeise muß auch im Winter durchschnittlich alle zweieinhalb Sekunden ein Insekt finden, um ihren Nahrungsbedarf zu decken. Wo es nur wenige Insekten gibt, können eben auch nur entsprechend wenige Kohlmeisen existieren. Viele Tiere grenzen ein Revier ab und verteidigen es gegen ihre Artgenossen; sie schaffen sich damit einen »Garten«, aus dem sie ihre Nahrung beziehen.

Gut untersucht ist das am Moorschneehuhn *(Lagopus lagopus)* in Schottland[28], bei dem die Hähne im Herbst bis zum folgenden Sommer Reviere verteidigen, in denen jeder Hahn nur seine Henne duldet. Diese Reviere liegen in Heidekrautgebieten, denn die Tiere fressen Beeren und Triebe dieser Pflanzen. Entfernt man die Revierbesitzer, zum Beispiel indem man sie abschießt, so werden sie rasch ersetzt, und zwar durch Tiere, die sich außerhalb der Heidezonen aufgehalten haben. Also gibt es »Reservehähne«. Im Sommer jedoch nicht mehr. Denn Individuen, die kein Revier haben, haben auch keine Chance, bis zum nächsten Herbst zu leben und sich fortzupflanzen. Sie werden daran aber nur von den glücklichen Revierbesitzern gehindert; es sind also nicht etwa Kranke oder Kümmerlinge, die sowieso kein Revier halten könnten oder auf der Sterbeliste stünden. Andererseits beeinflußt der Flächenertrag tatsächlich die Reviergröße. Man hat durch Anwendung von Kunstdünger einige Heideflächen ertragreicher gemacht; jetzt begnügten sich die Moorschneehähne mit kleineren Revieren, so daß auf derselben Fläche mehr Hähne siedelten und zur Brut schritten. Das Nahrungsangebot begrenzt die Bevölkerungsdichte in diesem Fall also nicht direkt; es wäre ja auch unpraktisch, wenn einfach die Tiere stürben, die nicht satt werden. Denn solange alle um das wenige Futter raufen müssen, bekommen auch alle mindestens ein wenig, vielleicht aber alle zu wenig, und dann überlebt am Ende gar keiner. Vorteilhafter für die Art ist es daher, durch Revierverhalten die Ernährung der Revierbesitzer sicherzustellen und nur die Individuen zu opfern, die »keinen Grund und Boden« haben, von dem sie leben könnten. Das allerdings wirkt oft grausam, weil jetzt jedes Individuum »egoistisch« für sich selbst vorsorgt und – immer nach menschlichem Maßstab – dadurch schuld ist am Tode der unterlegenen Konkurrenten.

Dieses Sozialverhalten ist jedoch für den Fortbestand der Art wichtig. Und aus dem Sozialverhalten ergeben sich Grenzen für die Bevölkerungsdichte. Man kann selbst auf noch so gut gedüngten Heideflächen nicht beliebig viele Moorschneehühner brüten lassen. Auch im Schlaraffenland werden nicht so viele Wanderratten groß, wie Platz hätten. Man hat das ausprobiert, indem man einer Gruppe von Wanderratten, die in einem großen Gehege lebte, Nahrung und Wasser im Überfluß zur Verfügung stellte. Obwohl dann schließlich 5000 Jungtiere zu erwarten waren, wuchs die Gruppe nicht über 150 Tiere an. Ein anderes Beispiel: Hält man zwei Paare Buchfinken in einem Käfig, so brütet trotz guter Fütterung stets nur eins. Die Gründe für solche »Bevölkerungsregulationen« wurden in den letzten Jahren an verschiedenen Tierarten untersucht. Das, worunter die Tiere leiden, obwohl sie genug Nahrung haben, nennt man Streß. Die Faktoren, die den Streß hervorrufen, werden von einigen Forschern als Stressoren bezeichnet. Allgemein sollte Streß dadurch gekennzeichnet sein, daß er durch viele verschiedene Ursachen ausgelöst werden kann, also etwa durch Kälte, Blutverlust, Infektion, Übervölkerung usw. Daraus bereits läßt sich ersehen, daß es sich um eine allgemeine, unspezifische Reaktion des Organismus handelt. Betrachtet man nun diesen Streß nur insoweit, als er durch Artgenossen ausgelöst wird, obwohl man ihn ebensogut auch anders auslösen könnte, so kann man von »sozialem Streß« sprechen. Man weiß auch schon, daß jeder Streß dadurch gekennzeichnet ist, daß die Nebennierenrinde mehr Hormone als normal abgibt und daß im Zusammenhang damit im Körper weniger Wachstum-, Schilddrüsen- und Geschlechtshormone vorhanden sind als im Normalzustand. Wie sich das auf die Bevölkerungszunahme auswirkt, hat man vor allem an Mäusen, Ratten, Kaninchen und Spitzhörnchen geprüft, weil diese Tiere sich leicht halten und züchten lassen.

Die Spitzhörnchen *(Tupaia),* auch Tupajas genannt, sind höchst interessante Tiere Südostasiens, von denen noch in anderem Zusammenhang zu reden sein wird (s. S. 146). Für die hier zu erörternden Probleme haben sie sich als besonders gute Versuchstiere erwiesen, denn man sieht ihnen den Streß äußerlich an, so daß man dieselben Individuen in verschiedenen Situationen testen kann. Bei den anderen genannten Arten sind bisher nur innere Anzeichen für den Streß bekannt; man muß deshalb die Individuen töten und ihre Organe untersuchen, kann also jedes Tier nur einmal testen. Das Spitzhörnchen aber sträubt bei jeder Störung die Schwanzhaare, wodurch der Schwanz auffallend buschig wird (normalerweise sind die Schwanzhaare angelegt, so daß der Schwanz glatt und schlank wirkt). D. von Holst konnte in eleganten Versuchen[44] zeigen, daß sich im Sträuben der Schwanzhaare eine allgemeine, für Streß typische Erregung anzeigt, die durch jede Art von Beunruhigung hervorgerufen werden kann, sei es durch plötzlichen Lärm, durch den Anblick eines unbekannten Objektes, durch Kampf mit Artgenossen, Einfangen durch den Versuchsleiter oder ähnliches. Jedes Spitzhörnchen hat seinen Schwanz für einen bestimmten Prozentsatz des 12-Stunden-Tages gesträubt, und dieser Wert bleibt über Monate gleich, solange das Tier in der betreffenden Situation lebt. Jede Veränderung in seiner Umgebung führt zu einem neuen »Schwanzhaar-Sträubewert«, der wiederum so lange konstant bleibt, wie die neue Situation andauert. Setzt man ein Tier mit einem ihm unbekannten Artgenossen des gleichen Geschlechts zusammen in einen Käfig, so gibt es einen kurzen Kampf, der mit der Unterwerfung eines Tieres endet. Von da an verhalten sich die beiden Rivalen fast gleich, aber ihre Schwanzsträubewerte unterscheiden sich beträchtlich: Der Sieger sträubt seinen Schwanz so gut wie nie, der Verlierer aber hat ihn fast den ganzen Tag gesträubt, gibt das aber auf, wenn man den Sieger aus dem Käfig nimmt.

v. Holst hat nun durch genaue Vergleiche folgende Zusammenhänge ermitteln können: Jungtiere, die hohe Schwanzsträubewerte haben, wachsen deutlich langsamer als Geschwister in ungestörter Umgebung. Noch bei Erwachsenen ändert sich das Körpergewicht mit dem Schwanzsträubewert; wächst dieser etwa um 60 Prozent, so kann das Tier in wenigen Tagen ein Drittel seines Körpergewichtes einbüßen. Erwachsene bekommen ihr Ausgangsgewicht wieder, wenn die Störung aufhört; Jugendliche aber, deren Wachstum nach der Pubertät durch Beunruhigung gehemmt wurde, erreichen nie das typische Körpergewicht Erwachsener, sondern bleiben leichter. Maximale Erregung (angezeigt durch ununterbrochenes Schwanzsträuben) führt regelmäßig zum Tode des betreffenden Tieres, manchmal schon nach wenigen Stunden.

Bei den jungen männlichen Spitzhörnchen, die ihre Schwanzhaare mehr als 40 Prozent von zwölf Stunden gesträubt halten, wandern die Hoden nicht, wie normal, durch den Leistenkanal ins Skrotum, sondern bleiben im Körper. Auch färbt sich die Skrotum-Haut nicht dunkel. Nimmt man die Tiere aus der sie beunruhigenden Umgebung, so dauert es etwa eine Woche, bis sich das Skrotum verfärbt und die Hoden durch die Bauchdecke in das Skrotum eintreten. Bei erwachsenen Männchen, die über 70 Prozent der Zeit die Schwanzhaare sträuben, wandern die Hoden in die Bauchhöhle zurück. Das Skrotum wird zurückgebildet, verliert seine dunkle Farbe und ist nach etwa zwei Wochen kaum mehr zu erkennen. Das Hodengewicht nimmt ab, die Spermienerzeugung hört auf. Das alles wird erst wieder normal, wenn die Streß-Situation aufhört.

Weibliche Spitzhörnchen, die in Situationen leben, in denen sie den halben Tag die Schwanzhaare sträuben, bringen keine Jungen mehr zur Welt; sinkt der Schwanzsträubewert, so werden wieder Junge geboren. Hatte das Weibchen aber viele Monate unter dieser Störungssituation gelitten, so können noch die Jungen der folgenden drei Würfe durch Hunger umkommen, weil das Weibchen immer noch nicht wieder genügend Milch für die Jungen erzeugt. Aber selbst wenn schließlich wieder normal viel Milch da ist, verhungern die Jungen der folgenden Würfe ebenfalls noch, und zwar weil das Weibchen die Fütterungstermine »vergißt«. Erst der fünfte oder noch spätere Wurf Jungtiere wird dann wieder normal großgezogen. Der soziale Streß kann also ganz erhebliche Nachwirkungen haben, selbst wenn er äußerlich gesehen schon überwunden ist.

Auch geringere Streß-Situationen, die nur zu einem Schwanzsträuben über 20 Prozent der Normzeitspanne von zwölf Stunden führen, genügen, um die Aufzucht von Jungen zu verhindern. Die Weibchen bringen zwar ihre Jungen normal zur Welt, haben auch genügend Milch für sie und säugen sie auch. Dennoch geht innerhalb weniger Stunden nach der Geburt irgendein Tier aus der Gruppe, mitunter die eigene Mutter, ins Nest, holt ein Junges heraus und frißt es zum Teil oder völlig auf, ohne sich durch das Wutgeräusch oder das abwehrende Strampeln des Kleinen abschrecken zu lassen. Sobald der Schwanzsträubewert unter die 20 Prozent sinkt, hört dieser Kannibalismus auf. Ursache dafür ist nicht ein geheimnisvoller Mutterinstinkt, der den Jungen das Aufwachsen in einer so schlechten Welt ersparen will, sondern wahrscheinlich das Fehlen einer Drüsensekretion. Die Erwachsenen haben nämlich auf der Brustregion zwischen den Vorderbeinen eine Drüse, mit deren Sekret die Jungen kurz nach der Geburt markiert werden; das Weibchen reibt dazu mit der Drüse über die Jungen. Diese Duftmarke hält alle Artgenossen von den Jungen fern, auch ganz fremde. Wenn in Streß-Situationen das Sympathische Nervensystem der Tiere übermäßig aktiv wird, so hat das außer dem Sträuben der Schwanzhaare noch eine ganze

Reihe anderer Folgen, unter anderem auch die, daß die Sekretion dieser Drüse ausbleibt. Deshalb werden die Jungen nicht markiert und somit erwachsene Spitzhörnchen nicht daran gehindert, die Jungen zu fressen.

Noch eine andere Verhaltensänderung zeigen weibliche Spitzhörnchen bei mäßigem sozialem Streß: Sie versuchen, ihre Gruppengenossen in männlicher Weise zu »begatten«. Dabei treiben sie den Artgenossen, lecken seine Genitalregion, reiten auf, massieren seine Flanken mit den Vorderbeinen und vollführen Stoßbewegungen mit dem Becken. Auch dieses Verhalten vergeht mit dem Streß.

Alle diese Folgen von sozialem Streß lassen sich mit dem bekannten Zusammenwirken von Zentralnervensystem und Hormonsystem erklären. Darauf aber kommt es hier nicht so sehr an. Beachten muß man jedoch die vielerlei Auswirkungen der sozialen Umwelt auf das soziale Verhalten der Tiere, und davon vor allem die Vorgänge, die zu einer Bevölkerungs- oder Geburtenkontrolle führen.

Die Spitzhörnchen können, wenn sie zu dicht leben, zwar ihre Bevölkerungszahl konstant halten, aber strenggenommen nicht immer durch Geburtenkontrolle; denn geboren werden ja Junge zunächst noch, die allerdings aufgefressen werden oder – als Nachwirkung einer zu hohen Bevölkerungsdichte – verhungern. Geburtenkontrolle ist dagegen der von vielen Tierarten bekannte sogenannte »Bruce-Effekt«: der Abbruch einer schon begonnenen Schwangerschaft, indem die befruchteten Eier oder die bereits weiterentwickelten Embryonen im Uterus der Mutter wieder aufgelöst werden; das kann noch in den letzten Tagen vor der Geburt geschehen. Bei wilden Kaninchen in Neuseeland wird über die Hälfte aller Schwangerschaften auf diese Weise abgebrochen. Normalerweise werden die Jungen mit 40 bis 45 Gramm Gewicht nach 18 bis 30 Tagen Tragzeit geboren; aber noch nach 20 Tagen können sie in der Gebärmutter wieder aufgelöst werden. Dabei verliert der Körper der Mutter kaum Nährstoffe, jedenfalls viel weniger als bei einer Fehlgeburt. Je dichter die Kaninchen siedeln müssen, desto mehr Kaninchenkinder erblicken niemals das Licht der Welt. Junge Weibchen lösen mehr Keimlinge wieder auf als alte. Und wenn die ranghöchsten Weibchen einer Kaninchenbevölkerung im Jahr sechs bis sieben Würfe haben, die rangtieferen weniger, so spielt auch hier sozialer Streß eine Rolle, der sich natürlich auf die jüngeren, noch rangtieferen Tiere am meisten auswirkt.

Noch einen Schritt früher kann sich nach Untersuchungen von Parkes und Bruce [88] die Bevölkerungsdichte bei Mäusen und einigen anderen Nagetieren regulieren, nämlich durch den sogenannten

»Schwangerschafts-Block«. Weibliche Mäuse reagieren in den ersten vier Tagen nach der Paarung sehr empfindlich auf fremde Mäusemännchen, das heißt auf andere Männchen als dasjenige, mit dem sie sich gepaart haben. Entfernt man dieses Männchen und setzt ein anderes zu dem bereits begatteten Weibchen, so wird es nicht trächtig. Am fünften Tag nach der Begattung allerdings ist dieser Effekt nur noch bei einigen Weibchen vorhanden, am sechsten Tag bei keinem mehr: Wenn man erst dann das Männchen austauscht, werden die Weibchen normal trächtig. Ebenso werden sie trächtig, wenn man sie völlig von Männchen isoliert, selbst wenn das gleich nach der Paarung geschieht. Das Männchen ist also nach der Paarung nicht länger nötig, um die Trächtigkeit herbeizuführen. Dennoch hat es eine Wirkung: Wenn man nämlich die Männchen nicht austauscht, sondern zu dem Paar noch ein fremdes Männchen dazusetzt, dann wird das Weibchen wieder normal trächtig. Das heißt, obwohl sich keins der Männchen mehr mit dem Weibchen paart, kann doch dasjenige Männchen, das vorher mit dem Weibchen kopulierte, durch seine Anwesenheit die Wirkung des fremden Männchens aufheben.

Woran aber erkennt das Mäuseweibchen »sein« Männchen? Nun, das ahnt man schon: am Geruch, denn Mäuse orientieren sich sehr stark mit Hilfe ihrer Nase. Tatsächlich braucht man dem begatteten Weibchen gar kein fremdes Männchen beizugesellen; es genügt, wenn man dessen Geruch zum Weibchen bringt, am besten indem man die Bodenstreu aus dem Wohnkäfig irgendeines Männchens in den Wohnkäfig des Weibchens bringt. Dabei ist es nicht einmal nötig, daß dieses Männchen sexuell aktiv ist; es kann sogar ein Kastrat sein. Der wirksame Duftstoff ist im Urin des Männchens enthalten. Wahrscheinlich ist es ein Stoffgemisch, dessen Zusammensetzung von Männchen zu Männchen verschieden ist. Das Weibchen muß diesen Stoff riechen können; Mäuseweibchen, deren Riechorgan man ausgeschaltet hat, reagieren auf fremde Männchen nicht. Und das Weibchen muß diesem Geruch eine ganze Weile ausgesetzt sein. Mitunter reichen schon zwölf Stunden; die Reaktion baut sich aber allmählich im Laufe von zwei Tagen immer stärker auf. Deswegen kann man den Schwangerschafts-Block verhindern, wenn man das »richtige« Männchen nur 24 Stunden vom Weibchen trennt, dann aber wieder dazusetzt; auch wenn dann die ganze Zeit ein fremdes Männchen oder dessen Geruch auf das Weibchen einwirkt, wird es dennoch trächtig.

Die langsam anlaufende Reaktion des Weibchens läßt schon vermuten, daß dabei Hormone eine Rolle spielen. Man weiß inzwischen, daß der fremde Geruch – den das Weibchen selbstverständlich als fremd erkennen muß – auf dem Wege über den Hypothalamus (eine Region des Zwischenhirns) und die Hirnanhangdrüse (Hypophyse) die Ausschüttung von Hormonen verhindert, die zur Einbettung des besamten Eies in die Uterus-Schleimhaut des Weibchens nötig sind. Man kann deshalb die schwangerschaftsblockierende Wirkung des Fremdgeruchs durch entsprechende Hormongaben an das Weibchen wieder aufheben. Normalerweise aber führt der Geruch eines fremden Männchens beim begatteten Weibchen dazu, daß die schon besamten Eier nicht eingebettet, sondern aus dem Mutterkörper ausgestoßen werden.

Es sei hier betont, daß das nicht die einzige Wirkung von Geruchsreizen ist, die bei der Fortpflanzung der Mäuse eine Rolle spielen. Die Tiere können am Geruch kastrierte von nichtkastrierten Artgenossen, brünstige Weibchen von nichtbrünstigen unterscheiden, und oft spielen dabei Erfahrungen eine Rolle, so daß jungfräuliche Tiere zu solchen Unterscheidungen noch nicht fähig sind oder besondere Gerüche, die die Tiere in der Jugend kennenlernten, später bevorzugt werden. Ferner hören Mäuse in reinen Weibchengruppen auf, periodisch brünstig zu werden; bringt man aber ein Männchen dazu, ja nur den Geruch eines Männchens, so setzt das bei fast allen Weibchen sofort wieder eine Brunst in Gang. Alle diese Effekte werden, jeder für sich, immer genauer untersucht. Wir haben bisher jedoch erst eine vage Vorstellung, wie das alles im normalen, von Experimenten unbeeinflußten Leben wilder Mäuse zusammenspielt. Eine Regelung der Populationsdichte ist bei Mäusen mit den beschriebenen nervös-hormonellen Reaktionen auch erst in Extremfällen zu erwarten. Dennoch ist es wichtig, diese Auswirkungen der sozialen Situationen auf die Entstehung neuen Lebens zu kennen.

Spitzhörnchen fressen die neugeborenen Jungen, Kaninchen lösen die halbfertigen Embryonen auf, Mäuse betten die besamten Eier gar nicht erst ein – gemeinsam ist allen diesen Fällen, daß die bereits entstandenen neuen Individuen wieder vernichtet werden. Auch sonst geht es in der Natur mit den Nachkommen oft nicht gerade zimperlich zu. Während die Albatrosse der Südsee alle zwei Jahre ein Junges aufziehen, haben die mitteleuropäischen Goldhähnchen zwei Gelege mit zehn Eiern pro Jahr, also zwanzig Junge. Dennoch nimmt, soweit man weiß, keine der Arten ab oder zu. Folglich zieht – wie bei allen Tieren – jedes Elternpaar im Laufe seines Lebens gerade zwei Jungtiere groß, die später an die Stelle der Elterntiere treten, wenn diese sterben. Aber darüber hinaus erzeugter Nachwuchs geht zugrunde – auch das auf verschiedene Weise: Der Karpfen legt angeblich eine Million Eier, aber die meisten Jungen werden schon im Larvenstadium von allerlei Räubern gefressen. Bei der Saatkrähe geht über ein Viertel aller geschlüpften Jungen noch im Nest aus unbekannten Gründen ein. Nun kann man verstehen, daß viele Tierarten sich durch eine Überproduktion an Nachkommen gegen unvermeidliche, aber auch unvorhersehbare Unglücksfälle absichern; Überschwemmungen können Nester zerstören, Schlechtwetterperioden die Nahrungsbeschaffung erschweren, so daß viele Junge verhungern; Krankheiten können ausbrechen usw. Andere Arten wieder scheinen vorzusorgen: Mäusebussarde setzen mehr Junge in die Welt, als sie nachher füttern können, so daß regelmäßig einige, und meist die schwächeren, eingehen. Falls es aber in einem Jahr besonders viele Mäuse gibt, kann der Bussard das ausnutzen und entsprechend mehr Junge großziehen; er braucht sich diese Chance also nicht entgehen zu lassen. Die »Nesthäkchen« sind also einmal Reserve-Jungtiere, die der Art zugute kommen, wenn entweder die Nahrungsverhältnisse besonders günstig liegen oder wenn Geschwister ausfallen; ferner muß, wenn zu viele Jungtiere da sind, eine Auswahl zugunsten der Besten stattfinden. Weniger leicht verständlich ist das Verhalten des Schreiadlers, der regelmäßig zwei Eier legt und ausbrütet, aber ebenso regelmäßig nur ein Junges aufzieht, und zwar dasjenige, welches zuerst schlüpft. Die Eier werden nämlich im Abstand von drei bis vier Tagen gelegt, und die Jungen schlüpfen entsprechend im Abstand von drei bis vier Tagen. Sobald das zweite Junge schlüpft, setzt sich das ältere darauf, und zwar nicht zufällig oder aus Ungeschicklichkeit, sondern ganz gezielt. Auch wenn man das kleinere Junge hervorholt und füttert, kommt das ältere sofort herbei und krabbelt so lange herum, bis es wieder auf dem kleineren sitzt, das auf diese Weise vom Futter abgeschnitten und erdrückt, also tatsächlich umgebracht wird[74]. Die Frage, warum der Schreiadler nicht von vornherein darauf verzichtet, ein zweites Ei zu legen, läßt sich augenblicklich noch nicht schlüssig beantworten, obwohl man sich Gründe dafür denken kann, die jedoch noch nicht sauber untersucht sind. Sicher ist nur, daß fast alle Tierarten einen deutlichen Nachkommenüberschuß haben, der recht bald abgebaut wird. Die Verluste an Nachkommen sind ganz erheblich, doch läßt sich zumeist verstehen, daß so viele Jungtiere geopfert werden müssen.

In den vorher beschriebenen Fällen von Spitzhörnchen, Kaninchen und Mäusen allerdings ist nicht einsichtig, warum die Jungenproduktion sozusagen kurzgeschlossen wird. Gewiß, wenn die Jungen gefressen oder im Mutterleib wieder aufgelöst werden, tritt kein großer Materialverlust ein, die Baustoffe »bleiben in der Familie«. Aber wer nach den Naturgesetzen fragt, welche die Weitergabe des Lebens regeln, sollte doch stutzig werden angesichts der Tatsache, daß da ohne viele Hemmungen Nachkommen vernichtet werden, nicht aber die Kopula unterbleibt.

7. Regressionen

Die Psychologie kennt vom Menschen Rückfälle in ein kindliches Verhalten, die als Reaktion auf Streß, Lebensschwierigkeiten und Fehlschläge ganz allgemein auftreten; zum Beispiel Bettnässen. Solche vorübergehenden oder bleibenden Rückschritte auf frühere Verhaltensmuster heißen Regression[21]. Dabei kehrt jedoch das Individuum nie völlig, das heißt in allen Verhaltensweisen auf ein infantiles Stadium zurück, sondern stets nur in einigen Merkmalen. Eine ganz allgemeine Folgerung aus solchen Regressionen ist, daß die frühkindlichen Verhaltensmuster auch beim Erwachsenen noch vorhanden sind; sie treten zwar normalerweise nicht in Erscheinung, sind aber nicht etwa im Laufe des Lebens abgebaut worden. Das zeigt sich auch darin, daß bei bestimmten Hirnkrankheiten sogar Verhaltensweisen, die für Säuglinge typisch sind, wieder auftreten können. Hier sind sie jedoch durch organische Krankheit verursacht; dann nennt man sie nicht Regression, sondern beschreibt sie als pathologische Enthemmungsphänomene im Zusammenhang mit Ausfällen bestimmter Hirnteile oder Hirnfunktionen. Demgegenüber sind Regressionen nicht so eindeutig krankhaft.

Gute Tierbeobachter haben nun längst bemerkt, daß derartige Regressionen nicht nur beim Menschen vorkommen, sondern zumindest auch bei Warmblütern. Vermutlich gibt es sie allgemein, auch bei Kaltblütern und wohl auch bei Niederen Tieren, die keine Wirbeltiere sind. Jedoch muß man, um ein solches Verhalten zu entdecken, das betreffende Tier sehr genau kennen. Und so genau kennt man gewöhnlich nur die Haustiere, die fast ausschließlich Warmblüter sind.

Regressionen wirken nämlich in vielen Fällen ganz normal, ja um so normaler, je weiter man das Gesamtverhalten der betreffenden Tierarten analysiert. Warum gibt es Regressionen? Was hat das Tier davon? Auf diese Fragen findet man am ehesten eine Antwort, wenn man festzustellen versucht, von welchem Alter an eigentlich Regressionen auftreten. Sicher tauchen sie nicht ganz plötzlich von heute auf morgen auf. Denn es sind ja keine neuen Verhaltensweisen, sondern eben längst vorhandene, die nur sozusagen unterirdisch weiterlebten und zu späteren Zeiten wieder einmal durchbrechen. Zu erwarten wäre also, daß kindliche Verhaltensweisen in der Kinderzeit häufig, später weniger häufig und dann immer seltener auftreten, ohne daß sie jemals ganz verschwinden. Obwohl es bisher keine systematischen Untersuchungen dazu gibt, sind im Laufe der Zeit immerhin genug Fälle bekannt geworden, die dieses Bild bestätigen.

Känguruh-Junge fliehen zunächst regelmäßig in den Beutel der Mutter; je älter sie werden, desto seltener tun sie es. In Gefahrensituationen fliehen aber selbst geschlechtsreife Tiere noch dorthin und stecken wenigstens den Kopf in den Beutel. Pavianbabys halten sich fast dauernd an der Mutter fest und reiten auf ihrem Rücken; ältere Jungtiere fliehen, wenn sie bedroht sind, zur Mutter und klammern sich an ihr fest, und selbst ein erwachsener Pavianmann eilt, wenn er sich fürchtet, zu einem befreundeten Pavian und hält sich an ihm fest.

In einigen Fällen ist bekannt, daß Regressionen bei Erwachsenen einen ganz massiven Anlaß hatten. Zum Beispiel können Grasmücken, die im Flug gegen eine Fensterscheibe geprallt und betäubt oder stark benommen sind, stundenlang – sogar einige Tage lang –

Riesenkänguruhs, die schon fast erwachsen sind, fliehen bei Gefahr noch zum Beutel der Mutter und stecken den Kopf hinein. Links: Neugeborenes Känguruh an der mütterlichen Zitze (der Beutel ist nicht gezeichnet)

stumm herumsitzen und den Menschen »bettelnd« ansperren; auf diese Weise kann man sie mit Futter versorgen. Bessert sich ihr Zustand, dann verschwindet das Sperren wieder[97]. Kindliche Verhaltensweisen treten aber nicht nur gegenüber dem Menschen auf. An Rotkehlchen und Hänflingen wurde beobachtet, daß ein erwachsenes Männchen ein anderes fütterte, als dieses sich ein Bein gebrochen hatte; normalerweise bekämpfen sich die Männchen, und das taten die hier erwähnten auch, bevor eines von beiden verunglückte. In den großen Brutkolonien von Seevögeln hat man einen ausgewachsenen Fregattvogel und einen Baßtölpel, beide mit nur je einem Flügel, und einen großen, aber blinden weißen Pelikan gefunden, alle mehrere Jahre alt. Keines dieser Tiere konnte selbst Futter fangen; sie müssen also jahrelang von anderen Koloniemitgliedern gefüttert worden sein[1], [71]. Im Bronx-Zoo wurde vor Jahren durch einen Unglücksfall einem Häherweibchen der Schnabel so abgeschnitten, daß das Tier nicht mehr selbst fressen konnte. Zwei Jahre lang bettelte es, genau wie ein Jungvogel, sogar artfremde Käfiggenossen an und wurde während der ganzen Zeit von einem männlichen Haubenhäherling gefüttert.

In all diesen Fällen war dem Individuum, das als Erwachsenes noch wie ein Kind bettelte, körperlich etwas widerfahren; es hatte einen Schock oder ein Unglück erlitten und war den normalen Altersgenossen gegenüber etwa so hilflos wie ein Nestjunges gegenüber den Erwachsenen. Verhaltensformen, die sich als Regressionen beschreiben lassen, treten jedoch auch auf, wenn dem Individuum unmittelbar nichts geschieht, sich aber etwas um es herum verändert.

Junge Störche, die schon fast flügge sind, gehen auf dem Nest umher und schlagen mit den Flügeln, hören aber sofort damit auf, wenn die Altvögel zurückkommen. Offenbar wird das für ältere Tiere typische Verhalten gehemmt und macht wieder dem jugendlicheren Platz, wenn die überlegenen Eltern da sind. Das zeigt sich besonders kraß an manchen Kleinvögeln, die vom Menschen aufgezogen werden und deswegen den Menschen als Eltern ansehen. Zuerst sperren die hungrigen Nestlinge einfach den Schnabel auf und betteln so den Pfleger genau wie ihre richtigen Eltern an. Später können sie selbständig fressen, indem sie Futter vom Boden aufpicken. Sperren und Picken sind nun zwei ganz verschiedene Verhaltensweisen, von denen das Picken erst später heranreift. Normalerweise wird das Sperren vom Picken gehemmt oder blockiert und tritt deshalb nicht mehr in Erscheinung, sobald die Tiere richtig picken können. Interessant ist nun vor allem die Übergangsphase, also diejenige Phase der Jugendentwicklung, in der das Picken gerade anhebt. Da kann es passieren, daß die Jungen, solange sie sich selbst überlassen sind, schon ganz gut Futter aufpicken und sich so auch sättigen können. Ist aber der Pfleger in der Nähe, so sperren sie ihn wieder an. Auch wenn sie dann nicht gefüttert werden, sperren sie ausdauernd weiter. Ein solcher Vogel, der sich in Abwesenheit des Pflegers schon tagelang selbst ernährt hat, wird, wenn der Pfleger wieder da ist, eher verhungern als selber fressen. Das haben Lorenz, Meyer-Holzapfel und andere Forscher wiederholt beobachtet.

Innerhalb einer Tiergesellschaft mit abgestuftem Rang der Mitglieder kommen Regressionen vor allem bei den unterlegenen Tieren vor, was besonders auffällig dann wird, wenn ein Individuum plötzlich in der Rangordnung sinkt: Ein erwachsener Hunderüde kann vor einem überlegenen Rivalen plötzlich wieder das typische Verhalten eines Welpen äußern, sich auf den Rücken werfen, winseln und etwas urinieren; ein normaler Rüde uriniert vom Zeitpunkt der Geschlechtsreife an bekanntlich mit erhobenem Hinterbein gegen Bäume und Pfähle.

Weitere Beispiele für kindliches Verhalten bei Erwachsenen, das gegenüber ranghöheren Artgenossen geäußert wird, werden noch zu besprechen sein (s. S. 121). Da ja die überlegenen Artgenossen sich vom kindlichen Verhalten elterlich angesprochen fühlen, wird auf diese Weise eine bei ihnen etwa bestehende Angriffslust gedämpft. Regressionen können also das Individuum vor Angriffen schützen. Sie sind bei sozial lebenden Tieren weit verbreitet und haben eine wichtige Funktion: soziale Bedrohungen abzuwenden. Wo sie das tun, sind es natürlich keine pathologischen Erscheinungen. Vom Kind geäußert, haben sie die Funktion, brutpflegehandlungen auszulösen, ohne die das Kind nicht gedeihen kann. Den Jugendlichen, der dieselben Handlungen, wenn auch nicht mehr so häufig ausführt, schützen sie vor den stärkeren Gruppengenossen, weil die dadurch angeregte Brutpflegestimmung bei diesen die Aggression hemmt. In dieser Bedeutung können dann dieselben Handlungen auch dem Erwachsenen erhalten bleiben, und zwar – wie auf Seite 123 gezeigt – mit einem ganz anderen inneren Antrieb. So tritt dann etwa das Betteln zwischen den Partnern eines Paares als Gruß oder als ein die individuelle Bindung stärkendes Verhalten auf. Solche Regressionen sind ein Rückgriff auf Signale aus der Kindheit im Dienste der Verständigung in einem neu entwickelten Sozialverhalten. Unter diesem Gesichtspunkt hat man die gleichen Verhaltensweisen auch »Symbolhandlungen« genannt. Und wie haben sie den Beigeschmack des Pathologischen bekommen? Wahrscheinlich darum, weil man sie am ehesten sieht, wo sie am häufigsten sind. Und das ist in abnormen Gefangenschaftssituationen der Fall, wo ein unterlegenes Tier seinen ranghohen Gruppengenossen nicht ausweichen kann und nun in das beschwichtigende Kindchenverhalten eingeklinkt bleibt. Das heißt: Gelegentlich geäußert ist solches Verhalten ganz normal; wo es zum Dauerverhalten wird, kann es sich um eine unnatürliche Situation handeln, es braucht also nicht das Individuum selbst abnorm zu sein.

8. Psychische Kastration

Wenn ranghöhere Tiere – wie z. B. bei den Störchen die Eltern – bei Jungtieren die erwachsenen Verhaltensweisen hemmen, könnten diese Verhaltensweisen also in der Jugendentwicklung schon früher ausgereift sein, als sie in Erscheinung treten, jedenfalls wenn die Jungen bei ihren Eltern bleiben. Isoliert man die Jungen, könnten diese Verhaltensweisen vergleichsweise früher auftreten. Solche von den Eltern getrennt aufgezogenen Jungen sind dann nicht frühreif, sondern ungehemmt. Tatsächlich sind Beispiele bekannt, die sich so erklären ließen; es gibt jedoch auch andere Erklärungsmöglichkeiten.

Man kann aber umgekehrt durch verlängerte elterliche Fürsorge das Auftreten erwachsenen Verhaltens beim Jungtier hinauszögern: Junge Würger sperren dem elterlichen Pfleger gegenüber, der sie weiter mit Futter versorgt, bis zu sechs Monaten über die Zeit. Mehr noch: In einer eingesperrten, reichlich mit Nahrung versehenen Kuhreiher-Kolonie erzeugte Otto Koenig Erscheinungen, die er halb scherzhaft, halb ernst gemeint als »Wohlstandsverwahrlosung« bezeichnet hat[59]. Die jungen Reiher betteln selbst als geschlechtsreife Tiere immer noch ihre Eltern um Futter an (und werden auch gefüttert, denn bettelnde Jungreiher sind reichlich zudringlich, und den Eltern bleibt nichts übrig, als zu füttern, wenn sie Ruhe haben wollen). Es kommt sogar vor, daß Jungreiher ihre Eltern um Futter anbetteln und dieses dann an ihre eigenen Kinder weitergeben! Zugleich bleibt der Horst Schlafplatz für die ganze Familie. Im nächsten Frühling wollen die Jungreiher dort brüten, wo sie großgeworden sind, und bauen ihr Nest auf das der Eltern. Als Partner wählt der Jungreiher ein ihm möglichst bekanntes Tier, mit dem er also immer zusammen war, und das ist entweder eine seiner Schwestern oder seine Mutter. Der Vater gibt aber seine Rechte keineswegs auf – also spielt der Sohn Ehemann, solange der stärkere Vater vom Horst abwesend ist. Diese Reiher lernen auch all das nicht, was ein Jungreiher normalerweise lernt, wenn er sich von den Eltern getrennt hat und »auf eigenen Füßen stehen« muß. Das fällt beim Kuhreiher besonders auf, weil diese Tiere normalerweise besonders früh reif werden, früher als andere Reiher; sie sind unter natürlichen Umständen fähig, schon im Alter von einem Jahr ganz auf sich selbst gestellt zu brüten; andere Reiher können das erst nach zwei Jahren. In dieser Gefangenschaftskolonie jedoch wurden sie überhaupt nicht selbständig. Trotzdem gab es keine Kämpfe, denn der Kuhreiher ist der sozialste Reiher und streitet mit guten Bekannten nie. Gut miteinander bekannt aber sind alle Koloniemitglieder, da sie sich ja nie trennen können. So ist man also in der Lage, eine geschlossene Gruppe zu erzeugen, die manche Kennzeichen aufweist, wie wir sie von Tieren kennen, die normalerweise in solch geschlossenen Trupps leben. Hier wurde die Kolonie künstlich zusammengehalten, einmal äußerlich durch das Gehege, zum andern durch das große Futterangebot. In freier Wildbahn hingegen kostet die Nahrungsbeschaffung für drei oder gar vier große Kuhreiherkinder ziemlich viel Zeit; die Eltern müssen länger und länger vom Horst wegbleiben, und die Jungen fangen während der Wartezeit allmählich an, selbst Beute zu suchen.

Noch eine Einzelheit ist bezeichnend. Ein normaler Reiher hat in der Balzzeit einige recht auffällige Farbmerkmale: Der sonst gelbe Schnabel wird an der Spitze leuchtend orange, an der Wurzel rot. In der Eltern-Kind-Gruppe im Gehege aber behielten manche der Jungen ihr Alltagsgesicht. Das läßt darauf schließen, daß hier gar nicht der zum Fortpflanzungsbeginn normalerweise dazugehörende Erregungszustand erreicht wurde, was mit hormonellen Störungen zusammenhängen mag, wie sie für Streß-Situationen kennzeichnend sind.

Bei der Besprechung der Streß-Symptome wurde schon erwähnt, daß rangtiefe Tiere einer Gruppe von ranghöheren Geschlechtsgenossen »unterdrückt« werden können und dann in einem Zustand verharren, der dem noch nicht geschlechtsreifen Jungtier entspricht. Auch das könnte man als Regression auffassen, doch tritt dabei nicht so sehr ein typisches Kindverhalten zutage, sondern es fällt ein Verhalten des normalen Erwachsenen aus. Bei männlichen Spitzhörnchen verschwindet unter diesen Bedingungen jedes Sexualverhalten, die Hoden wandern in die Leibeshöhle zurück und die Spermienerzeugung hört auf. Auch junge Hirsche, die schon geschlechtsreif sind, aber im Rudel ranghohe Altmännchen über sich haben, kommen nicht zum Decken und zeigen auch keine Neigung dazu. Ähnlich ist in Mantelpavianhorden nur das ranghöchste Männchen geschlechtlich aktiv. Bei den Hirschen beginnt aber ein einjähriger Spießer zu brunften und fruchtbar zu beschlagen, sobald die älteren Konkurrenten ausgeschaltet sind.

Dieser Effekt der Unterdrückung des Sexualverhaltens ist aber nicht auf männliche Tiere beschränkt; er kann sogar bei weiblichen deutlicher werden, dann nämlich, wenn diese einen regelmäßigen Brunstzyklus zeigen. Von verschiedenen Affenarten ist bekannt, daß Weibchen, die man in einen fremden Trupp einsetzt, längere Zeit nicht mehr brünstig werden, bis sie sich gegebenenfalls wieder eine feste Rangstellung erworben haben. Gleiches kann man aber schon an den niedersten Wirbeltieren, den Fischen, beobachten, vorausgesetzt, daß die betreffende Art in geschlossenen sozialen Verbänden lebt. Das ist beim Brabant-Buntbarsch aus dem Tanganjikasee der Fall (s. S. 174 ff.): Die Weibchen hören denn auch auf, regelmäßig laichbereit zu werden, wenn man sie in einen fremden Trupp bringt und dort hält.

Diese Erscheinung, daß erwachsene Tiere, die sich zuweilen sogar schon geschlechtlich betätigt haben, durch soziale Umstände wieder in ein Stadium gedrückt werden, das dem eines noch nicht geschlechtsreifen Tieres entspricht, hat man »psychische Kastration« genannt. Dieser Begriff ist nicht sonderlich glücklich gewählt, denn er erweckt leicht falsche Vorstellungen. Kastration ist ja ein nicht wiedergutzumachender Eingriff. Hier aber wird die geschlechtliche Aktivität nur unterdrückt; sie tritt sofort erneut in Erscheinung, sobald das Tier aus der betreffenden Situation befreit wird.

Die geschlechtliche Unterdrückung der jüngeren Tiere wirkt sich in einer Sozietät so aus, daß die stärkeren und deshalb ranghöheren bevorzugt Nachkommen haben. Von Kaninchen wurde schon erwähnt, daß die rangtieferen und jüngeren Weibchen die Embryonen häufig wieder auflösen; bekannter ist von rudellebenden Tieren, daß nur das ranghöchste Männchen die Weibchen begattet, also Vater der meisten Nachkommen wird. Dabei macht es nichts aus, wenn andere Männchen von der Fortpflanzung ausgeschlossen werden; wenn aber Weibchen von der Fortpflanzung ausgeschlossen sind, so verringert sich die Zahl der Nachkommen. Deswegen ist wohl die Anfälligkeit für psychische Kastration bei Weibchen geringer als bei Männchen.

Biologisch ist das verständlich, denn unfruchtbare Weibchen bringen den meisten Arten keinen Vorteil; sie sind sozusagen verschwendet. Das gilt nicht, wenn es eine Arbeitsteilung gibt, wie etwa in den Insektenstaaten, in denen unfruchtbare weibliche Tiere, die Arbeiterinnen, die meiste Arbeit leisten. Ihre Keimdrüsen werden durch bestimmte, von der Königin ausgehende Stoffe untätig gehalten; auch hier handelt es sich also um eine Art sozialer Kastration, die aber ebenfalls bis zu einem gewissen Grad reversibel ist: Wenn die Königin ausfällt, können die Keimdrüsen einiger Arbeiterinnen funktionsfähig werden. Dem Ausschalten weiblicher Tiere, das einen Ausfall von Nachkommen bedeutet, steht in den Insektenstaaten aber eine unglaubliche Nachkommenproduktion durch die Königin gegenüber, die allein so viele Eier legt, wie sie allen Arbeiterinnen zusammengenommen zu legen verwehrt. Die durch anderweitige Spezialisierung weiblicher Tiere hervorgerufene Einbuße an Nachkommen wird also wieder ausgeglichen. Das aber geht nur, wo die verschieden spezialisierten Individuen in einer Funktionsgemeinschaft fest zusammengehalten sind. Es ist dies im Tierreich selten der Fall, und entsprechend selten nur kann es erlaubt sein, daß Weibchen keine Nachkommen haben.

Anders ist es mit den Männchen, die durch das Fortpflanzungsgeschäft oft längst nicht so ausgefüllt sind und ihren notwendigen Beitrag, die Spermien, im Überschuß produzieren und zur Verfügung stellen. So würde es nichts schaden, wenn zahlreiche Männchen von der Fortpflanzung ausgeschlossen werden. Aber kann das auch etwas nützen? Wofür sollte es vorteilhaft sein, daß die ranghohen Männchen ihre rangtieferen Nebenbuhler von der Fortpflanzung abhalten? Es könnte doch unter diesen durchaus Individuen geben, die eine für die Art sehr vorteilhafte Kombination von Erbanlagen aufweisen. Das aber kann sich nur an der biologischen Eignung zeigen. Und die wird nicht anhand einer Genkarte getestet, sondern durch den Erfolg, den das Individuum im Leben hat. Zu diesem Erfolg trägt natürlich nicht nur das Erbgut bei, aber es ist maßgeblich daran beteiligt. Wenn überhaupt, dann ist das Erbgut derjenigen Individuen erprobt, die es in ihrem Leben »zu etwas gebracht« haben, die alle von Feinden, Hunger, Rivalen usw. drohenden Gefahren überstanden haben; und es ist durchaus verständlich, daß es Vorteile bringt, dieses im »scharfen Versuch« des Lebens getestete Erbgut möglichst zu vervielfältigen, selbst auf Kosten anderer, noch unerprobter Kombinationen von Erbanlagen. Psychische Kastration kann also Vorteile bringen; aber das besagt nicht, daß damit nicht auch Nachteile verbunden sein können, die unter bestimmten Umständen sogar überwiegen. Tatsächlich zeigt ja der »Rat der weisen Alten« bei Pavianen, daß das Fortpflanzungsmonopol der Erfolgreichen überwunden wird (s. S. 169). Einen Nachteil entfaltet die Möglichkeit zur psychischen Kastration da, wo sie zum Übervorteilen der betroffenen Art führt. In dieser Ausdrucksweise ist aber auch schon enthalten, daß es ein Nachteil nur für einen der Beteiligten ist und daß es eine recht willkürliche Sympathiezuteilung wäre, das folgende Geschehen mit Genugtuung oder mit Entrüstung zu betrachten:

Die Feldwespen der Gattung *Polistes* bilden Nistgesellschaften, in denen mehrere geschlechtsreife weibliche Tiere ihre Nester aneinanderbauen. Diese zusammenlebenden Weibchen sind aber untereinander nicht gleichrangig, sondern haben eine Rangordnung. Erstellt wird sie durch eigentümliche Verhaltensweisen während der Begegnung zweier Tiere, immer wieder also beim gegenseitigen Füttern (von dem auf S. 137 genauer die Rede ist): Eine der Wespen richtet sich auf, betrillert die andere mit den Fühlern und bekaut ihren Kopf und Thorax; die andere duckt sich und bewegt sich gar nicht oder nur sehr gehemmt. Die aus solchen Begegnungen als ranghoch erkannten Wespen widmen sich nun vorwiegend dem Eierlegen. Die rangtieferen Individuen legen nur wenige oder überhaupt keine Eier. Sie befassen sich statt dessen mit dem Herbeischaffen von Beute, besorgen den Ausbau des Nestes und befeuchten es bei Hitze.

Die Verhaltensweisen, welche die ranghohe Wespe den anderen gegenüber zeigt, stammen wohl aus dem Kampfverhalten, zu dem im Ernstfall – etwa wenn eine fremde Wespe ans Nest kommt – noch hinzukommt, daß die andere Wespe mit den Beinen umklammert und gestochen wird. Daß die unterlegenen Wespen kaum Eier legen, liegt daran, daß ihre Keimdrüsen durch die soziale Unterdrückung stillgelegt werden. Nun kann dasselbe aber auch der ranghöchsten Wespe, die wir einmal »Königin« nennen wollen, passieren. Es gibt nämlich ganz nah verwandte Schmarotzerfeldwespen *(Sulcopolistes),* deren Weibchen ein Feldwespennest besuchen und sich unterwerfen[99]. Dazu wehren sie zunächst die Angriffe der Nestbesitzer ab und umklammern langsam eine Wespe nach der andern, bestreichen sie mit den Antennen, setzen sich verkehrtherum auf sie, krümmen das Abdomen und betupfen mit dem hervorzüngelnden Stachel Nacken und Taille der Besiegten. Diese verhält sich daraufhin so ruhig wie nach einer Begegnung mit der eigenen ranghohen Königin. Die Königin selbst wird aber von dem Schmarotzerfeldwespenweibchen ebenso unterworfen. Und das bewirkt nun bei ihr ebenfalls eine Hemmung der Eierstocktätigkeit: Sie stellt das Legen ein und kehrt zum Leben einer Arbeiterin zurück – »zurück« deswegen, weil sie ja ursprünglich die Nestanlage allein aufgebaut und Töchter großgezogen hat, die dann als untergebene Weibchen mit ihr lebten. Die Schmarotzerfeldwespe hingegen macht kein solches Arbeiterdasein durch; sie erobert sich ein Feldwespennest und läßt ihre Eier von den Feldwespenweibchen einschließlich der ehemaligen Königin großziehen. Das ist eine Form von Sozialparasitismus, der unter sozialen Insekten recht weit verbreitet ist.

III.

1. Paarung, Vermehrung, Partnerbindung und Brutpflege

Ein uns allen geläufiges und auch den Argumenten der zitierten Enzyklika zugrunde liegendes Denkschema lautet: Tiere und Menschen paaren sich, damit sie sich vermehren; und die Eltern halten zusammen, weil sie dadurch eine wirkungsvollere Brutpflege betreiben können. Ob das ein Naturgesetz ist, kann man durch Naturbeobachtung herausfinden. Eine Übersicht über die Verhältnisse bei möglichst urtümlichen Lebewesen lehrt, wie die Verhältnisse ursprünglich waren.

Paarung finden wir schon bei einzelligen Tieren, und zwar in zwei verschiedenen Formen: Entweder verschmelzen die Kopulationspartner miteinander, oder sie legen sich aneinander, tauschen Teile des Zellkerns aus und trennen sich dann wieder. Die biologische Bedeutung dieses Vorgangs liegt darin, daß die zwischen den Individuen immer etwas verschiedenen Erbanlagen erneut gemischt werden und so neue Variationen entstehen. Diese etwas voneinander abweichenden Varianten liefern die Ansatzpunkte für die Weiterentwicklung, und das ist auch die biologische Bedeutung der Neumischung von Erbanlagen im Fortpflanzungsverhalten der höheren Tiere. Bei den Einzellern fällt aber auf, daß die Paarung nichts mit der Vermehrung zu tun hat – im Gegenteil: Es gibt, wenn die Partner miteinander verschmelzen, hinterher nur halb so viele Individuen wie vorher. Andererseits vermehren sich die Einzeller ungeschlechtlich, durch Teilung. Ungeschlechtliche Vermehrung gibt es aber auch bei ziemlich hoch entwickelten Tieren noch, die sich nicht einfach teilen. Man nennt das Parthenogenese oder Jungfernzeugung; aus Keimzellen der Weibchen entwickeln sich ohne Zutun der Männchen neue Jungtiere. So vermehren sich außer den Einzellern viele Hohltiere *(Polypen)* und etliche Kleinkrebse, z.B. der Wasserfloh *(Daphnia)*. Paarung und Vermehrung kommen also nebeneinander vor, ohne daß sie notwendig miteinander verbunden wären. Die eben aufgezählten Tiere vermehren sich ungeschlechtlich, solange die Lebensbedingungen gut sind; sie erzeugen dann rasch möglichst viele Nachkommen und nutzen so das günstige Nahrungsangebot aus. Zu geschlechtlichen Vorgängen kommt es, wenn die Lebensbedingungen schlechter werden, z.B. wenn der verfügbare Wohnraum ausgefüllt ist. Wenn die Einzeller oder Krebse sich paaren, hört die Vermehrung für längere Zeit auf. Das heißt, Paarung und Vermehrung vertragen sich hier von Natur aus nicht miteinander, beide dienen verschiedenen Zwecken: Die Vermehrung dient der Ausbreitung und der Erhaltung der Art, die Paarung dient der Vergrößerung des Variationsreichtums innerhalb der Art und liefert damit die Grundlage für die Entstehung neuer Arten.

Die geschlechtliche Fortpflanzung ist auch bei Wirbeltieren nicht immer an eine Paarung gebunden. Molche setzen im Wasser ein Spermienpaket auf den Boden ab, und das Weibchen kommt und nimmt das Paket mit der Kloake auf. Weitere Beispiele für solche geschlechtliche Aktivität ohne Partnerkontakt sind auf S. 50 ff. angeführt. Daß umgekehrt die Paarung nicht notwendig an die geschlechtliche Fortpflanzung gebunden ist, wird auf S. 195 ff. erörtert. Das heißt, auch Paarung und geschlechtliche Fortpflanzung sind in vielen Fällen voneinander unabhängig. Viele Fischarten, die Eier und Spermien irgendwo ausstoßen und sich selbst überlassen, leben in fester Dauer-Einehe; Beispiele dafür sind die allen Aquarianern bekannten Schmetterlingsfische *(Chaetodon)* tropischer Meere. Da umgekehrt durchaus nicht alle sich paarenden Tiere in Einehe leben, sind also auch Einehe und Paarung voneinander unabhängig. Beides kommt aber auch unabhängig von der Brutpflege vor. Brutpflege gibt es schon bei niederen Tieren, die anonym, ohne Partnerkontakt, Nachkommen zeugen. Mehrere Seesterne pflegen die Jungen am Körper der Mutter, bei *Lepasterias* entwickeln sie sich wie bei vielen Muscheln im Mutterkörper. Die zu den Fahnenquallen der Tiefsee gehörige *Stygiomedusa* bringt zehn Zentimeter große lebende Junge zur Welt. Die einehigen Schmetterlingsfische dagegen kümmern sich nicht um die Eier oder um die daraus schlüpfenden Larven, und manche Vögel, die keine Brutpflege mehr betreiben, weil sie zu Brutparasiten geworden sind, leben dennoch in Einehe, so z.B. der afrikanische Glanzkuckuck *Chrysococcyx caprius*, der Girlitzweber *Anomalospiza imberbis*[34] und wohl auch die Schwarzkopf-Ente *(Heteronetta atricapilla)*[119].

Wozu ist dann aber die Monogamie in diesen Fällen gut? Sie hat denselben Effekt, den viele niedere Tiere dadurch erreichen, daß die Geschlechtspartner zusammenwachsen (z.B. unter den Saugwürmern das Doppeltier *Diplozoon* oder die Pärchenegel, *Schistosomum*, die Erreger der Bilharziose). Das kommt aber selbst unter Wirbeltieren noch vor, z.B. bei den Tiefsee-Anglerfischen *(Ceratias)*.

So brauchen die Geschlechtspartner einander nicht lange zu suchen. Jedes Suchen birgt die Gefahr eines Irrtums, und wenn verschiedenartige Tiere irrtümlich ihre Geschlechtszellen zueinanderbringen, dann entstehen Mischlinge, die steril oder anderweitig geschädigt sein können. Wichtiger aber ist, daß namentlich nahe verwandte Arten, die noch miteinander fruchtbare Nachkommen haben könnten, verschieden spezialisiert sind, und zwar im Hinblick auf ihre Nahrung, den Wohnraum oder sonst einen Teil der Umwelt. Durch solche unterschiedliche Spezialisierung nutzen sie die bestehenden Lebensmöglichkeiten besser aus und verhindern gegenseitige Konkurrenz. Ganz vereinfacht gesagt: Eine Tierart, die Gras frißt, kann nur eine beschränkte Zahl von Individuen auf einer bestimmten Weidefläche dulden; entsteht eine Nachbarart, die Blätter von Bäumen frißt, so könnten deren Individuen ruhig auch auf der Weide wohnen, denn sie machen den Grasfressern ja keine Konkurrenz. Wichtig ist dann aber, daß die Grasfresser die Blattfresser erkennen können, weil sie diese sonst wie überzählige Grasfresser vertreiben. Also müssen sich die Arten äußerlich durch Erkennungssignale unterscheiden. Diese Signale sind ferner nötig, wenn es um die geschlechtliche Fortpflanzung geht; denn wenn Mischlinge entstehen, geht die gewonnene Spezialisierung wieder verloren. Also müssen die Tiere den artgleichen Geschlechtspartner erkennen; dazu genügt, daß ein Geschlecht von Art zu Art verschieden ist und das andere Geschlecht nach diesen Unterschieden wählt. Bei vielen Tieren ist das Weibchen mit der Brutpflege beschäftigt, würde durch auffällige Farben also sich und die Jungen sehr gefährden. Deshalb sind in diesen Fällen die Männchen auffällig, haben ein Prachtkleid, und zwar von Art zu Art verschieden; die Weibchen aber wählen. Am schönsten sichtbar wird das im Phänomen der Kontrastbetonung bei nahe verwandten Tierarten, die aneinandergrenzende Regionen bewohnen; dort, wo sie nebeneinander vorkommen und eine Verwechslungsmöglichkeit besteht, weichen sie in den Erkennungssignalen, Gesängen oder Farbmustern stärker voneinander ab als an den entgegengesetzten Enden ihrer Verbreitungsgebiete, wo nur je eine Art vorkommt. Lebewesen, die nicht wählen und das Zusammenführen der Geschlechtszellen weitgehend dem Zufall überlassen, leiden unter ständiger Bastardierung, die alle Ansätze zu verschiedenen Spezialisierungen und damit zu neuen Artbildungen wieder zunichte macht. Typisch ist das für Pflanzen, die sich ihren Geschlechtspartner nicht suchen können; und obwohl das Pflanzenreich viel älter ist als das Tierreich, gibt es doch heute etwa fünfmal so viele Tierarten wie Pflanzenarten[78]. Die oft sehr verschiedenen

Prachtkleider dienen also dazu, Irrtümer bei der Wahl des Geschlechtspartners zu vermeiden. Je öfter ein Individuum zur Fortpflanzung kommt, desto öfter muß es wählen, und desto eher könnte es sich dabei einmal irren, zumal dann, wenn die Partner sich nur kurz begegnen, kopulieren und wieder auseinandergehen. Je länger sie zusammenbleiben, desto leichter können sie einen anfänglichen Irrtum bemerken und korrigieren; wenn sie dauernd zusammenbleiben, vermeiden sie eine neue Wahl und die damit verbundene Gefahr eines Irrtums. Vergleiche innerhalb bestimmter Tiergruppen haben gezeigt, daß tatsächlich die dauermonogamen Tiere mindestens ebensogut, wenn nicht sogar besser gegen Fehlpaarungen geschützt sind als diejenigen ihrer Verwandten, die keine festen Paare bilden, selbst wenn diese extrem auffällige und von Art zu Art verschiedene Prachtkleider als Erkennungssignale entwickelt haben. Man kann das an tropischen Buntbarschen ebenso sehen wie an Paradiesvögeln[78] und findet damit zugleich eine Erklärung dafür, daß die nicht-paarbildenden Arten stark unterschiedlich gefärbte Geschlechter und deutliche Prachtkleider haben, die monogamen Tiere aber in der Regel nicht: *Die Monogamie ersetzt das Prachtkleid*. Sie verhindert Fehlverpaarungen und damit die Verschwendung von Zeit und Keimzellen, bewahrt also die Arteigentümlichkeiten. Und diese Bedeutung hat die Monogamie unabhängig davon, ob die Elterntiere Brutpflege betreiben oder nicht. Monogamie ist also funktionell unabhängig von der Brutpflege, kann aber auch in den Dienst der Brutpflege gestellt werden. Das körperliche Zusammenwachsen der Geschlechtspartner könnte man »Körper-Ehe« nennen. In der echten Dauerehe bleiben die Individuen unabhängig voneinander beweglich, sie verwachsen sozusagen im Verhalten miteinander, und sie erkennen einander individuell. Eine Zwischenstufe zwischen beidem ist die »Ortsehe«; dabei binden sich die Partner an denselben Wohnplatz oder dasselbe Nest, nicht aber direkt aneinander. Die Blinde Höhlengrundel (*Typhlogobius californiensis*) lebt ihr ganzes Leben lang paarweise in den Gängen, die ein Maulwurfskrebs im Meeresboden anlegt; jeder dieser Fische vertreibt alle gleichgeschlechtlichen Rivalen und duldet den andersgeschlechtlichen Partner, der sich denselben Wohnplatz erkoren hat. Man kann ohne weiteres das Männchen oder das Weibchen gegen ein anderes austauschen. Auch der Storch bevorzugt den Horst vor dem Partner: Storch und Störchin sind nicht miteinander, sondern jeder mit dem Nest »verheiratet«[38]; sie sind ortstreu, aber nicht partnertreu.

Daß Paarung, Vermehrung und Partnerbindung ganz verschiedene

Funktionen haben und naturgesetzlich weithin unabhängig voneinander sind, besagt natürlich nicht, daß sie nicht auch miteinander in Beziehung gebracht werden. Die höher entwickelten Tiere haben Paarung und Vermehrung kombiniert und die Partnerbindung in den Dienst der Brutpflege gestellt. Schließlich treten dann Brutpflege und Paarung in den Dienst der Partnerbindung, wie in späteren Kapiteln erörtert wird.

2. Die Dauer-Einehe

Man unterscheidet verschiedene Eheformen: Nach der Zahl der beteiligten Partner die Einehe (Monogamie) zwischen nur zwei Partnern von der Vielehe (Polygamie) zwischen einem männlichen und mehreren weiblichen (Polygynie) oder einem weiblichen und mehreren männlichen Partnern (Polyandrie); nach der Dauer der Bindung unterscheidet man Saisonehen, die höchstens eine Fortpflanzungs-Saison lang halten, und Dauerehen, die länger, im Extrem bis zum Lebensende halten. Vielehe im strengen Sinne heißt, daß die Bindungen an mehrere Partner zu gleicher Zeit bestehen, ein Männchen also einen Harem hat und sich nicht nacheinander mit verschiedenen Weibchen einläßt. Bei polygamen Tieren hängt die Zahl der Nachkommen in einer Population von der Zahl der geschlechtsreifen Weibchen ab, bei monogamen Tieren aber von der Zahl fest verpaarter Paare. Die verschiedenen Eheformen sind über solche Nebeneffekte als Anpassungen an bestimmte Lebensformen zu verstehen. Das soll hier nicht näher erörtert werden; ich will nur darauf hinweisen, daß nächstverwandte Arten (etwa innerhalb der tropischen Buntbarsche) ganz verschiedene Eheformen haben. Man kann auch die stammesgeschichtliche Entwicklung rekonstruieren und sehen, daß es unter bestimmten Bedingungen einen Abbau der Einehe zur Haremsehe und schließlich zur Keinehe (Agamie) gibt.

Die Dauer-Einehe ist also nicht notwendig ein Endpunkt der Entwicklung; eine Vielehe kann komplizierter strukturiert und höher entwickelt, und sie kann außerdem für Pflege und Schutz der Nachkommen vorteilhafter sein. Untersuchungen über den natürlichen Zusammenhang zwischen Eheform und dem Leben unter bestimmten Umweltbedingungen haben gerade erst begonnen. Wir wissen, daß beides irgendwie aufeinander abgestimmt ist. Und wir wissen auch, daß bei Tieren die Eheform erblich festgelegt ist. Beim Menschen scheint sie das weniger zu sein, ebensowenig wie er genetisch auf eine bestimmte Umwelt festgelegt ist. Daraus kann man folgern, daß die unterschiedlichen Eheformen der verschiedenen Völker auf ihre verschiedenen Lebensweisen zugeschnitten sind und daß eine vorherrschende Eheform von einer anderen abgelöst werden kann, wenn die Lebensbedingungen das nahelegen. Auch dabei wird die Einehe nicht notwendig Endpunkt einer Entwicklungslinie sein. Auf jeden Fall ist es nötig, zuerst die Zusammenhänge zwischen Lebensform und Eheform zu klären, ehe man irgendeinem Volk eine andere als seine gegenwärtige Eheform abverlangt.

Bei Tieren ist die Dauer-Einehe weit verbreitet; Beispiele sind Buntbarsche, Schmetterlingsfische, Kleinvögel, Raben, Tauben, Gänse, Papageien, Biber, Schakale, Zwergantilopen, Wale, Krallenaffen, Gibbons – um nur einige Formen aus ganz verschiedenen Tierformen zu nennen. Zu allen gibt es nahe mit diesen verwandte Arten, die in Vielehe oder ohne Partnerbindung (»in Keinehe«) leben. Die Einehe ist also nicht etwas typisch Menschliches. Und die Behauptung eines bekannten Moraltheologen, Dauer-Einehen, etwa der Graugänse, gehörten in die Gruppe jener Erscheinungen bei hochentwickelten Tieren, in denen menschenähnliche Züge sich anbahnen[22], ist höchst leichtfertig aufgestellt. Denn im strengen Sinne einehig sind jene Tiere, die auch dann fest zum Geschlechtspartner halten, wenn ihre Keimdrüsen – etwa während des Winters – im Ruhezustand sind und jede sexuelle Aktivität erlischt. Gerade dieses Ruhestadium der Keimdrüsen aber tritt beim Menschen höchstens im hohen Alter noch einmal ein. Einehe in diesem Sinne ist also zwar für Tiere beweisbar, nicht aber für den Menschen, bei dem sie sich dann nur spurenhaft zeigt. In Extremfällen dauert die Einehe auch bei Tieren bis ins hohe Alter, in dem sie nicht mehr fortpflanzungsfähig sind. Es kann auch geschehen, daß ein Partner stirbt und der andere sich mit einem viel jüngeren neu verpaart oder daß ein Partner schwer erkrankt. Das kranke oder alte Tier hört mit jeglicher Balz- und Sexualaktivität auf, und der junge oder gesunde Partner wird häufig von noch unverpaarten Artgenossen mit sexuellen Anträgen überhäuft. Dennoch hält er oft genug fest zu seinem Ehepartner, so daß man sicher sein kann, die Bindung beruht nicht auf irgendwelcher geschlechtlicher Aktivität zwischen den Ehepartnern. Beispiele dafür kennen wir vom Bourks-Sittich (*Neophema bourkii*), vom Granat-Astrild (*Granatina granatina*) und vom einheimischen Gimpel (*Pyrrhula pyrrhula*). Die feste Einehe mit einem zu alten oder kranken Partner verhindert selbstverständlich die Fortpflanzung auch des gesunden Partners; das zeigt, daß die Partnerbindung unabhängig von der Fortpflanzung ist und sogar mit dieser in Widerspruch geraten kann. Man kann solche Paare zwangsweise trennen, und mitunter verpaart sich der gesunde Partner dann neu. Es gibt aber auch Fälle (von Graugänsen z. B.), in denen der hinterbliebene Partner einsam blieb, kaum fraß und schließlich starb. Es scheint also, als könne die Partnerbindung schon bei Tieren über den Tod hinaus dauern. Normalerweise tut sie das aber nicht, und statt weiterer abstrakter Erörterungen sollen einige Beispiele die direkten biologischen Abläufe schildern.

Zwei typisch dauermonogame Tiere unserer Heimat sind die Bartmeise und der Feldsperling. Die Bartmeise *(Panurus biarmicus)*[58] kommt von Südeuropa bis nach Asien vor, in Österreich im Schilfgürtel des Neusiedler Sees. Schon im Jugendkleid verpaart sie sich. Die Partner leben zeitlebens in sehr enger Dauerehe und sind nur durch Gewalt zu trennen. Die Gefiederfärbung ist zwar in beiden Geschlechtern verschieden, aber das zeigt sich erst nach der Jugendmauser, wenn die Tiere längst verpaart sind. Die Jungtiere erkennen das Geschlecht des Partners am Schnabel, der beim jungen Männchen orangegelb, beim Weibchen aber schwärzlich ist; dieses Farbmerkmal tritt schon bald nach dem Ausfliegen der Jungen aus dem Nest auf. Zunächst leben die Jungen in Schwärmen unter Altersgenossen. Nachts schlafen sie mit kugelig geplustertem Gefieder ganz dicht zusammen, tagsüber aber sind sie recht unverträglich; vor allem die Männchen hacken, picken und zupfen ihre Schwarmgenossen bei jeder sich bietenden Gelegenheit. Bald allerdings konzentriert jeder Bartmeisenjüngling seinen Mutwillen auf ein ganz bestimmtes Weibchen; und wenn dieses alles geduldig über sich ergehen läßt, ist in Kürze das Verhältnis geklärt: Zwei oder drei Tage später schlafen die beiden abends eng aneinandergekuschelt und nicht wie bisher jedes bei seinen Geschwistern. Beim Putzen und Trinken, Futtersuchen, Baden und Schlafen weicht kaum der eine von der Seite des andern, und immer wieder krault man einander die gesträubten Federn. Fliegt der eine einen Halm weiter, so landet der andere im nächsten Augenblick neben ihm. Verliert eins das andere aus den Augen, so wird laut gerufen, bis sie sich wieder haben. Bald sondern sich dann die Pärchen ab, und die Schwarmgemeinschaften lösen sich auf.

Nach etwa zwei Monaten setzt die Jugendvollmauser ein, und von nun an halten die Paar-Partner nicht mehr so übertrieben eng zusammen. Natürlich trennen sie sich nicht, aber es gibt wenigstens keinen Zank mehr, wenn sie einem anderen Artgenossen begegnen. Die Partner erkennen einander an der Stimme, und Rufverbindung genügt ihnen, so daß sie jetzt einen Abstand von ein paar Metern ertragen. Auf Lebenszeit aber schlafen die Ehepartner dicht nebeneinander. Stirbt einer, so fliegt der andere aufgeregt suchend und ständig rufend umher, sitzt dann trübselig herum, gerät aber über einen Bartmeisenruf oder ein plötzliches Rascheln im Schilf sofort in helle Erregung, als hoffe er, daß der Partner im nächsten Moment endlich neben ihm landet[58]. Schließlich kann es zu einer Zweitehe kommen, die aber nicht mehr so fest zusammenhält und nur zwischen verwitweten Partnern zustande kommt. Ein partnerloser Altvogel findet nämlich keinen Anschluß an die aus den Geschwistergemeinschaften gebildeten Jugendschwärme; das viele Gezanke und Gehacke hindert ihn an Kontakten und vertreibt ihn bald wieder. Die Streitlust der Jungen, die in voller Stärke während der Pubertät auftritt, macht es dem Altvogel unmöglich, einen Teenager zu heiraten. In Erwachsenenschwärmen dagegen gibt es weder Werbung noch Eifersucht; hier können auch verwitwete Tiere Anschluß und einen neuen Partner finden.

»Lebenslange Einehe« ist also ein Ausdruck, der leicht falsche Vorstellungen erweckt. Zunächst dauert diese Paarbindung natürlich nicht im wörtlichen Sinne das ganze Leben lang – denn das Leben begann ja schon im Ei; dennoch kann eine Paarbindung erstaunlich früh zustande kommen, aber doch erst, nachdem ein Teil des Lebens bereits verstrichen ist. Und bis zum Ende des Lebens ist es oft auch nicht sehr weit. Zwar ist ziemlich sichergestellt, daß nur etwa gleich alte Tiere sich verpaaren (wie, werden wir auf Seite 109 noch genau erörtern). Dennoch erreichen selten genug beide Partner ein höheres Alter; den einen holt der Habicht, den andern frißt die Katz. Und so kommt es, daß man nur durch ausgedehnte Beobachtungen oder unter »Schutzhaft« in Volieren herausbekommt, wie dauerehig solche Tiere geplant sind.

Auch die Paare unseres Feldsperlings (Passer montanus) halten in der Regel »lebenslang« zusammen und haben jährlich drei Bruten. Allerdings ist es nur selten einem Paar vergönnt, zwei Jahre hintereinander gemeinsam Junge aufzuziehen. Gewöhnlich kommt einer von beiden vorher irgendwie ums Leben, und der übriggebliebene muß sich neu verpaaren. Die Partner sind einander treu, besonders die Weibchen, die sogar dann noch jedes andere Männchen ablehnen, wenn ihr eigenes krank oder verletzt ist. Männchen dagegen verlassen zwar ihr Weibchen ebenfalls nicht, können sich aber verwitweter Nachbarinnen annehmen. Diese ziehen nämlich geradezu auffällig Männchen, die ihnen schon bekannt sind, ganz fremden vor. »So kann es geschehen, daß ein Männchen drei Weibchen zu begatten, drei Nester für die nächste Brut auszubessern, auf einem Gelege schon zu brüten und dann noch in drei Nestern Junge zu füttern hat. Solch einen Vogel sieht man den ganzen Tag nicht ruhen«[20].

Frau Deckert schildert folgendes recht bewegtes Stück Lebensgeschichte eines Feldsperlingsmännchens, das sie grün beringt und demzufolge »Grün« nannte (auch die anderen Individuen heißen nach ihrer Ringfarbe[20]): 1956 als Brutvogel beringt, zog er in diesem Jahr wahrscheinlich stets mit demselben Weibchen drei Bruten im gleichen Nest auf. 1957 brütet »Grün« wieder in derselben Höhle unter einem Ziegeldach und übernimmt noch das verwitwete Nachbarweibchen, dessen Nest zwei Meter von seinem entfernt liegt. Er hilft hauptsächlich der Witwe beim Nestbau, aber nur das erste Weibchen bekommt die Jungen groß, die Witwe hat keine. Beide Weibchen ziehen aber ihre zweiten Bruten mit Hilfe von »Grün« auf. Dann sind beide verschwunden. »Grün« wirbt noch im Juli erneut und verpaart sich mit einer benachbarten Witwe »Linksschwarz«, die ihre Höhle, 20 Meter entfernt, verläßt und mit »Grün« in eine seiner Höhlen zieht. Beide bauen; das Weibchen fängt aber schon an zu mausern, und es kommt keine Brut mehr zustande. Trotzdem bleibt das neue Paar zusammen, bis »Linksschwarz« im Oktober plötzlich fehlt. »Grün« verpaart sich bald mit der nächsten, schon fünfmal verwitweten, mindestens dreijährigen Nachbarin »Rot«, die ihre Höhle 40 Meter entfernt hat. Dieses Weibchen hat gleichzeitig noch einen anderen Bewerber, und bis sie sich für »Grün« entscheidet, trägt sie zusammen mit dem andern Männchen Federn in ihr altes und mit »Grün« zusammen in »Grüns« Nest. Den ganzen Winter nächtigen sie dann gemeinsam in seinem Nest. Im Frühjahr 1958 wählt »Rot« ein anderes verlassenes Nest auf halbem Weg zwischen ihrer alten und »Grüns« Höhle. Sie ziehen zusammen drei Bruten erfolgreich auf und bleiben noch bis Februar 1959 zusammen, als »Rot« Opfer eines Sperbers wird. Im März hat »Grün« ein neues Weibchen, mit dem er wieder drei Bruten großfüttert.

Feldsperlingsmännchen merken recht bald, wenn irgendwo in der Nachbarschaft ein Vater fehlt, und bemühen sich dann um das betreffende Weibchen samt Nisthöhle und Jungen. Dabei sieht man dann, daß das Weibchen sein Nest gegen das neue Männchen verteidigt und es noch tagelang zeternd von da vertreibt, sich aber andererseits von diesem Männchen schon – für die nächste Brut – begatten läßt. Das liegt daran, daß jedes werbende Männchen sich weitgehend wie ein Jungvogel aufführt, natürlich auch, wenn es sich um ein noch nie verpaart gewesenes Weibchen bemüht: Das Männchen sitzt stark aufgeplustert mit etwas gesenkten Flügeln da und schilpt. Bei gesteigertem Werben wird daraus ein heiseres, vielstimmig klingendes Rufen, das man nicht von den Lautäußerungen des 7- bis 15tägigen Nestlings unterscheiden kann. Kommt das Weibchen näher, so plustert er sich noch mehr auf, macht unschlüssige Verbeugungen, zittert oft noch mit den Flügeln, begleitet das Weibchen, falls es wegfliegt, und bleibt dabei sogar im Fluge noch aufgeplustert. Wenn sich das Paar einig ist, folgt gewöhnlich umgekehrt das Weibchen dem Männchen bei gemeinsamen Ausflügen und rückt beim Ausruhen an ihn heran. Auch das Nistmaterial schaffen beide gemeinsam herbei. Ab April sieht man das Paar häufig kopulieren; es hält aber auch vorher und ohne Kopulationen fest zusammen und bleibt auch außerhalb der Brutzeit beieinander. Die Partner erkennen einander individuell, sogar an der Stimme allein. Auch später, wenn die Tiere längst verpaart sind, plustert sich das Männchen noch ab und zu auf und äußert den Nestjungenruf. Diese Zeremonien haben also wohl partnerbindende Funktion; ohne sie kommt kein Paar zustande. Nestlingsruf und Flügelzittern sind kindliches Verhalten, mit dem männliche und weibliche Nestlinge die Eltern anbetteln. Beim erwachsenen Männchen taucht beides wieder auf, wenn es um ein Weibchen wirbt. Das dürfte im Weibchen mütterliche Reaktionen anklingen lassen und dadurch die jedem Fremden gegenüber zunächst auftretende abweisende Haltung überwinden helfen.

Kopulationen sieht man am häufigsten während der Eiablage, aber auch hin und wieder noch im ersten Viertel der Bebrütungszeit und schon wieder kurz bevor die Jungen der ersten oder zweiten Brut flügge werden. Das Männchen springt zwei- bis siebenmal nacheinander auf und äußert dabei einen charakteristischen, zarten, mehrmals rasch wiederholten »wlüg«-Ruf. Denselben Laut äußern beide Geschlechter – das Männchen häufiger als das Weibchen – beim Abfliegen vom Nest, beim Landen an der Höhle, bei der Brut- oder Huderablösung, beim Eintragen von Niststoffen usw. Es ist ein Begrüßungslaut, der nur innerhalb der Fortpflanzungsperiode vorkommt und den ausschließlich Ehepartner untereinander gebrauchen, niemals Fremden oder Nachbarn gegenüber. Diesen Laut kann man als »zärtliche Begrüßung« bezeichnen, die unter fortpflanzungsaktiven Paar-Partnern getauscht wird, sobald sie besonders aufeinander Bezug nehmen – und das natürlich vor allem bei der Kopula.

3. Mehrdeutige soziale Signale

Schon aus den eben angeführten Beispielen ersieht man, daß es soziale Signale gibt, die nicht eindeutig sind. Auch bei der Trottellumme *(Uria aalge)* stimmen Paarungs- und Begrüßungsruf überein; beide Paar-Partner begrüßen einander am Nest mit dem bellenden Ruf, den das Männchen während der Paarung äußert. Zwar klingt der Paarungsruf etwas höher als das Empfangs- oder Kontaktbellen, es gibt aber zwischen beiden fließende Übergänge[116].

Wenn man solche Rufe ins »Menschliche« übersetzen will, muß man ziemlich genau aufpassen, welche Bedeutung sie wirklich haben. Vielleicht handelt es sich, wie beim »Wlüg« des Sperlings, so auch beim Bellen der Lumme immer nur um eine Begrüßung, und das Männchen begrüßt sein Weibchen bei der Paarung. Die Jungen der Bartmeise haben einen sehr leisen Nestbettelruf, aus dem später das helle »Didididi...« wird, mit dem das Männchen sein Weibchen in ein dicht verfilztes Schilfbüschel lockt und anzeigt, daß hier zu bauen wäre. Heißt beides ganz einfach: »Hier ist das Nest«? Die Bartmeisenkinder rufen, sobald sie das Nest verlassen haben, »schr-schr« und tun ihren Eltern damit kund, wo sie sich aufhalten und daß sie Hunger haben. Das Männchen ruft im verfilzten Schilfbüschel ebenfalls »schr-schr-schr...«, und daraufhin kommt das Weibchen ganz dicht zu ihm. Heißt »schr« einfach: »Komm ganz nah zu mir«?

Es gibt sehr viele solcher Rufe, die in zwei Situationen vorkommen. Benennt man sie richtig, wenn man das beiden Situationen Gemeinsame sucht, oder ist es richtiger, ihnen die beiden Spezialbedeutungen zuzuordnen? Das ist sehr schwer zu entscheiden. Wenn mehrere verwandte Vogelarten einen bestimmten Ruf haben, den nur die Jungen äußern, sobald sie hungrig sind, und der die Eltern zum Füttern veranlaßt, so darf man von Bettelruf sprechen. Wenn dieser Ruf bei einer der Arten auch vom erwachsenen Männchen zum Herbeilocken des Weibchens benutzt wird, so darf man schließen, daß in dieser Art der Bettelruf zweckentfremdet wurde; ob er dabei zur allgemeinen Bedeutung »Komm!« verblaßt oder beide Male »Komm mich füttern!« heißt und das Weibchen nur im zweiten Fall niemanden zum Füttern findet, ließe sich durch genaues Beobachten aller Reaktionen, gegebenenfalls durch Vorspielen des einen Rufes in der anderen Situation und ähnliche Experimente klären. Wir werden auf dieses Problem noch zurückkommen und wollen hier nur festhalten, daß dieselben Rufe, die die Jungen an die Eltern richten, auch zwischen Erwachsenen vorkommen. Das gilt aber nicht nur für

Rufe, also für akustische Signale. Bei wohl allen Taubenarten lokken die Männchen ihre Partnerin mit besonderen Bewegungsweisen zum Nest. Die dabei benutzten Bewegungen gleichen ganz genau denen, die der Jungvogel zum Betteln benutzt. Das wird besonders da auffällig, wo Taubenarten sich im Bettelgehabe der Jungvögel deutlich voneinander unterscheiden und dann genau denselben Unterschied auch im Nestlocken ihrer Männchen zeigen. Das Nestlocken der Jungvögel heißt in unsere Sprache übersetzt: »Komm her mich füttern«; das Nestlocken der Männchen heißt: »Komm her«. Das Signal hat also eine Bedeutungserweiterung erfahren. Diese Behauptung setzt wieder voraus, daß tatsächlich das Futterbetteln der Jungen das ältere Signal ist. Innerhalb der Tauben kann man das schwer entscheiden, weil eben immer beide Lockbedeutungen vorhanden sind. Vergleicht man aber Vögel in größerem Rahmen, so zeigt sich deutlich, daß tatsächlich das Betteln der Jungvögel älter ist, denn es ist viel weiter verbreitet und regelmäßig aus den gleichen Elementen aufgebaut. Nur bei vergleichsweise wenigen Arten kommt dieses Betteln am erwachsenen Tier in anderer Bedeutung vor, dann meist zum Herbeilocken des Geschlechtspartners.

Je weniger wahrscheinlich eine Haltung oder ein Bewegungsablauf ist, desto sicherer kann man sie wiedererkennen. Das ist dann sehr wichtig, wenn man den Verdacht hat, daß ein und dieselbe Haltung oder Bewegung in zwei ganz verschiedenen Situationen vorkommt. Sperrt ein Vogel den Schnabel auf, so ist das zunächst nicht sehr bezeichnend, weil er das beim Gähnen, Drohen, Betteln und vielleicht noch in anderen Situationen gleichermaßen tut. Was soll er mit dem Schnabel schon viel anderes tun, als ihn aufmachen? Wenn aber ein junger Prachtfink beim Sperren vor den Eltern sich nach vorn unten beugt, den Kopf so von der Körperachse abwinkelt – um nicht zu sagen verdreht –, daß er seitlich zum Partner aufschaut und dann merkwürdig drehende Kopfbewegungen macht, so ist das eine so ausgefallene Bettelweise, daß man schon daran die Zugehörigkeit eines solchen Vogels zur Gruppe der Prachtfinken (s. S. 170) erkennen kann. Trägt nun ein balzendes Männchen des Diamantfinken *(Staganopleura guttata)* vor dem herankommenden Weibchen genau dasselbe Gehabe vor, dann kann man sicher sein, daß hier tatsächlich die kindliche Bettelbewegung in der Paarbeziehung wiederkehrt, daß es sich also wirklich um dieselbe Verhaltensweise handelt und nicht nur um eine oberflächliche Ähnlichkeit.

Darauf hinzuweisen ist deswegen notwendig, weil derjenige, der eine Tiergruppe sehr genau kennt, auch einfachere Verhaltensweisen an kleinen und vielleicht unauffälligen Merkmalen wieder-

Ebenso wie der nestjunge Diamantfink beim Futterbetteln verdreht das erwachsene Männchen den Kopf,
wenn es mit einem Halm im Schnabel vor dem Weibchen
balzt

erkennt, diese aber oft genug in einer allgemeinen Beschreibung
der Einfachheit halber wegläßt, was dann im Laien den Verdacht
aufkommen läßt, hier würden ganz nach Lust und Laune Behauptungen in die Welt gesetzt. Dagegen hilft weder die hochnäsige
Aufforderung, wer's nicht glaube, könne ja selber nachgucken –
meist kann er's nämlich nicht, weil die Pflege der Tiere viel zu
kompliziert ist und man dem Interessierten auch nicht zumuten
kann, alle Tiere, über die er Genaueres wissen will, selber zu
beobachten; noch nützt dagegen die Annahme, es werden schon
alle Behauptungen der Fachleute so gut fundiert sein, daß man ihnen
Glauben schenken kann. Fehldeutungen und Mißtrauen lassen
sich nur durch genaues Beschreiben vermeiden. Und deshalb sind
hier diejenigen Verhaltensweisen ausgewertet, von denen ich glaube,
daß sie hinreichend genau untersucht und beschrieben sind, so daß
man weitergehende Vergleiche wagen kann. Wo noch Zweifel bestehen, wird das eigens angemerkt.

4. Meßbare Vorteile der Monogamie

Die Partnerbindung wird bei höheren Tieren häufig für die Brutpflege ausgenutzt. Es leuchtet ja sofort ein, daß zwei Elterntiere die Jungen besser ernähren und beschützen werden, schon weil sie sich die verschiedenen Aufgaben teilen können. Dafür würde allerdings eine Saison-Monogamie reichen. Man kann aber zeigen, daß auch die Dauer-Monogamie zu besseren Bruterfolgen führt. Und zwar liegt das daran, daß Tiere Erfahrungen sammeln können und daß diese Erfahrungen ihr späteres Handeln beeinflussen, wie sich an Tieren nachprüfen läßt, deren Vorgeschichte man kennt. Wenn man z.B. Amerikanische Lachtauben *(Streptopelia risoria)* mit Hormongaben behandelt und diese Tiere paarweise hält, dann brüten von 40 etwa 27. Dafür, daß 30 Prozent der Tiere nicht brüten, obwohl eigentlich alle Voraussetzungen erfüllt sind, ist der Partner verantwortlich, wie sich beweisen läßt, indem man die Tiere in zwei aufeinanderfolgenden, experimentell erzeugten Brutzyklen beobachtet[10]: Beim zweitenmal bekommt jedes Tier einen neuen Partner; man bildet aber zwei Gruppen: In der einen erhält jedes Tier einen Partner, der im ersten Versuch genauso reagiert hatte wie es selbst (positiv oder negativ, d.h. gebrütet hatte oder nicht gebrütet hatte); in der anderen Gruppe bekommt jedes Tier einen Partner, der anders reagiert hatte, d.h., diese Gruppe besteht durchweg aus Paaren, von denen ein Partner gebrütet hatte, der andere nicht. Der Erfolg: Aus der ersten Gruppe reagiert eins von neun Tieren anders als beim erstenmal, aus der zweiten Gruppe aber jedes vierte. Der deutliche Unterschied besagt, daß die Tiere tatsächlich unter dem Einfluß des Verhaltens ihres Partners ihr eigenes Verhalten ändern, und zwar – und das ist wichtig – unter Umständen nicht brüten, während sie mit einem geeigneten Partner unter sonst gleichen Bedingungen gebrütet hätten (wie sie ja im ersten Brutzyklus gezeigt haben).

Wenn dem so ist, müßte es vorteilhaft sein, wenn zueinander passende Partner auch beisammenbleiben statt das Risiko einzugehen, beim nächstenmal einen weniger geeigneten Partner zu bekommen – immer natürlich vorausgesetzt, daß es sich um Tiere handelt, die lange genug leben, um mehrere Fortpflanzungsperioden durchzumachen.

Auch das läßt sich beweisen. Allerdings ist erst eine Tierart daraufhin genau genug untersucht, nämlich die Dreizehenmöwe *(Rissa tridactyla)*, von der J. Coulson eine Kolonie, in der alle Tiere gekennzeichnet waren, zwölf Jahre hindurch beobachtet hat[16]. 64 Prozent der Weibchen brüteten jeweils mit dem Partner vom Vorjahr; besonders die älteren Tiere taten das. Nur ein Drittel der Tiere, die den Partner wechselten, war dazu gezwungen gewesen, weil der Partner gestorben war. In den übrigen Fällen lebte er noch und sogar in derselben Kolonie. Aber nun zeigte es sich, daß bei den weitaus meisten Tieren, die den Partner gewechselt hatten, die vorige Brut ein Mißerfolg gewesen war. Das heißt nicht, daß die Tiere auf diesen Fehlschlag hin beschlossen hätten, sich zu trennen; viel wahrscheinlicher ist, daß der Brut-Mißerfolg und die Trennung dieselbe Ursache hatten, nämlich daß die Tiere nicht zueinander paßten.

Paare, die erfolgreich waren und zusammenblieben, beginnen in der nächsten Saison drei bis sieben Tage früher Eier zu legen und zu brüten als gleichaltrige Tiere, die den Partner wechselten. Ältere Tiere brüten deshalb meist früher als junge. Weibchen, die den Partner wechseln, legen im folgenden Jahr weniger Eier und haben weniger Bruterfolg, d.h., ein geringerer Prozentsatz der Eier entwickelt sich zu flüggen Jungen. Tiere, die in zwei aufeinanderfolgenden Jahren den Partner wechselten, also in drei aufeinanderfolgenden Jahren drei verschiedene Partner hatten, sind stärker beeinträchtigt als solche, die nur seit dem letztenmal wechselten. Daraus ersieht man, daß das Zusammengewöhnen mit dem neuen Partner nicht allein für den geringeren Erfolg verantwortlich ist, denn auf einen neuen Partner mußten sich ja alle einstellen, die seit dem letztenmal gewechselt hatten, gleichgültig, ob im Jahr davor schon einmal ein Wechsel erfolgt war oder nicht. Die störenden Nachwirkungen eines Partnerwechsels klingen also nur allmählich ab und sind noch mindestens zwei Brutperioden später nachweisbar. Ob der Partner starb oder aus einem anderen Grund nicht wiederkehrte, spielt dafür keine Rolle – die Beeinträchtigung ist dieselbe. Was hier einfach »Beeinträchtigung« genannt ist, hängt also nur mit dem Partnerwechsel selbst zusammen, nicht mit dessen Ursachen; es setzt sich natürlich zusammen aus vielen verschiedenen Wirkungen der Partner auf ganz verschiedene Teile des Brutverhaltens, wie die im Kapitel »Sozialer Streß« geschilderten Versuche angedeutet haben.

Aus den Beobachtungen an der Dreizehenmöwe geht klar hervor, daß bei diesen Tieren die Dauerehe erfolgreicher Partner vorteilhaft ist, d. h. die meisten Nachkommen zeitigt. Dennoch ist es aber auch vorteilhaft, den Partner zu wechseln, wenn das Paar keinen Bruterfolg hat; denn dann besteht die Aussicht, beim nächstenmal einen passenden Partner zu finden. Findet er sich, dann ist der Bruterfolg zwar trotzdem geringer als bei einem länger verpaarten, aber doch deutlich größer als bei einem unverträglichen Paar.

Auch beim Spitzhörnchen *(Tupaia)* spielt die Harmonie zwischen den Paar-Partnern eine wesentliche Rolle für den Fortpflanzungserfolg; selbst kleine Reste von Aggression zwischen Männchen und Weibchen führen dazu, daß das Weibchen regelmäßig seine Jungen auffrißt (s. S. 73). Das ist nicht in allen Tierarten so, aber doch in einigen. Und wenn harmonische Partnerbeziehungen so wichtig werden können, daß es sich deutlich lohnt, den Partner, mit dem man einmal harmonisch zusammenlebt, möglichst nicht mehr zu wechseln, dann sollte man erwarten, daß es auch biologische Sonderentwicklungen gibt, die das Zusammenfinden und Zusammenbleiben der Paar-Partner erleichtern. Das ist tatsächlich der Fall, und ich will hier einige davon aufzählen, obzwar da nur der Zusammenhang mit der dauerhaften Paarbindung untersucht ist, noch nicht aber dessen Auswirkung auf den Bruterfolg.

5. Paarbildung

Schon bei der Bartmeise fällt auf, wie früh die Tiere sich verpaaren. Frühehen gibt es bei Vögeln häufiger, sie werfen aber einige Sonderprobleme auf.

Auch der bei uns heimische Gimpel oder Dompfaff *(Pyrrhula pyrrhula)* lebt in Dauer-Einehe. Der Beginn einer Gimpelbekanntschaft sieht allerdings nicht danach aus. Denn das unverpaarte Gimpelweibchen fliegt auf ein Männchen zu, drückt den Oberkörper tief hinab, spreizt das Bauchgefieder und droht das Männchen mit weit aufgerissenem Schnabel und heiseren »Chuäh«-Rufen an. Das Männchen weicht dieser stürmischen Werbung zunächst aus, und wenn es schon verpaart oder sonst uninteressiert ist, sucht es vollends das Weite. Und daran tut es gut, denn das Weibchen wird immer wütender und hetzt seinen Partner wild umher, im Käfig so lange, bis er verstört in einer Ecke sitzen bleibt. Ist der Gimpelmann allerdings an einem Weibchen interessiert, dann wagt er bald den Drohungen der Gimpeldame standzuhalten. Je selbstsicherer er ist und je weniger er sich einschüchtern läßt, desto schneller bricht ihr Angriffsgehabe zusammen. Ihr Drohen wird immer weiter abgebaut, und schließlich wagt er es, auf sie zuzuhüpfen und für den Bruchteil einer Sekunde ihren Schnabel mit dem seinen zu berühren – dann wendet er sich sofort betont ab und hüpft etwas zur Seite. Ist die Partnerin mit ihm einverstanden, so flirtet sie bald ebenso zurück:

Beide hüpfen nun mit geblähtem Bauchgefieder und schief gehaltenen Schwänzen aufeinander zu, schnäbeln kurz, wenden sich ab und wiederholen das wieder und wieder. Ähnlich schnäbeln auch Stieglitze, Zeisige, Girlitze und Hänflinge, die alle dabei außerdem noch Zärtlichkeitslaute äußern. Zeisig-, Stieglitz- und Girlitzmännchen gehen beim Schnäbeln auf ihre Partnerin zu und greifen mit dem Schnabel langsam in ihren geöffneten Schnabel. Das sieht schon sehr nach einem Füttern aus. Und daraus ist es auch entstanden. Auch beim Gimpel beginnt das Männchen bald, sein Weibchen aus dem Kropf zu füttern, wenn sich beide fest füreinander entschieden haben. Das Weibchen führt dabei kindliche Bettelbewegungen aus wie ein unselbständiger Jungvogel: Es macht sich möglichst klein, sieht von unten her zum Partner auf und sperrt ihn an; in den kurzen Pausen, in denen er neuen Kropfinhalt aufwürgt, bettelt das Weibchen mit pendelnden Körperbewegungen und rüttelnden Flügeln wie ein Jungvogel, aber ohne dessen Bettellaute.

Notwendig wird das Partnerfüttern während der Brutzeit. Normalerweise besteht ein Gimpelgelege aus fünf Eiern. Wenn das Weibchen das vierte Ei gelegt hat, brütet es 13 Tage lang. Während dieser Zeit wird es ausschließlich vom Männchen gefüttert, das in regelmäßigen Abständen mit gefülltem Kropf in der Nähe des Nestes erscheint und seine Partnerin zu sich lockt; nie füttert es sie direkt auf dem Nest. Das Füttern des Partners ist Vorrecht des Ranghöheren, normalerweise des Männchens. In Ausnahmefällen aber, wenn das Männchen kränkelt oder während der Mauser vorübergehend geschwächt ist, können die Rollen tauschen und die Weibchen ihre Männchen füttern.

Beim Gimpel ist also, wie diese sehr genauen Studien von Nicolai[84] zeigen, aus dem Jungefüttern ein Partnerfüttern, während das Weibchen brütet, und ein Zärtlichkeitsfüttern auch außerhalb dieser Zeit entstanden und daraus weiter ein Schnabelflirt ohne Futterübergabe, der zur Begrüßung der Partner dient.

Merkwürdig ist, daß schon sieben Wochen alte Jungvögel miteinander schnabelflirten, und zwar regelmäßig Nestgeschwister untereinander, weil die sich nämlich schon individuell gut kennen. Sie verloben sich noch im Jugendkleid mit einem der Geschwister, und zwar unabhängig vom Geschlecht, das ja in diesem Alter noch nicht kenntlich ist. Deshalb kommen ebenso viele gleichgeschlechtliche wie verschiedengeschlechtliche Paare zustande. Alle diese Jungvögel zeigen rein weibliches Verhalten, sie fordern sogar den Partner zur Begattung auf; zu einer solchen kommt es jedoch nie, da auch alle Jungmännchen sich so gebärden. Im Laufe ihres Lebens benehmen sich also alle Gimpel zunächst typisch jungvogelhaft, d. h., sie sperren und betteln die Eltern um Futter an, später benehmen sich alle wie Weibchen, d. h., sie zeigen Nestbaubewegungen und fordern zur Begattung auf, und erst die erwachsenen Männchen zeigen das typisch männliche Verhalten, indem sie ihren Partner füttern und ihn begatten. Die Weibchen benutzen ihrem Partner gegenüber zeitlebens Elemente aus dem Jungvogelverhalten, die Männchen tun das nur, wenn sie krank sind. Nestlings-, Weibchen- und Männchenverhalten folgen also in dieser Reihenfolge aufeinander, und auf jeder höheren Stufe haben die Tiere noch das für die vorausgehende Stufe charakteristische Verhaltensinventar zur Verfügung, wie beim Dickhornschaf (s. S. 46). Hätten wir einen Mythos von der Erschaffung von Dompfaff oder Wildschaf zu schreiben, so käme wohl der Mann als letzter zum Dasein und nicht, wie in der Genesis, die Frau.

Die Geschwisterpaare der Gimpel halten so fest zusammen wie die Erwachsenenpaare, aber nicht so lange. Nach etwa drei Monaten nämlich, etwa im August, beginnt die Jugendmauser, und damit treten die Geschlechtsunterschiede hervor, und zwar nicht nur im Gefieder, sondern auch im Verhalten. Die Männchen beginnen jetzt mit dem Füttern der Partner, zeigen aber immer noch die weibliche Begattungsstellung, die man auch unter voll ausgefärbten Brüdern sieht. Diese Geschwisterehen lösen sich aber bis zum Ende des Jahres auf, die gleichgeschlechtlichen früher als die verschiedengeschlechtlichen, und zugleich sucht sich jeder einen andersgeschlechtlichen und blutsfremden Partner. In der Übergangzeit können die Tiere »doppelt verlobt« sein, nämlich noch mit einem Geschwister und schon mit dem späteren Ehepartner. Mit dem Eintreten der Keimdrüsenfunktion aber bricht schließlich die Geschwisterbindung auf, und vor allem die bisherigen Partner einer gleichgeschlechtlichen Geschwisterehe bekämpfen jetzt einander besonders heftig. Geschwisterehen würden natürlich zu Inzucht führen und sollten deshalb vermieden oder wieder aufgelöst werden.

So verständlich es uns zunächst auch vorkommt, daß ein Vogel wie der Gimpel, der in fester Dauerehe lebt, schon als Jungtier eine feste Partnerbindung eingeht, so wenig ist doch deren biologische Bedeutung klar. Könnten die Tiere nicht ein paar Monate warten und sich dann gleich richtig verpaaren, statt erst eine provisorische Geschwisterehe zu schließen, die dann wieder aufgebrochen und durch die endgültige Ehe ersetzt werden muß? Wir wissen nicht, ob solche Individuen, denen man die Möglichkeit zu einer Geschwisterbindung nähme, später Schwierigkeiten im Verhältnis zum Ehepartner haben. Möglich erscheint das durchaus, und geprüft werden muß es unbedingt.

Man könnte natürlich auch annehmen, daß diese sehr frühe Paarbindung noch im Jugendstadium ein Nebenprodukt des Sozialverhaltens sei, wohl mit der späteren Dauer-Ehe zusammenhängend, aber selbst biologisch unerheblich. Es wäre dann eine ganz amüsante Geschichte, aber kaum wert, daß man sich darüber den Kopf zerbräche. Doch solch ein Versuch, das noch unerklärte Phänomen als unwichtig abzutun und sich damit die Mühe weiterer Forschung zu sparen, mißlingt, wenn das Phänomen zu häufig wird. Frühe Paarbindungen gibt es bei sehr verschiedenen Vögeln, und einige treiben im Zusammenhang damit einen ganz erheblichen Aufwand, der sich schließlich irgendwie rentieren muß.

Ein drastisches Beispiel bieten unter den tropischen Prachtfinken (s. S. 170) die afrikanischen Granat-Astrilde *(Granatina granatina),* die ebenfalls in festen Paaren leben. Erwachsene Männchen sind oberseits schön kastanienbraun, die Weibchen etwas heller. Über dem rötlichen Schnabel haben beide Geschlechter ein blaues Stirnband und auf den Wangen ein großes, rundes Farbfeld, das beim Männchen tiefviolett, beim Weibchen heller violett gefärbt ist. Außerdem hat das Männchen einen schwarzen Kehlfleck. Der noch kaum flugfähige Jungvogel, der im Alter von 19 Tagen das Nest verläßt, hat einen grauen Schnabel und ist oberseits dunkel graubraun, unterseits bräunlich orange gefärbt. Er wird vorerst noch von den Eltern gefüttert, und zwar etwa bis zum 35. Lebenstag. Einige Wochen später mausern die Jungen in das Erwachsenenkleid, und in der in Afrika nun folgenden monatelangen Trockenzeit erlangen sie die volle Reife, so daß sie mit Beginn der nächsten Regenzeit selbst zur Fortpflanzung schreiten. Den Ehepartner suchen sie aber nicht erst dann, sondern schon ehe sie 35 Tage alt sind, also noch während sie von den Eltern gefüttert werden. In diesem Fall wird aber – anders als beim Gimpel – die Bildung gleichgeschlechtlicher Paare verhindert, und zwar dadurch, daß vom 21. Lebenstag an im Laufe von etwa einer Woche ganz eilig an das einfache Jugendkleid die geschlechtsverschiedenen farbigen Kopfabzeichen angebracht werden. Die Tiere mausern in dieser Zeit genau an den Stellen auf den Wangen, über dem Oberschnabel und an der Kehle, wo die Geschlechtskennzeichen sitzen. Die 35 Tage alten Tiere haben dann die typischen Geschlechtsabzeichen am Kopf, im übrigen aber das Jugendkleid, und sie sind fest verpaart. Die vorzeitige Mauser der entscheidenden Kopfpartien sichert die verschiedengeschlechtliche Partnerbindung[85].

Die isolierte Frühmauser einzelner Federbezirke steht sicher im Dienste der frühen Paarbildung und gibt uns einen Hinweis darauf, wie wichtig diese Jugendpaarbindung ist (nämlich so wichtig, daß dafür eine eigene Mauser eingeschoben wird!). Das fiele längst nicht so auf, wenn die Tiere einfach die ganze Mauser ins Erwachsenenkleid so weit vorverlegt hätten. Sie könnten damit sicher denselben Zweck erreichen, und es wäre obendrein einfacher, nur den Zeitpunkt der Mauser zu verlegen als den ganzen Mauserplan umzuwerfen. Warum also tun die Tiere das? Warum bleibt ihr Jugendkleid erhalten? Vermutlich, sagt Nicolai[85], hängt das damit zusammen, daß ziemlich viele der fest verpaarten Tiere im Laufe einer Fortpflanzungsperiode verwitwen, so wie vorn vom Feldsperling bereits beschrieben. Die Tiere lassen vom Beginn der ersten Niederschläge der Regenzeit an zwei, drei und selbst vier Bruten aufeinander folgen. Die Jungen aus der ersten Brut sähen aber, wenn sie gleich ganz mauserten, schon wie die Erwachsenen aus, während diese noch mit der zweiten Brut beschäftigt sind. Ein Altvogel, der in dieser Zeit seinen Partner verliert, wäre durch das große Angebot an paarbildungsbereiten Jungvögeln versucht, einen solchen als Ersatz zu wählen. Der aber ist noch gar nicht fortpflanzungsfähig. Also müßte auch der Altvogel, wenn er an einen unreifen »Teenager« gerät, seine Fortpflanzungskapazität brachliegen lassen. Das läßt sich vermeiden, wenn die »Teenager« als solche kenntlich sind, also noch das Jugendkleid tragen. Die Jungvögel selbst bewerten diese Merkmale wohl anders, denn sie verpaaren sich ja miteinander; Erwachsene aber nehmen nur im Notfall mit einem unausgefärbten Jungvogel vorlieb.

Man kann aus diesem Beispiel ersehen, wie vielerlei Gesichtspunkte zu berücksichtigen sind und wieviel von der Lebensweise einer Art man kennen muß, ehe sich die im Grunde ganz einfachen Fragen, über die der aufmerksame Beobachter stolpert, beantworten lassen. Wir brauchen noch sehr viel mehr Wissen über diese Vögel, um entscheiden zu können, welche biologische Bedeutung ihre frühe Paarbindung hat. Das gilt auch für die folgenden Arten, über deren Freileben man noch weniger weiß als vom Granat-Astrild.

Der Granat-Astrild ist nämlich nicht der einzige Vogel, der eine isolierte Frühmauser der fürs Geschlechts-Erkennen wichtigen Federpartien zeigt. Der ihm nächstverwandte Veilchen-Astrild *(G. ianthinogaster)* lebt ebenso in Paaren und mausert ebenso. Dasselbe gibt es aber auch in ganz anderen Vogelgruppen: etwa unter den australischen Honigfressern beim kleinen Honigschmecker *Myzomela nigrita.* Unter den asiatischen Timalien mausern der Gewöhnliche Sonnenvogel und der Silberohrsonnenvogel *(Leiothrix lutea und L. argentauris)* die Kehl- und Brustregion schon, während sie noch von den Eltern gefüttert werden; sie gehen ebenfalls frühe Paarbindungen ein und sind dauerehig. Unter den Spechten vermausern die winzigen, über Afrika, Südamerika und Asien verbreiteten Weichschwanzspechte (Gattung *Picumnus, Sasia)* die geschlechtsspezifischen Kopfabzeichen wie die besprochenen Astrilde – gleich nachdem sie selbständig werden, das übrige Jugendkleid aber erst, wenn sie etwa ein Jahr alt sind.

Es liegt nahe, anzunehmen, daß es in allen Fällen wichtig ist, die Verpaarung allzu ungleichalter Individuen zu verhindern. Bei der Bartmeise wird dasselbe durch die ganz besondere Streitlust der soeben verpaarungsfähigen Jungtiere erreicht, gegen die die Erwachsenen machtlos sind. Dennoch kommen wir nicht darum herum, solche – wenn auch noch so plausiblen – Arbeitshypothesen gründlich zu prüfen. Das kostet viel Zeit und gute Tierkenntnis, denn da helfen nur geduldige Freilandbeobachtungen von Naturfreunden oder Vogelnarren oder wie sonst man diese weitgehend apparatefrei Forschenden etwas despektierlich zu nennen pflegt.

6. Paarbindung

Auffällige biologische Vorgänge gibt es nun nicht nur im Zusammenhang mit dem Zusammenführen der Partner, sondern auch später zwischen den zusammenbleibenden Partnern. Dazu zählen bestimmte Zeremonien, die jedes Individuum nur mit seinem Paar-Partner oder einem engen Familienangehörigen ausführt, nicht aber mit fremden Artgenossen. Zu diesen auffälligen Zeremonien gehören die Duett-Gesänge. Sie sind typisch für dauerehige Vögel, bei denen man die Geschlechter äußerlich nicht unterscheiden kann. In den einfachsten und wohl ursprünglichsten Fällen lassen beide Individuen dieselben Laute oder Strophen hören, und zwar entweder einander wie ein Echo antwortend oder gleichzeitig, unisono. In spezialisierteren Fällen äußern die Partner im Duett verschiedene Strophen oder Strophenteile, die in unterschiedlicher Weise kombiniert sein können. Das gibt es in sehr verschiedenen Vogelgruppen; Duettrufe des Paares finden wir beim Kranich, beim Schreiseeadler, beim Zwergtaucher und anderen. Besonders weit gebracht haben es einige afrikanische Würger, z. B. der Orgelwürger *(Laniarius aethiopicus):* Jedes Paar hat ein eigenes Repertoire von mehreren längeren Melodien, die jeder Partner allein singen kann, die normalerweise aber das Paar mit genau verteilten Rollen singt. Soweit man bisher weiß, dient das auch dem räumlichen Zusammenhalt der Partner, da selbst im dichten Buschwerk jeder hört, wo der andere ist. Derartige Duette sind nun ganz unabhängig bei verschiedenen Tieren entwickelt worden, außerhalb der Singvögel (zu denen die Würger zählen) z. B. bei einigen Bartvögeln, die in die Verwandtschaft der Spechte gehören. Genauer untersucht haben wir in letzter Zeit einen afrikanischen Schmuckbartvogel *(Trachyphonus d'arnaudii)*, bei dem das Männchen in eine viele Male wiederholte Rufreihe des Weibchens jeweils an bestimmter Stelle einen heiseren »Schräh«-

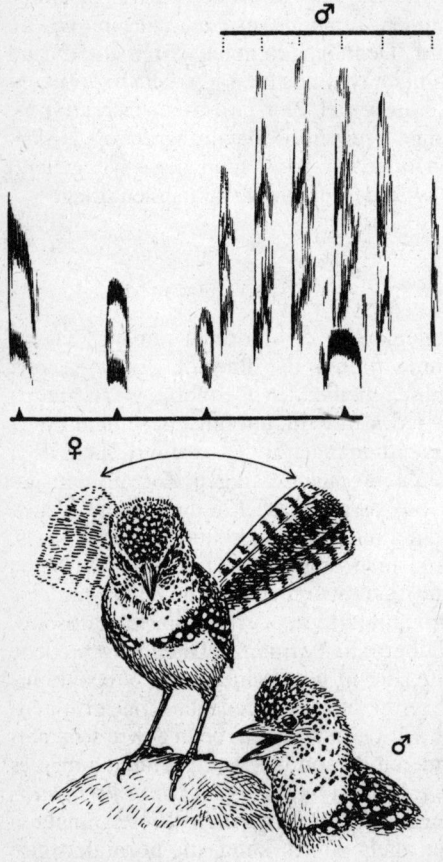

Begrüßungszeremonie des Bartvogels *Trachyphonus d'arnaudii.* Oben: Klangspektrogramm des Duetts. Das schwanzwackelnde Weibchen wiederholt ständig 4 Laute, das Männchen fügt stets an derselben Stelle einen heiseren Ruf hinzu, der im Spektrogramm aus sechs senkrechten Streifen besteht

Ruf einfügt, der sich aus dem Bettellaut der Nestjungen ableitet; das Weibchen begleitet den ganzen Duettgesang mit auffälligem Schwanzwackeln. Duettgesänge gibt es ferner unter den höchststehenden Affen, nämlich beim Siamang *(Symphalangus syndactylus),* einem dauermonogam lebenden großen Gibbon aus Sumatra. Untersuchungen darüber, wie diese Duette entstanden sind und wie sie die Paarbindung beeinflussen, haben erst jetzt begonnen. Weitere Verhaltensweisen, die für Paar-Partner typisch sind, werden in den folgenden Kapiteln vorgestellt.

7. Die Ableitung des Schnäbelns

Wenn es auch schwierig ist, in einfachen Bewegungsweisen irgend etwas wiederzuerkennen, so steht man ihnen doch nicht hilflos gegenüber. Man kann z. B. versuchen, ihren Werdegang zu verfolgen. Was es ausmacht, wenn einem das gelingt, sollen die folgenden Beispiele zeigen, deren erstes das Schwarzköpfchen *Agapornis personata)* liefert [111].

Die aus der afrikanischen Steppenlandschaft stammenden *Agapornis*-Papageien heißen im Deutschen auch »Unzertrennliche«; damit ist angedeutet, wie fest die Pärchen zusammenhalten. Das ganze Jahr über kann man die Paar-Partner einander füttern sehen; meistens füttert das Männchen sein Weibchen, nur selten umgekehrt das Weibchen sein Männchen. Das Füttern zwischen den Paar-Partnern ist während der Brutzeit zur Ernährung des Weibchens wichtig, denn das Weibchen brütet allein, sitzt dabei ständig im Nest und wird dann ausschließlich vom Männchen ernährt.

Außerhalb der Brutzeit frißt das Weibchen selbst. Dennoch wird es immer wieder vom Männchen gefüttert. In dieser Phase hat das Füttern die Funktion einer Kontaktgebärde und dient offenbar – wie auch das Gefiederkraulen (s. S. 132) – der Partnerbindung. Außerdem kommt das Partnerfüttern auch im Kopulationsvorspiel vor. Dabei werden dann aber nur kleine Futterteile aufgewürgt, beim eigentlichen Füttern dagegen meist große Portionen.

Das Partnerfüttern klappt allerdings nur, wenn der andere Vogel im gleichen Moment bereit ist, das Futter zu übernehmen. Wenn etwa das Weibchen nur einen Moment anderswohin guckt, kann das Männchen nicht füttern, sondern schluckt erst wieder und muß neu aufwürgen; wahrscheinlich kann es das Futter nur einen Augenblick lang in der richtigen Lage auf der Zungenspitze balancieren. Während der Futterübergabe berühren sich nämlich nur die Schnabel-

Ein Wellensittich füttert seine Jungen im Nest

spitzen, und das Futter wird mit der Zunge hinübergestoßen. Das Weibchen hält seinen Kopf erhoben, das Männchen dreht seinen etwas, so daß sich die Schnäbel kreuzen. Das ist genau dieselbe Stellung wie beim Füttern der Jungen, und ohne Zweifel ist dieses Füttern unter den Erwachsenen aus dem Brutverhalten abgeleitet. Es kann in Gang kommen, weil das Weibchen bettelt oder weil das Männchen von sich aus Futter anbietet. Die Bettelstellung des Weibchens ist nur zum Teil der Bettelstellung der Jungen gleich. Die Jungvögel betteln in geduckter Stellung, frontal vor dem Elterntier sitzend, und immer vor dem Vater, wenn sie schon ausgeflogen sind, weil sich die Mutter dann nicht mehr um sie kümmert. Die bettelnden Jungen strecken den Kopf vor und sträuben das Gefieder, die Flügel werden abgehoben und machen mitunter balancierende Schlagbewegungen. Das erwachsene Weibchen zieht beim Betteln den Kopf etwas zurück und wendet ihn aus halbseitlicher oder seitlicher Stellung zum Partner; es mag sein, daß das Weibchen deswegen nicht die normale kindliche Stellung einnimmt, weil es im Paar die Oberhand hat und nun Ranghöhe mit Betteln überlagert. Wenn das Männchen das Füttern einleitet, beginnt es Kropfinhalt aufzuwürgen, beugt sich zum Weibchen und berührt kurz dessen

Schnabel mit seinem, zieht auch etwa den Oberschnabel des Weibchens zu sich. Die kurze Schnabelberührung, bei der die Gatten die Köpfe für den Bruchteil einer Sekunde zueinanderwenden und mit verschieden starker Kopfneigung die Schnabelspitzen wie zwei Kettenglieder verzahnen, sieht man aber auch außerhalb der Fütterszene sehr oft, am häufigsten während die Tiere nebeneinandersitzen oder sich kraulen. Hier tritt sie in ganz neutraler Situation auf. Schnabelberührungen gibt es nur zwischen Gatten, nicht zwischen weniger vertrauten Schwarmmitgliedern. Immer dann, wenn diese dem Paar nahe kommen und es stören, so daß sich die Gatten sichtlich belästigt fühlen, rasche, kurze Blicke auf den Störenfried werfen, schnelle Putz- und Ausweichbewegungen machen, treten Schnabelberührungen gehäuft auf, aber auch dann, wenn in der Voliere Fremde zugesetzt oder Änderungen in der Umgebung vorgenommen werden oder wenn eine starke Gefahr von außen vorbei ist. Gehäuft kommt es zu Schnabelberührungen außerdem während der Paarbildung und bei der Begrüßung, wenn die Paar-Partner längere Zeit getrennt waren. Auch Streit zwischen den Gatten endet immer mit einer Schnabelberührung: Mitten im heftigen Schnabelduell oder während einer kurzen Atempause neigt plötzlich einer – meist das Männchen – den Kopf zur Schnabelberührung, der Gatte stimmt sofort ein, und der Streit ist aus. Auch wenn ein Gatte mit einem dritten Vogel um etwas streitet, kommt der andere sofort herbei und stößt den Partner so lange und so kräftig in die Seite, bis der sich zur Schnabelberührung ihm zuwendet; der herbeikommende Gatte zeigt dabei keinerlei Interesse am Streitobjekt! Die beschwichtigende oder die Paarbindung kräftigende Funktion des Schnabelkontaktes wird hier ebenso deutlich wie in der entspannten, neutralen Situation, die zuerst be-

Schnabelberührung als
Gruß zwischen verpaar-
ten Schwarzköpfchen

schrieben wurde. In dieser kann es auch zu längerem Schnabelkontakt kommen, die Zunge kann etwas vorgestreckt werden, und die Tiere können Laute ähnlich dem Nestlaut und zuckende Kopfbewegungen hinzufügen, wie sie sonst nur Jungvögel machen. Diese zusätzlichen Elemente liefern recht gute Anhaltspunkte für den Schluß, daß die Schnabelberührung ein Teil oder vielleicht die extrem verkürzte Form des Fütterns ist. Stamm, dem wir diese ausführlichen Beobachtungen verdanken[111], meint dazu allerdings folgendes: Da die Mechanik des Schnabels nicht allzu viele Einsatzweisen erlaubt, der Schnabel aber doch zu vielem dient (zum Fressen, Putzen, Kraulen, Nagen, Kämpfen), müssen diese verschiedenen Verhaltensweisen einander in der Bewegung so ähnlich werden, daß man die Schnabelberührung ebensogut auch aus dem Kraulen ableiten könne. Man muß zwar bei der Deutung solcher Verhaltensweisen vorsichtig sein, aber hier wird doch eine Reihe von Elementen übersehen, die deutlich für eine Ableitung aus dem Füttern sprechen. Das Kraulen richtet sich z. B. nicht gegen den Schnabel, auch wendet der Partner dem andern nicht den Schnabel zu, wenn er gekrault werden will; und die Lautäußerungen, Zungen- und Kopfbewegungen kommen ebenfalls nicht beim Kraulen vor. Man kann an diesem Fall aber erkennen, auf welche Einzelheiten man achten muß. Und vielleicht bleiben für den einen oder anderen Leser doch noch Zweifel bestehen. Solche Zweifel können zumindest teilweise durch Vergleichsbeobachtungen an anderen Vögeln behoben werden, wenn man an diesen vollständigere Ableitungen verfolgen kann, die über gleiche Zwischenstufen laufen. Als Beispiel mag hier der Kolkrabe dienen.

Die Rolle, die der Kolkrabe *(Corvus corax)* als Wotansvogel in der Mythen- und Sagenwelt spielt, läßt darauf schließen, daß schon unsere Urahnen als gute Naturbeobachter eines festgestellt haben: Die Rabenvögel allgemein und die Kolkraben im besonderen sind psychisch regsamer, lernbegieriger und, wenn von Menschenhand aufgezogen, anhänglicher als die meisten anderen Vögel. Und tatsächlich ist der Kolkrabe in seinem Verhalten erstaunlich wenig instinktgebunden und hat deshalb einiges mit manchen »auf NichtSpezialisiertsein spezialisierten« Säugetieren wie etwa Wanderratten oder Primaten gemeinsam. Das Ausdrucks- und Sozialverhalten dieses imposantesten Rabenvogels hat erst vor kurzem Gwinner eingehend analysiert[36]. Im Gegensatz zu den koloniebrütenden Dohlen und Saatkrähen lebt der Kolkrabe nur in der Jugend gesellig. Zunächst halten die schon flüggen Jungen auffallend lange mit den Eltern zusammen, nämlich fast fünf Monate. Dann schließen sie sich mit anderen Geschwistergruppen zu Schwärmen zusammen, und in diesen bilden sich die Paare, die sich zu Beginn des dritten Lebensjahres vom Schwarm abspalten, feste Reviere gründen und dann lebenslang beisammen bleiben.

Wie schon gesagt, sind Raben in ihrem Verhalten weniger starr als viele andere Vögel, und dementsprechend kommen auch hier Verhaltenselemente aus der Brutpflege oder dem Paarungsverhalten in anderen Situationen vor. Die Partner eines Paares sind nicht sehr rangverschieden, und obwohl die weibliche Kopulationsaufforderung vom Fluchtdrang begünstigt wird, tritt sie auch beim Männchen im Kopulationsvorspiel auf, falls das angebalzte Weibchen sie zunächst noch nicht zeigt. Die Flügel sind dabei seitlich ausgebreitet, der gefaltete Schwanz macht waagerechte Schüttelbewegungen und der Hals wird waagerecht flach nach vorn gestreckt. Diese Stellung ist zugleich die extremste Demuthaltung des Kolkraben und kommt dann zusammen mit Lautäußerungen aus dem jugendlichen Bettelverhalten vor. Bei der Dohle ist diese weibliche Kopulationsaufforderung völlig aus dem sexuellen Zusammenhang gelöst und zur üblichen Begrüßung des Weibchens vor seinem Gatten geworden.

Das Bettelverhalten des Jungvogels, bei dem sich die Raben niederkauern, mit den Flügeln schlagen und Bettellaute äußern, kommt ebenfalls unabhängig vom Hungerzustand und unabhängig davon, ob der Partner Futter anzubieten hat, dann vor, wenn es gilt, einen Partner zu beschwichtigen. Das beschwichtigende Tier kann seinen Schnabel weit öffnen und – wie ein um Futter bettelndes Jungtier – dem Partner möglichst nahebringen. Statt anzugreifen oder zu hacken, gibt der dann seine Drohstellung auf und kann seinen Schnabel in den aufgesperrten stecken und sogar fleißig nachstopfen wie beim Füttern, obwohl er gar nichts übergibt. Auch Tiere, die sich einem ranghohen Gruppengenossen zu nähern trachten, zeigen dieses Bettelverhalten, oft indem sie sich zugleich klein und dünn machen, d. h. das Kleingefieder anlegen, den Kopf zwischen die Schultern ziehen und in den Beinen einknicken. Außerdem tritt das Betteln regelmäßig im Paar dann auf, wenn das Männchen das Weibchen füttert.

Wie bei den zuvor besprochenen Papageien brütet auch beim Kolkraben allein das Weibchen und wird während dieser Zeit vom Männchen gefüttert, und zwar um so besser, je fester das Weibchen auf dem Gelege sitzt. In dieser Zeit »muß« das Männchen sein Weibchen füttern. Es tut das aber das ganze Jahr über, aller-

Füttern der Jungen (links) und Begrüßen durch Schnäbeln (rechts) beim Kolkraben

dings verschieden häufig. Gegen das Frühjahr zu nimmt das Paarfüttern zusammen mit dem aufkommenden Balzimponieren immer mehr zu, und in der Nestbauzeit erreicht beides den Höhepunkt: Das Weibchen, das gefüttert wird, bettelt wie ein Jungvogel und nimmt wie dieser das Futter mit in der Längsachse um 90 Grad gegen den des Fütterers verdrehtem Schnabel ab. Stets füttert das Männchen, das auch außerhalb der Brutzeit seinem Weibchen kleine Leckerbissen bringt. Dazu wird das Futter erst sorgfältig zubereitet oder schon fertig zubereitet aus einem Versteck geholt, im Schnabel oder im Kehlsack verstaut und dann mit gespreizten Schritten, oft auch mit Flügelzucken, zum Partner gebracht, der mit Fütterlauten zur Übernahme aufgefordert wird. Die Schnabelhaltung und der leise Fütterlaut »gro« zeigen schon an, daß dieses Paarfüttern aus dem Jungefüttern stammt; dadurch, daß der Schnabel des Altvogels um 90 Grad gegen den des sperrenden Jungvogels verdreht ist, kann das Futter sehr tief in den Schlund des Jungen eingeführt werden. Bei der Paarfütterung ist das nicht mehr wichtig, die Stellung bleibt aber die gleiche.

Das leise »gro«, mit dem die Altraben ihre Jungen zum Sperren und die Rabenmänner ihre Weibchen auf dem Nest zur Futterübernahme auffordern, tritt nicht nur ebenso beim Paarfüttern auf, sondern zeitlebens unter verpaarten Raben, wenn sie Kontakt zueinander aufnehmen. Außerdem sagen die Jungvögel bei den ersten Gehversuchen »gro«, aber nur, wenn die Eltern zugegen sind, und um so lauter und schneller, je weniger sicher ihre Gehversuche ausfallen. »Gro« ist also nicht nur ein Fütterlaut, sondern auch ein Kontakt- oder Begrüßungslaut.

Bei so vielen Ähnlichkeiten zwischen Paar- und Jungefüttern taucht die Frage auf, ob eigentlich beides beim Vogel gleichermaßen verursacht, von der gleichen Stimmung abhängig ist. Gerade beim Raben gibt es Hinweise, daß das Partnerfüttern und das Jungefüttern verschiedenen Stimmungen zugehören. Raben haben ein ungemein vielfältig verwendbares Repertoire an Lauten, das aus angeborenen Elementen besteht, zu denen aber erlernte Laute hinzukommen. Wie viele andere Singvögel lernen auch Raben am besten von den Lebewesen, zu denen sie die stärksten individuellen Bindungen hatten, normalerweise also von den Eltern oder speziell vom Vater. Auf diese Weise entstehen z. B. beim Gimpel Gesangstraditionen, indem Gesänge jeweils vom Vater auf den Sohn weitergegeben werden. Gwinner hatte nun einen Raben aufgezogen und ihn während der ersten Lebensjahre oft mit dem Wort »komm« zum Füttern ans Volierengitter gelockt. Dieser Rabe übernahm das »komm« von sich aus für die Situation der Partnerfütterung und forderte später sein Weibchen zur Entgegennahme von Leckerbissen auf, indem er »komm« sagte. Hier soll gar nicht erörtert werden, daß es eine erstaunliche Abstraktionsleistung ist (für die es gerade bei Raben aber Parallelfälle gibt), diesen Ruf mit der Futterübergabe-Situation in Verbindung zu bringen und wieder zu äußern, wenn man selbst später nicht mehr gefüttert wird, sondern in die Rolle des Futterspenders kommt. Wichtiger im hier erörterten Zusammenhang ist, daß derselbe Rabenvater beim Jungefüttern stets die normalen Fütterlaute (»gro«) benutzte. *Das zeigt, daß Jungefüttern und Partnerin-Füttern für ihn zwei verschiedene Dinge waren,* obwohl weitgehend identisches Verhalten beidem diente.

Raben tun aber noch mehr. Einzelne Paare wandeln das Paarfütterzeremoniell ab, ganz individuell und je nach Paar verschieden stark. Bei mehreren Paaren beobachtete Gwinner, daß nach einiger Ehezeit das vom Männchen ans Weibchen übergebene Futter mehrmals mit der Zunge von Schnabel zu Schnabel hin- und hergeschoben wurde, bis das Weibchen es annahm, manchmal erst nach einer halben Minute. So lange mußte also der Schnabelkontakt ausgedehnt werden, und schließlich beschnäbelten sich die Paare auch ganz ohne Futter ebenso. Ein Paar ging noch weiter: Es saß minutenlang mit innig ineinander verschränkten Schnäbeln beisammen, ohne Fütterlaute zu äußern und ohne Futter zu übergeben. Ein anderes Rabenpaar schritt mit so verschränkten Schnäbeln nebeneinander im Kreise herum. Daß dieses Verhalten tatsächlich ein abgewandeltes Jungefüttern ist, kann man nur des-

Füttern des Jungvogels (links) und Schnabelgruß zwischen Paar-Partnern (rechts) beim Mönchssittich

halb so sicher behaupten, weil in diesen Fällen der Prozeß der Abwandlung dieses Rituals genau verfolgt wurde. Gelegenheit zu Vergleichsbeobachtungen gab es genug, denn neben dieser individuellen Variante trat bei allen Paaren immer wieder auch das richtige Paarfüttern auf. Deshalb kann es sich dabei auch nicht um einen arttypischen, altersabhängigen Reifungsprozeß handeln, zumal durchaus nicht alle alten Vögel das Füttern in dieser oder ähnlicher Weise veränderten. *Es handelt sich hier vielmehr um von den Vögeln »erfundene« Rituale.* Und sehr wahrscheinlich wird man durch ebenso genaue Beobachtungen auch an anderen Vögeln, speziell Papageien, solche Abwandlungsreihen des Brutpflegeverhaltens finden, was dann nicht nur helfen würde, noch bestehende Zweifel über die richtige Deutung von Schnabelberührungen und ähnlichem auszuräumen, sondern vielleicht sogar bisher noch unbemerkte Zusammenhänge mit anderen sozialen Grußzeremonien ans Licht bringen könnte.

Auch die Silbermöwe *(Larus argentatus)* lebt in Dauer-Einehe. Das Schicksal einiger Paare hat man über zehn Jahre lang verfolgen können und fand eine leicht zu übersehende Vorstufe des Paarfütterns.

Auch außerhalb des Nistortes und außerhalb der Brutzeit bleiben die Paar-Partner beieinander, selbst im Winter. Die Paare finden sich in den sogenannten Clubs unverpaarter Möwen, und zwar wählt das Weibchen. Es zieht den Hals ein, steckt den Schnabel vor und hebt ihn etwas an und umkreist so langsam den Erwählten. Der kann daraufhin mit ihr davongehen oder erst noch herumstolzieren und andere Männchen angreifen. Zuweilen erwählen Weibchen auch ein schon verpaartes Männchen und versuchen, sich in ein Paar hineinzudrängen, was zu heftigem Angriffs- und Abwehrverhalten des ersten Weibchens führt. Dem genauen Beobachter drängt sich geradezu die Bezeichnung »Eifersuchtsverhalten« auf – man muß nur beachten, daß damit nichts über etwaige Gefühle oder die Form des Verhaltens ausgesagt sein soll. Der im Wort angestrebte Vergleich mit menschlichem Verhalten soll es nur erleichtern, Situation und Funktion von Handlungen zu umreißen. Stirbt aus einem Silbermöwen-Paar ein Partner, so kann sich der andere neu verpaaren. Auch das Silbermöwenmännchen füttert sein Weibchen: Er würgt etwas Futter vor, das sie gierig verschlingt. Normalerweise bettelt sie ihn darum an, besonders in der Balzzeit[114].

Wo sich eine Verpaarung anbahnt, kann man nun bei genauem Zusehen schon erkennen, ehe die Balz und das Balzfüttern beginnen, nämlich daran, daß eine Möwe einer anderen erlaubt, ihr Futter vor dem Schnabel wegzunehmen. Wer wüßte nicht, wie ungemein futterneidisch gerade Möwen sind! Die Paarbindung beginnt also mit dem Futtergönnen, das sozusagen die niederste Stufe des Partnerfütterns darstellt.

Dieselbe Erscheinung finden wir bei einer ganz anderen Tiergruppe, die gar nicht zu den Wirbeltieren zählt, nämlich bei den Spinnen; die wenigen Spinnen, die es überhaupt zu einem sozialen Leben bringen, fressen gemeinsam, gönnen also dem Artgenossen das Futter. Wie diese merkwürdigen Spinnen-Sozietäten aussehen, ist auf Seite 143 ff. genauer dargestellt.

Wir werden noch mehr soziale Verhaltensweisen mit verschiedenen Funktionen kennenlernen. Hier handelt es sich zunächst um Verhaltensweisen des Jungvogels gegenüber dem Elterntier, die später eine wichtige Rolle in den Beziehungen zwischen Erwachsenen übernehmen.

Betteln und Füttern kann tatsächlich der Ernährung, z. B. des brütenden Weibchens, dienen, so bei vielen, wenn nicht den meisten Papageien. Das Männchen füttert in den ersten Tagen sogar die ganze Familie so, indem es dem Weibchen Futter zuträgt, das dieses dann wieder vorwürgt und an die Nestlinge weitergibt. Das Partnerfüttern kann aber auch eine ganz andere Bedeutung für das Paar bekommen: Seidenschwänze *(Bombycilla)* sind von der Zeit an verpaart, da das Weibchen dem Männchen eine angebotene Beere aus dem Schnabel nimmt; bei Seeschwalben *(Sterna)* wird die Ehe geschlossen, sobald das werbende Männchen dem Weibchen einen Fisch überreicht hat. Die Nahrung spielt dabei nur noch eine untergeordnete Rolle.

Das werbende weibliche Rotkehlchen, dessen Verhalten Lack besonders eingehend untersucht hat[71], äußert einen scharfen, einsilbigen Ruf vor dem Männchen und senkt dann, wenn sich das Männchen mit Futter nähert, die Flügel und zittert mit ihnen. Dabei geht der Ruf in einen rasch wiederholten Laut über. Schließlich wird es dann vom Männchen gefüttert. Die Haltung und die Lautäußerungen des Weibchens kann man von denen eines jungen Rotkehlchens, das von seinen Eltern gefüttert wird, nicht unterscheiden. Obwohl das Weibchen aber recht beharrlich bettelt und vom Männchen immer wieder gefüttert wird, spielt doch das Futter oder die Freßlust dabei kaum eine Rolle. Mehrmals sah Lack Rotkehlchen-Eltern, die ihre Jungen füttern wollten, aber in der Nähe ihres Nestes von Beobachtern beunruhigt waren. Daraufhin wandte sich das Weibchen bettelnd zum Männchen, obwohl es selbst den Schnabel voller Insekten für die Jungen hatte. Es bettelt nicht um Futter, sondern um »moralische Unterstützung«, wie wir es vermenschlicht ausdrücken würden (weitere Beispiele dazu siehe Seite 167).

Das Füttern kann auch ganz wegfallen; dann kommt es zum Schnäbeln oder zum Schnabelflirt. Allgemein entspricht bei Vögeln das Betteln vor dem Partner dem Futterbetteln des gerade ausgeflogenen Jungvogels. Zwar können Elemente davon ausfallen, andere überbetont werden, dennoch ist die Übereinstimmung groß genug, daß sie zu Verwechslungen führt, einmal beim beobachtenden Menschen – die bettelnden jungen Grünfinken, die man im März hören kann, sind in Wirklichkeit die balzenden Weibchen –, aber auch bei den Vögeln selbst: An Zaunkönigen und Seeschwalben wurde beobachtet, daß der mit Futter zum Nest kommende Vater schwankte, wie er auf das Betteln der schon älteren Jungvögel reagieren sollte, und sich dann zu einem Kopulationsversuch entschloß. Wenn bei der Schmarotzerraubmöwe (Stercorarius parasiticus) ein Elterntier ein Kind füttert, kann der andere Elternteil sich danebenhocken und mitgefüttert werden. Individuelle Bekanntschaft scheint dabei eine besondere Rolle zu spielen: Die weibliche Diamanttaube (Geopelia cuneata), deren Männchen sie mit kindlichem Verhalten zu Neste lockt, behandelt das Männchen genauso, wie sie ein Junges behandelt, kümmert sich aber in dieser Phase um wirkliche Junge nicht, sondern nur um den ihr bekannten Täuber im Nest.

Besonders deutlich wird die Zweckentfremdung kindlichen Verhaltens oft bei dauerehigen Tieren, doch ist sie nicht auf solche beschränkt. Kindliches Verhalten kann auch gegen fremde Artgenossen gerichtet werden, ob die betreffende Art nun in festen Paaren lebt oder nicht; und es kann sogar eine weitergehende soziale Handlung daraus werden, die von einer größeren Zahl von Tieren gemeinsam ausgeführt wird. Das sollen die folgenden Beispiele verdeutlichen.

Der im Norden Amerikas beheimatete Kanadische Unglückshäher *(Perisoreus canadensis)* lebt in Paaren, sammelt sich aber im Winter in größeren Gruppen an geeigneten Futterplätzen. Schwächere Tiere plustern sich auf, heben den Schwanz und hüpfen umher, wobei sie wie Jungvögel quäksen. In gespannten Situationen zittern sie mit den Flügeln und schreien wie ein um Futter bettelnder Jungvogel. Vor ernsten Angriffen eines Artgenossen legen sie sich auf den Boden, breiten die zitternden Flügel am Boden aus, piepen leise und stecken den Schnabel nach unten in den Schnee. Dadurch zeigen sie ihre schwarze Nackenkappe vor, die genauso aussieht wie das schwarze Gesicht des Nestlings, während die Erwachsenen ein weißes Gesicht haben. Der Angreifer sieht sich damit allen Signalen gegenüber, die den Jungvogel kennzeichnen. Griffe er trotzdem an, so täte er es sicher auch gegenüber seinen eigenen Jungen – und damit würde er seine eigene Fortpflanzung gefährden[35].

Genaue Verhaltensangaben über den Bienenfresser *(Merops apiaster)* verdanken wir Frau L. Koenig[56], der es erstmals gelang, diese schönen Tiere in Gefangenschaft nachzuzüchten. Sie brüten in selbstgegrabenen, metertiefen horizontalen Röhren in Lehmwänden. Die Geschlechter sind auch bei diesem eleganten Vogel kaum zu unterscheiden, zumal beide Geschlechter männliches wie weibliches Verhalten gegenüber dem Partner zeigen; oft tauschen sie die Rollen kurz nacheinander, so daß man nicht zwischen männlichen und weiblichen Verhaltensweisen unterscheiden kann. Sehr häufig vollführt das schwach sexuell erregte Männchen seinem Weibchen gegenüber die weibliche Paarungsaufforderung. Doch scheint nur das Männchen das Weibchen zu füttern, und zwar regelmäßig vor der Kopula: Er bietet ihr Futter in der Schnabelspitze an, sie nimmt es, verschluckt es und geht dann mit vorgestrecktem Kopf und meist geschlossenen Augen in die Paarungsaufforderungs-Stellung. Die Jungvögel werden zunächst nur von den Eltern gefüttert, aber sobald sie aus der Brutröhre kommen, auch von anderen Erwachsenen. Der Bettelruf des gerade flügge werdenden Jungvogels ist ein meckernd durchdringendes, leicht abfallendes »*eeeeeeeeeeeeeeeeeee*« mit weit geöffnetem Schnabel. Dieser Ruf dient dem Altvogel als Demutsbezeigung gegen drohende Artgenossen. Außerdem kann ein von Artgenossen bedrohter Bienenfresser diesen stumm mit zurückgebeugtem Körper und offenem Schnabel ansperren. Der Angreifer packt ihn dann am Schnabel, zerrt und schüttelt, aber es kommt nicht zum heftigen Kampf mit wildem Schnabelknappen und Geflatter wie dann, wenn beide Tiere gleich angriffslustig sind. Solche Kämpfe können sich auch als richtige Luftkämpfe abspielen. Der Besiegte flieht und wird vom Sieger heftig verfolgt und auch erneut angegriffen; dagegen kann der Schwächere von vornherein durch das dem kindlichen Verhalten entnommene Demutverhalten einen Kampf vermeiden.

Beim Ganges-Brillenvogel *(Zosterops palpebrosa)* dient das Füttern des Partners zum Abwenden einer Bedrohung. Diese Tiere scheinen nach den Beobachtungen von Kunkel[65] in recht lockeren Paaren zu leben; jedenfalls tauschten sie ziemlich oft die Partner. Auch zwischen Partnern, die einander schon kennen, sind Angriffe recht häufig. Der spitze Schnabel ist dabei, verglichen mit dem vieler anderer Kleinvögel, eine recht gefährliche Waffe. Beide Geschlechter können den Partner vom Angriff ablenken, indem sie ihm das voll gesträubte Kopfgefieder zum Kraulen hinhalten (s. S. 132). Wenn das Weibchen den Schnabel gegen das Männchen weit aufreißt, dann steckt das Männchen seinen rasch hinein; manchmal sieht man zuvor noch deutliche Hochwürgebewegungen. Droht sie ihn mit geschlossenem Schnabel an, »so berührt er ihre Schnabelspitze mit der seinen und läßt seine Zungenspitze in ihren Schnabel übertreten«. Dieser »Zungenkuß« wird immer nur vom Drohen des Weibchens ausgelöst und dient dazu, die Kontaktscheu des Weibchens zu überwinden. Die Fütterungen gehen blitzschnell vor sich. Unschlüssige Weibchen können so von mehreren Männchen gefüttert werden. Auch hier dient das Füttern also nicht dem Paarzusammenhalt, sondern fast anonym der Beschwichtigung von Artgenossen.

Der Waldrapp oder Schopf-Ibis *(Geronticus)* begrüßt mit einer Bettelbewegung die Mitglieder der Nest-Kolonie, ähnlich wie es der Schwalbenstar tut, von dem später noch die Rede sein wird (s. S. 128).

Australische Honigfresser der Gattung *Meliphaga* benutzen das Flügelzittern der bettelnden Jungvögel in der Balz als Kopulationsvorspiel; dabei wird es vom Männchen stärker als vom Weibchen ausgeführt. Außerdem aber dient es der Begrüßung zwischen

Paaren, die sich an der Grenze ihres Reviers begegnen. Alle zittern dann unter gepreßten Rufen sekundenlang wie ein bettelnder Jungvogel mit den Flügeln[47]. Diese Friedensgeste sieht man unter Paar-Partnern nie, aber vielleicht deshalb nicht, weil die Partner sich niemals mehr als wenige Meter voneinander entfernen, die Paare also derart eng zusammenhalten, daß es kaum je zu einer Begrüßung kommt. Bei einer Art, *Meliphaga melanops,* gibt es das Bettelverhalten außer in der Begrüßung auch noch als echte soziale Handlung beim gemeinsamen Gruppengesang, an dem sich bis zu 20 Tiere beteiligen können. In dieser sozialen Funktion ist das Flügelzittern sogar deutlicher als beim Betteln, von dem es ursprünglich abgeleitet ist. Junge Honigfresser betteln nämlich ausgesprochen »lustlos« und zittern nur in Ausnahmefällen – etwa wenn sie sehr hungrig sind – mit den halb ausgebreiteten Flügeln. *Diese kindliche Verhaltensweise ist also beim Erwachsenen stärker ausgeprägt als beim Jungvogel selbst,* sie ist in der abgeleiteten ursprünglichen Funktion – verglichen mit den gierig bettelnden Jungen anderer Singvögel – verkümmert, in der abgeleiteten sozialen Funktion aber voll erhalten und sogar weiter ausgebaut.

Das deutet schon darauf hin, daß die abgeleitete Verhaltensweise verselbständigt wird. Besonders deutlich wird das dort, wo die Brutpflege ganz wegfällt, das Jungfüttern also nicht mehr vorkommt, wohl aber das Partnerfüttern. Beispiele dafür liefern brutparasitische Vögel, etwa einige Kuckucke, die ihre Eier in die Nester fremder Vögel legen und die Jungen dort ausbrüten und aufziehen lassen.

Der amerikanische Regenkuckuck *(Coccyzus)* brütet noch selbst und füttert sowohl die Jungen als auch seinen Partner. Der südafrikanische Diederiks-Kuckuck *(Chrysococcyx caprius)* aber brütet nicht und füttert auch seine Jungen nicht, wohl aber füttert er sein Weibchen[94]. Wie in diesem Fall auch bei einer nicht mehr brutpflegenden Kuckucks-Art die Ansprechbereitschaft auf das Betteln in der Partnerbeziehung erhalten bleibt, so kann es sogar vorkommen, daß ein erwachsener Kuckuck ein arteigenes Junges, das er zufällig irgendwo trifft, doch füttert. Das wurde an Glanzkuckucken *(Chrysococcyx klaas* und *Chalcites lucidus)* sowie am burmesischen Koël *(Eudynamis scolopacea)* beobachtet[76], ist aber wohl kein Überrest des ehemaligen Brutpflegens, sondern eher eine auf den Jungvogel ausgedehnte soziale Partnerbeziehung.

Statt Balzfüttern sollte man vielleicht besser »Begrüßungsfüttern« sagen, denn das Männchen des kleinen Galapagosfinken *Camarhynchus parvulus* oder das des amerikanischen Regenkuckucks

Coccycus americanus füttert sein Weibchen während der Kopula, der javanische Sporenkuckuck *Centropus javanicus* hält während der Kopula ein Insekt und gibt es dem Weibchen erst nachher – und dann spricht man nicht mehr von Balz. Es ist zu diesem Partnerfüttern auch nicht unbedingt ein Schnabelkontakt erforderlich, sondern jeder füttert sein Weibchen so, wie er auch die Jungen füttert. Seeschwalben halten dabei einen Fisch quer im Schnabel, den der Partner am anderen Ende faßt und abnimmt.

Betteln und Fisch-Anbieten aus der Fütterungsszene zwischen Elterntier und Jungvogel kehren in gleicher Form als Kopulationseinleitung zwischen den Partnern eines Paares der Flußseeschwalbe wieder

Aber auch da gibt es Abweichungen: Die Rußseeschwalbe *(Sterna fuscata)* würgt Futter hoch und läßt es in den Schnabel des Partners tropfen, die Zwergseeschwalben *(Sterna albifrons)* können zur Fütterung und während der Kopula die Schnäbel verschränken. Das Weibchen der Lachseeschwalbe *(Gelochelidon nilotica)* kann aus Hunger betteln; dann läßt es sich vom Männchen füttern, aber nicht besteigen. Es kann aber auch als Paarungsaufforderung betteln; dann läßt es sich auch treten. Das Betteln sieht beide Male gleich aus wie das des Jungvogels, beruht aber auf verschiedenen Antrieben[73].
Das soziale Füttern spielt aber nicht nur zwischen zwei Partnern eine Rolle, sondern es kommt genauso in Sozietäten vor, zu denen eine größere Zahl von Erwachsenen gehört. Wieder aber ist es in der Form dem Jungefüttern gleich.

8. Harems und größere Gruppen

Unser Haushuhn lebt – wenn man es läßt – wie seine wilden Vorfahren in sozialen Verbänden mit einem Hahn an der Spitze von etwa fünf Hennen. Natürlich bekommt man das so gut wie nie zu sehen. Abgesehen von den verschiedensten Zuchtrassen und ganz abgesehen von Hennen in Legebatterien oder Hähnchen in Mastanstalten, abgesehen von Versuchen, ihnen die Schnäbel stumpf zu schneiden, damit sie sich nicht gegenseitig zerhacken können (wie viele Hühner passen auf einen Quadratmeter?) – wo streiten sich statt der Landwirte noch die Hähne um die Hennen? Wo schaffen es die Hennen, ihre Eier vor dem Menschen zu verbergen und auszubrüten? Da wir die Hühner unter so extrem künstlichen Bedingungen halten, entgeht uns die lehrreiche Grundstruktur der Hühnersozietät. Am ehesten sieht man noch eine Glucke mit ihren Küken. Während die weiblichen Tiere brüten und anschließend die Küken führen, leben sie von den übrigen Erwachsenen getrennt. Jede Glucke beansprucht ein eigenes Revier und verteidigt es gegen Nachbarinnen; auf das Locken eines Hahnes reagieren Hennen in dieser Zeit nicht. Die Glucke führt ihre Küken zu Wasser- und Futterplätzen; sie sammelt sie dazu und achtet darauf, daß sich keine fremden dazumischen. Küken, die in die falsche Familie geraten, werden von der Glucke und ihren Kindern weggehackt. Muß die Glucke eine offene, ungeschützte Stelle überqueren, so ist sie besonders wachsam. Wenn etwas ihren Verdacht erregt, stößt sie den Warnruf aus, der die Küken in Deckung schickt; sie selbst stellt sich immer so, daß sie die Gefahr im Auge behalten kann. Kommt ein Feind nahe, so greift sie ihn heftig an. Während die Küken fressen, steht die Glucke mit erhobenem Schwanz und etwas gesenkten Flügeln Wache. Nur selten frißt sie selbst ein wenig, und wenn sie das tut, kommen meist sofort die Küken zu ihr. Sie kann sie aber auch direkt zu einem Leckerbissen locken, indem sie auffällig auf den Boden pickt, das Gefundene im Schnabel hochhebt, wieder fallen läßt und dazu den wohl jedem bekannten »tuck-tuck«-Lockruf hören läßt. Wenn die Küken etwa einen Monat alt sind, baumt die Glucke nachts mit ihnen auf, und zwar fliegt zuerst sie selbst auf einen Ast und lockt dann die Jungen nach.

Dieses typische Mutterverhalten verliert sich, sobald die Küken selbständig werden und die Mutter verlassen. Diese schließt sich dann wieder einem Hahn an und benimmt sich nun ganz anders. Dennoch sieht man in einer normalen Hühnersozietät das eben beschriebene Gluckenverhalten dauernd – aber nicht von weiblichen Tieren, sondern vom Hahn. Allerdings gibt es verschieden ranghohe Hähne. Die rangtiefsten streifen einzeln umher, haben kein Revier und versuchen, Hennen zu vergewaltigen, die sich zu weit von ihrer Gruppe entfernt haben. Etwas ranghöhere Hähne versuchen, im Machtbereich ranghoher Hähne eigene Reviere zu gründen, geben sie aber gleich wieder auf, wenn der Ranghohe sie androht. Sind sie etwa ein Jahr alt, dann gelingt es ihnen allmählich, sich gegen die alten Hähne zu behaupten, am ehesten außerhalb der Fortpflanzungszeit. Die dominanten Hähne haben ihre festen Reviere, innerhalb derer sie alle anderen Hähne beherrschen. Sie krähen zur Revierbehauptung, und zwar ziemlich oft, während rangtiefere Hähne ihre Stimme ganz erheblich seltener erschallen lassen. (Nach Sonnenaufgang krähen die ranghöchsten Hähne bis zu 28mal in einer halben Stunde, die nächst rangtieferen nur etwa achtmal, ganz unterlegene gar nicht. Es ist dies ein sozialer Effekt der Rangordnung, wie sich daran zeigt, daß die Kräh-Häufigkeit der rangtiefen Hähne sofort steigt, wenn man die ranghöchsten Hähne entfernt.) Die ranghöchsten Hähne haben ständig Hennen bei sich. Jeder verteidigt seine Hennen gegen Nachbarn. Er kann sie zu Wasser- und Futterplätzen führen, und dazu sammelt er sie vorher. Über offene, deckungslose Stellen geleitet er sie besonders vorsichtig. Er warnt, wenn eine Gefahr droht, und während die Hennen daraufhin Deckung suchen, behält er das gefährliche Objekt im Auge. Herumschleichende Katzen greift er an. Während die Hennen fressen, steht der Hahn mit erhobenem Schwanz und etwas gesenkten Flügeln Wache. Nur ab

So, wie die Henne ihre Küken bewacht und lockt, bewacht und lockt der Hahn seine Hennen

und zu frißt er selbst kurz, meist laufen daraufhin einige Hennen zu ihm. Er kann Hennen auch direkt zu sich rufen, indem er auffällig am Boden pickt, etwas im Schnabel aufhebt und wieder fallen läßt und dazu »tuck-tuck« ruft. Abends baumt er als erster auf und ruft die Hennen dann zu sich.

Diese Parallelen im Verhalten von Glucke und Hahn sind unübersehbar[79]; sie zeigen sich aber auch im Verhalten von Küken und Hennen. Wie die Küken zur Mutter flüchten, wenn sie z. B. von einem fremden Huhn angegriffen werden, so flüchten Hennen, die ein herumstreunender Hahn vergewaltigen will, zu »ihrem« Hahn. Das Verhaltensmuster in der Glucke-Küken-Gruppe wird in der Hahn-Hennen-Gruppe sehr genau wiederholt. Das heißt, die Sozietät der Erwachsenen ist nach demselben Muster aufgebaut wie die Mutter-Kind-Familie. Das geht, weil die Hennen ihre soziale Rolle wechseln können, je nachdem, ob sie »Familienvorstand« einer Kükenschar oder Mitglied im Harem eines Hahns sind. Der Hahn spielt als Revierbesitzer gegenüber seinen Hennen die Rolle der ebenfalls revierbesitzenden Glucke gegenüber ihren Küken.

Ein besonders interessantes Beispiel für soziales Leben bieten unter den Vögeln die sogenannten Schwalbenstare (Artamus), die im indoaustralischen Gebiet vorkommen. Immelmann hat kürzlich einige Arten in Australien genauer beobachtet[49]. Diese Tiere halten paarweise sehr eng zusammen, wahrscheinlich fürs ganze Leben, führen aber darüber hinaus ein hochentwickeltes Sozialleben. Sie sind extreme Kontakttiere, sitzen in Ruhestimmung stets dicht aneinandergeschmiegt und kraulen einander währenddem im Gefieder. Mehrmals am Tage – besonders am Abend – steigen sie gruppenweise in große Höhen auf und kreisen mit lautem Rufen in der Luft. Sie tun vieles Alltägliche in Gruppen gemeinsam, so etwa Nahrungssuche, Körperpflege, Angreifen anderer Vögel, Übernachtung und sogar die Jungenaufzucht. Die Paare grenzen keine Reviere gegen Nachbarn ab, brüten aber auch nicht in Kolonien, sondern nisten in vertrauter Nachbarschaft; benachbarte Paare besuchen sich gegenseitig am Nest und füttern später reihum die Nestlinge.

Nestlinge und ausgeflogene Junge werden also von verschiedenen Altvögeln mit Nahrung versorgt, zum Teil sogar noch nach dem Selbständigwerden. Andererseits füttern diese Jungvögel vielfach schon ihre Geschwister aus der nächsten Brut, beteiligen sich aber auch an der Fütterung fremder Junger. Und dieses Verhalten bleibt ihnen zeitlebens erhalten, denn es können auch beliebige erwachsene Artgenossen einander füttern. Entsprechend betteln die Jungen im Nest und nach dem Ausfliegen nicht nur ihre Eltern an, sondern alle

Artgenossen und behalten diese Eigenschaft zeitlebens bei. Auf diese Weise können sogar kränkelnde Individuen von Artgenossen mit Futter versorgt werden.

Die Jungen breiten beim Betteln die Flügel leicht aus und heben sie an, ältere Junge bis fast zur Waagerechten. In dieser Stellung werden die Flügel langsam bewegt, viel langsamer als beim Flügelzittern der meisten Singvögel; außerdem wird der Kopf langsam um die Längsachse hin und her gedreht.

Beim Weißbrust-Schwalbenstar *(Artamus leucorhynchus)* sitzen auch die Geschlechtspartner vor der Kopula dicht nebeneinander und zittern lebhaft mit den leicht angehobenen und etwas ausgebreiteten Flügeln; das kann sich mehrmals wiederholen, und zwischendurch kann das Männchen auffliegen, ein Insekt fangen und an das wieder so flügelzitternde Weibchen verfüttern. Merkwürdig ist nur, daß das fütternde Männchen dabei diese jugendliche Bettelbewegung mitmacht, also ebenfalls mit den Flügeln zittert. Bei *Artamus cinerëus* sitzen die Partner weiter auseinander, haben die Flügel extrem ausgebreitet und etwas angehoben, den vom Partner abgewandten stärker als den ihm zugewandten, und halten den Schwanz gefächert. Beide Tiere führen mit Flügeln und Schwanz langsame, kreisende Bewegungen aus, und dann folgt die Begattung. Mitunter dauert es minutenlang, bis der zweite Partner mit den Flügel- und Schwanzbewegungen anfängt. Geschwindigkeit und Ausschlagweite der Bewegungen steigern sich etwas, und erst eine bis zwei Minuten nachdem beide Vögel ihre volle Geschwindigkeit erreicht haben, kopulieren sie.

Diese Bewegungsfolge sieht man aber auch, ohne daß eine Kopula folgt, sogar außerhalb der Brutzeit; dann dient diese »Kopulationseinleitung« ausschließlich dem Paarzusammenhalt. Diese Bewegungsweise ist aus dem Brutpflegeverhalten übernommen; beim Weißbrust-Schwalbenstar besteht sie im wesentlichen aus einer durch langes und intensives Betteln überbetonten Futterübergabe, allerdings zittert – anders als beim Jungefüttern – auch der fütternde Partner selbst »bettelnd« mit den Flügeln. Bei der zweiten Art, *A. cinerëus,* sind aus dem Flügelzittern langsame, kreisförmige Ruderbewegungen geworden, die Futterübergabe durch das Männchen ist in der Paarungseinleitung fast ganz verschwunden. Hier ist das Jungebetteln zur Paarungseinleitung also stärker abgewandelt. Diese Art hat auch das höher spezialisierte Sozialleben.

Das Betteln sieht man aber noch viel häufiger: Landet ein Schwalbenstar dicht neben einem Artgenossen, so bettelt er ihn oft ganz kurz an, wieder mit genau denselben Bewegungen, mit denen auch

Futterbetteln, Paarungsvorspiel und soziale Begrüßung sehen auch beim Schwalbenstar gleich aus

ein Jungvogel bettelt. Der bereits sitzende Artgenosse kann mit denselben Bettelbewegungen antworten. Beide können sich mit einem leichten Flügelzittern begnügen, können aber auch das ganze Verhalten bis zur Futterübergabe durch den Neuankommenden durchspielen. Hier dient das Betteln als soziale Begrüßungsgeste, wohl mit beschwichtigender Funktion. Einige Balzbewegungen und nahezu alle sozialen Verhaltensweisen der Schwalbenstare stammen also aus dem Verhaltensinventar des Jungvogels, nämlich nicht nur die Bewegungsweisen beim Anbetteln, sondern auch der Stimmfühlungslaut, der sich stufenlos aus dem Bettelruf entwickelt. Diesen Laut läßt das Weibchen kurz vor der Kopula und bei der ihr vorausgehenden Fütterung durch das Männchen hören, und ferner äußert ihn der neben einem Artgenossen landende Vogel bei der Begrüßung. Auch die akustische Untermalung des Flügelbettelns entwickelt sich demnach aus dem Jungvogelbetteln, und man kann mit Recht behaupten, daß das kindliche Betteln bei diesen Tieren zur Paarbindungszeremonie, zum Kopulationsvorspiel und zur allgemein sozialen Begrüßung ausgenutzt worden ist. Auch die Wirkung auf den Partner ist noch die gleiche, denn in all diesen Situationen kann das Bettelverhalten wirkliches Füttern durch den Partner auslösen, beim Erwachsenen allerdings nur noch selten. Dafür löst es unter Erwachsenen beim Partner oft Hinzuhüpfen oder Kraulen aus oder sogar auch bei diesem das gleiche Betteln.

Das heißt, Erwachsene reagieren auf das Betteln Erwachsener vielfältiger als auf das Betteln von Jungtieren. Sie können also beides unterscheiden (vielleicht einfach daran, daß der Erwachsene anders aussieht als der Jungvogel), und das ist ein Hinweis darauf, daß das Bettelverhalten in der Verständigung dieser Tiere Verschiedenes »heißt« und verschieden »aufgefaßt« wird. Hinzu kommt, daß es auch physiologisch Verschiedenes verursacht, also verschieden »gemeint« ist, je nachdem, ob es ein Jungvogel oder ein Erwachsener tut. Jungvögel betteln, wenn sie hungrig sind. Das gleiche Verhalten der Erwachsenen aber ist vom Sättigungsgrad der Vögel unabhängig: Ein ankommender Schwalbenstar kann sogar bereits anwesende begrüßend anbetteln, wenn er selber Futter im Schnabel hält. Daraus läßt sich zunächst entnehmen, daß dieses Verhalten am Erwachsenen auftritt, wenn er weder hungrig noch sexuell erregt ist, daß es also eine besondere soziale Bedeutung hat. Das heißt aber zugleich, daß es bei solchen sozialen Tieren Handlungen gibt, die sich keinem der üblicherweise genannten Triebe – Aggression, Fortpflanzung, Flucht, Nahrungsaufnahme usw. – zuordnen lassen, daß das Sozialleben also eigene Antriebe enthält. Ob man das einen Sozialtrieb nennen soll, ist umstritten, und zwar zumindest so lange zu Recht, als man nicht weiß, ob die verschiedenen derartigen Sozialhandlungen alle von ein und demselben Trieb oder aber von mehreren verschiedenen sozialen Antrieben abhängen. Daß diese sozialen Antriebe keine neuen Verhaltensweisen erschaffen, sondern sich bereits vorhandene »unter den Nagel reißen«, ist nicht verwunderlich, denn die Evolution baut Neues immer von schon Vorhandenem aus auf.

Wenn eine Verhaltensweise eine neue oder zusätzliche biologische Funktion bekommt, muß sie regelmäßig den inneren Antrieb wechseln oder einen eigenen Antrieb bekommen – man nennt das auch Emanzipation; ohne diesen »Motivationswechsel« stünde sie nämlich nur im herkömmlichen Zusammenhang zur Verfügung. In unserem Fall könnte also nur ein hungriger Vogel den Partner begrüßen oder zur Paarung auffordern, wenn die Bettelbewegungen stets, wie beim Jungvogel, hungermotiviert blieben. Wir haben der Einfachheit halber diesen Gesichtspunkt bisher nicht ausführlich erwähnt; er gilt aber für alle Fälle von abgeleiteten Verhaltensweisen. Wo die Bettelbewegung beschwichtigt oder Aggression abfängt, muß sie auch dem satten Tier zur Verfügung stehen, darf also nicht rein vom Hunger motiviert sein, sonst könnten nur hungrige Tiere in der Sozietät friedlich zusammenleben.

9. Andere zweckentfremdete Brutpflegehandlungen

Schon im Schnäbeln des Raben sind die Unterschiede zwischen Betteln und Futter-Anbieten verwischt. Auch beim Adelie-Pinguin (*Pygoscelis adeliae*) hält das Männchen den Schnabel des Weibchens in seinem eigenen, ohne daß Futter übergeben wird. Verschiedene Kormoran-Arten haben die Gewohnheit, daß die Partner eines Paares sich an den Schnäbeln fassen und hin und her zerren und schütteln. Das kann manchmal fast nach einem Streit aussehen, entstammt aber ebenfalls dem Jungefüttern. Die Jungvögel dieser Tiere stecken den Schnabel tief in den Schlund des Elterntieres und holen sich das Futter dorther. Der futteranbietende Elternvogel sperrt den Schnabel weit auf und zeigt oft im Schnabelinnern kräftige Farben vor, die den Jungen als Füttersignal dienen. Auch dieses Signal kann zweckentfremdet später im Leben wiederbenutzt werden: Die weibliche Krähenscharbe (*Phalacrocorax aristotelis*) z. B. lockt ein scheues Männchen mit aufgerissenem Maul zu sich[1], wobei das farbige Schnabelinnere vermutlich beruhigend und anlockend wirkt, weil es das Futterspendesignal ist. Vögel reißen aber – ebenso wie viele Eidechsen und Chamäleons – die Kiefer auch zum Drohen auf, und auch dabei werden zuweilen auffällige Farben vorgewiesen. An der Reaktion des Partners könnte man erkennen, ob die Geste drohend-abschreckend oder anlockend wirkt, doch sind dazu noch kaum Untersuchungen angestellt.

Zur Brutpflege im weiteren Sinne gehört auch der Nestbau. Bei einigen Vogelarten besorgen ihn beide Geschlechter gemeinsam, bei anderen allein die Weibchen, während die Männchen das Nestmaterial herbeitragen. Aus dem Überreichen von Nestmaterial hat sich nun, wie aus dem Überreichen von Futter, eine Balz- oder Begrüßungsgeste entwickelt. Das Männchen kann dann mit einem Halm im Schnabel vor dem Weibchen vereinfachte Nestbaubewegungen in die Luft machen, auch wenn es beim Nestbau nicht mehr hilft. Die Verselbständigung dieser Handlung (ihre »Emanzipation«) im neuen Funktionsbereich zeigt sich einmal darin, daß sie – wie das Paarfüttern des Kuckucks – erhalten bleibt, wenn die ursprüngliche Bedeutung wegfällt; sie zeigt sich aber auch in einer veränderten Beziehung zum behandelten Objekt. Wenn das männliche Rotkehlchen seine Jungen füttert, hält es mehrere Insekten im Schnabel; wenn es sein Weibchen zur Begrüßung füttert, hat es dazu nur ein einziges Insekt[71]. Die Männchen vom Sonnen-Astrild (*Neochmia*) benutzen zur Halmbalz grüne, steife Halme, aus denen ihre Urvorfahren auch das Nest gebaut haben; heute bauen die Sonnen-Astrilde ihre Nester aber aus halbverrotteten, weichen Grasblättern und haben nur in der aus dem alten Nestbauverhalten verselbständigten Balz die ehemalige Objektvorliebe beibehalten[48].

In manchen Fällen ist unklar, ob die Verhaltensweise, die in der Partnerbeziehung wichtig ist, aus dem Brutpflegeverhalten stammt, selbst wenn sie auch dort vorkommt; es wäre ja auch die umgekehrte Richtung – aus dem Partnerverhalten ins Eltern-Kind-Verhalten – möglich.

Soziales Gefiederkraulen beim Schwarzköpfchen, einem Papagei, und bei einem Löffler

Wohl jeder kennt bei den Vögeln das gegenseitige Kraulen des Gefieders, etwa von Tauben, Papageien, Reihern oder Raben. Es kommt freilich nicht bei allen Vogelarten vor, und es gibt auch Fälle, in denen manche es zeigen, ihnen ganz nahe verwandte aber nicht. Typisch ist es z. B. für Pinguine, Albatrosse, Sturmvögel, Kormorane, Störche und Marabus, Wehrvögel, Rallen, Tauben, Papageien, Eulen, Mausvögel, Tukane und schließlich für viele Singvögel. Insgesamt kennt man es von 41 Vogelfamilien. In einigen Fällen putzen die Partner einander abwechselnd, bei anderen gleichzeitig. Dieses Kraulen sieht ziemlich ähnlich aus, selbst wenn die Schnäbel der Tiere so verschieden sind wie die von Papagei oder Löffler: Gekrault werden ganz selten die Flanken, etwas häufiger Brust und Rücken, regelmäßig aber verschiedene Kopfpartien, besonders der Hinterkopf, die Kehle und die Umgebung der Augen. Zwar sind dies Körperstellen, die der Vogel selbst mit dem Schnabel nicht erreichen kann, doch spricht nichts dafür, daß Arten, die dort nicht gekrault werden, davon irgendeinen Nachteil hätten. Auch Arten, die sich kraulen, tun es ja oft nur in einer kurzen Spanne der Brutzeit; also ist dieses Verhalten für die Gefiederpflege entbehrlich. Wozu aber dient es dann? Harrison, der sich eingehend damit beschäftigt hat, fand, daß folgende Faktoren das Auftreten von Gefiederkraulen begünstigen[40]:

1. Enge des Raumes, entweder wegen der Eigenart des Nistortes oder weil die Tiere sich an Land ungeschickt bewegen und daher weniger Platz nützen, als sie zur Verfügung haben.
2. Lange Trennung der Partner.
3. Geselligkeit, und zwar im Schwarm wie in der Brutkolonie zwischen vielen sowie in langanhaltender Paarbindung zwischen nur zwei Tieren.

Räumliche Enge, häufiges Begegnen und Entwöhnung voneinander, die bis zu leichter Entfremdung gehen kann, das sind alles Faktoren, welche die Angriffsbereitschaft erhöhen. Und in der Tat hängt das Gefiederkraulen eng mit dem Angriffsverhalten zusammen; manchmal setzt sich ein begonnener Angriff in Gefiederkraulen fort, das dann als Ersatz und zum Abreagieren dient. Entsprechend hängt das Auffordern zum Gefiederkraulen mit dem Fluchttrieb, dem Beschwichtigen oder Ausweichen zusammen. Als solche Aufforderung wirkt das Darbieten des gesträubten Kopfgefieders oder der Kehle, wobei die Augen oft halb geschlossen werden. Diese Geste kann nicht nur Aggression abfangen, sondern auch die Neigung zur Flucht beim Partner verringern. Zumindest bei einigen Arten (z. B. den Pinguinen oder den Sturmvogelverwandten) tritt das Gefiederputzen auch zwischen Eltern und Jungen stark hervor. Es ist jedoch zweifelhaft, ob das Gefiederkraulen eine abgeleitete Brutpflegehandlung ist, ja, es ist noch nicht einmal sicher, ob es überhaupt eine eigenständige Verhaltensweise ist oder vielleicht nur als Handlung im Konflikt vorkommt – vermenschlicht ausgedrückt: Man weiß, daß das Gefiederkraulen als Verlegenheits- oder Ersatzhandlung vorkommt, nicht aber, ob es jemals absichtlich oder gar in welcher Absicht es ausgeführt wird.

Für die soziale Bedeutung des Kraulens bezeichnend sind auch jene Handlungen, die statt dessen vorkommen. Es gibt unter den Tölpeln z. B. eine Art, den Braunen oder Weißbauch-Tölpel (*Sula leucogaster*), dem das Gefiederkraulen fehlt; beim Rotfußtölpel (*Sula sula*) ist es sehr selten, bei anderen Tölpeln aber an der Tagesordnung. In den Situationen nun, in denen diese Arten das Gefiederkraulen betreiben, überreichen Rotfuß- und Weißbauch-Tölpel dem Partner einen Zweig zum Nestbauen. Solche kleinen Geschenke, die der Heimkommende mitbringt, sind notwendig für den Frieden zwischen den Partnern, auch bei anderen Vögeln. Das hat Eibl-Eibesfeldt sehr schön dadurch demonstriert, daß er einem flugunfähigen Kormoran *(Nannopterum harrisi)* von den Galapagos-Inseln auf dem Wege zum Nest sein Geschenk – ein Büschel Tang – wegnahm: Der ohne Geschenk Ankommende wurde sofort von seinem Partner vertrieben[28]. Die Kraul-Aufforderung kann man dem Tier natürlich nicht wegnehmen, aber man kann aus dem Situationsvergleich, namentlich bei nah verwandten Arten, schließen, daß diese Geste eine gleichermaßen befriedende Wirkung hat.

10. Von Termiten bis zu Schimpansen – immer dasselbe

Die bisherigen Beispiele für sozial wichtiges Verhalten, das aus dem kindlichen Verhalten entlehnt wurde, stammten von Vögeln. Schon seit langem sind die Vögel die bestuntersuchten Tiere, und gerade in der Verhaltensforschung hat die Ornithologie immer eine führende Rolle gespielt. Ein Grund dafür ist, daß so viele Vogelliebhaber unermüdlich ihren Pfleglingen zusehen und dadurch ein überaus reiches Wissen über deren Lebensgewohnheiten angesammelt haben. Ein anderer Grund liegt darin, daß im Laufe der Höherentwicklung innerhalb der Wirbeltiere von den Fischen über Lurche, Kriechtiere, Vögel zu den Säugetieren und Affen das Verhalten immer vielfältiger und differenzierter wurde. Dabei sind ziemlich lange, starr festgelegte Verhaltensfolgen in immer kleinere Stücke zerfallen, die einzeln und in immer neuen Kombinationen verwendbar wurden. Das aber macht es oft schwer, die gleichen Elemente noch wiederzuerkennen. Bei den niedersten Wirbeltieren, den Fischen, ist das recht einfach: Entweder sie balzen, oder sie balzen nicht – das Verhalten ist für eine bestimmte Situation kennzeichnend. Bei den höheren Säugetieren hingegen ist das Zuordnen gleicher Verhaltenselemente oft ungemein schwer: Ist das Scharren mit dem Vorderlauf ein Beginn zum Weglaufen, ein Ansatz zum Graben, der Versuch, etwas mit Sand zu bedecken, oder einfach »Nervosität«? Scharrten alle vier Beine in der Folge, in der sie beim Laufen bewegt werden, so könnte man sagen, es sei ein aus irgendwelchen Gründen gehemmter Versuch, wegzulaufen. Bewegt sich aber nur ein einziges Bein, so hat man zu wenig Anhaltspunkte, aus welchem Verhaltensmuster das stammen könnte. Vögel stehen nun auf dieser Entwicklungslinie an einer Stelle, bei der Bewegungsfolgen schon deutlich neuen Funktionen dienen, wobei es sich aber doch um hinreichend große Stücke aus den ehemals noch längeren Bewegungsabläufen handelt, so daß man sie identifizieren und mit Sicherheit behaupten kann, eine Begrüßungszeremonie stamme aus dem Betteln des Nestlings.

Das gilt aber nur im großen und erklärt, warum man bei Vögeln so bald auf diese Zweckentfremdung von Verhaltenselementen aufmerksam wurde. Es gibt selbstverständlich auch bei den Vögeln Verhaltensweisen unbekannter Herkunft, ebenso, wie die Zweckentfremdung des Brutpflegeverhaltens in anderen Tierklassen vorkommt. Und das ebenfalls an Beispielen aufzuzeigen, ist notwendig, weil sonst der Eindruck entstehen müßte, es handle sich, wenn schon um eine natürliche Gesetzmäßigkeit, so doch um eine, die nur im Vogelreich gilt.

In der ungemein artenreichen Familie der Buntbarsche oder Cichliden gibt es, wie schon erwähnt, Arten, die auf lange Zeit fest zusammenhaltende Paare bilden. Dazu gehört auch der Indische Buntbarsch *(Etroplus maculatus)*. Sein Gelege heftet er an Steine, und beide Eltern bewachen und befächeln die Eier, bis die Jungen, meist nach drei Tagen, schlüpfen. Die Eltern tragen die frischgeschlüpften Larven mit dem Maul in eine vorbereitete Sandgrube und bewachen sie dort weitere fünf bis sechs Tage. Mitunter werden Larven in dieser Zeit aus einer in andere Sandgruben umgebettet. Etwa neun Tage nach dem Schlüpfen beginnen die Jungen frei zu schwimmen, verlassen die Grube und folgen nun in dichtem Schwarm den Eltern. Diese bewachen den Kinderschwarm weiterhin, holen Ausreißer im Maul zum Schwarm zurück, vertreiben Feinde und bewegen sich die ganze Zeit immer so angemessen langsam, daß die Jungen bequem folgen können. So bleibt die Familie

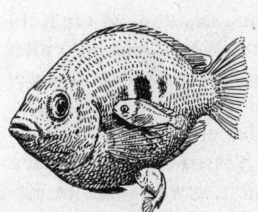 

Die Jungen des Indischen Buntbarsches fressen vom Körperschleim der Eltern. Daraus wird ein Begrüßungsverhalten zwischen den Partnern eines Paares

weitere 25 Tage beieinander; dann erlischt das Interesse der Eltern an ihren nun schon recht selbständigen Jungen; sie setzen sich von ihnen ab und beginnen mit den Vorbereitungen zur neuen Brut.

Vom ersten Tag an sieht man die frei schwimmenden, zuerst etwa sieben Millimeter langen Jungen nach Futter suchen. Wird die Nahrung knapp, so verteilt sich der Schwarm auf ein größeres Gebiet; ist reichlich Futter vorhanden, so halten sich die Jungen dicht bei den Eltern. Zu ihnen kehren sie aber vom ersten Tag an sowieso immer wieder zurück, denn jedes Junge schwimmt ungefähr alle zehn Minuten zu einem der Elterntiere und frißt von dessen Körperseite einen Happen Körperschleim. Der Indische Buntbarsch gehört nämlich zu denjenigen Fischen, die ihre Jungen mit einer Körperabscheidung ernähren. In der entsprechenden Phase des Brutzyklus vermehren sich in der Körperhaut der Eltern die Schleimzellen um mehr als 30 Prozent. Ihre Absonderung ist für die Kinder lebenswichtig; Junge, denen man sie vorenthält, zeigen eine besonders hohe Sterblichkeitsrate, und die Überlebenden bleiben in Wachstum und in ihrer körperlichen Umformung stark zurück[118]. Genauso ist es übrigens bei einem südamerikanischen Buntbarsch, dem berühmten Diskusfisch *(Symphysodon)*. Auch er ernährt seine Jungen in der ersten Zeit mit Körperschleim. Da diese Schleimabsonderung überdies durch Prolactin angeregt wird[6], kann man geradezu von »Säugefischen« sprechen: Prolactin ist nämlich dasjenige Hormon, das bei Säugetieren die Tätigkeit der Milchdrüsen und bei Tauben die Absonderung der Kropfmilch anregt; Milch und Kropfmilch sind bekanntlich für die Ernährung der Säuglinge wie der Tauben-Nestlinge in der ersten Zeit lebensnotwendig. Während beim Diskusfisch die Häufigkeit, mit der die Jungen die Eltern besuchen, abnimmt, je älter die Jungen werden, nimmt sie beim Indischen Buntbarsch deutlich zu. Wenn die Jungen über einen Monat alt sind, holen sie sich alle drei Minuten einen Happen von den Eltern. Auch wenn die Familie sich aufgelöst hat, sieht man die Jungen noch ab und zu und selbst die Erwachsenen noch ganz vereinzelt auf einen größeren Artgenossen zuschwimmen und an seiner Flanke schnappen. Regelmäßig jedoch tun es die Partner eines Paares aneinander, und das ist auch die einzige Situation, in der ein Indischer Buntbarsch dieses Verhalten gegen einen gleich großen Artgenossen richtet. Das Verhalten, mit dem die Jungtiere etwas für ihre Ernährung Lebensnotwendiges vom Körper der Eltern aufnehmen, spielt also auch hier eine wichtige Rolle sowohl in der Zeit, in der ein Paar sich zusammenschließt, als auch weiterhin in seinem »Eheleben«.

Dauerhafte soziale Zusammenschlüsse gibt es aber auch außerhalb der Wirbeltiere, z. B. bei den Insekten. Wenn von sozialen Tieren die Rede ist, denkt man ja oft zunächst an die berühmten Insektenstaaten, an Termiten, Ameisen oder Bienen. Man nennt die Termiten zwar auch »weiße Ameisen«, doch haben sie mit den hochentwickelten Ameisen gar nichts zu tun, sondern sind recht urtümliche, mit den Schaben nah verwandte Insekten. In ihren Staaten bleibt neben der Königin auch der König, der den Staat mit gegründet hat, am Leben, in den Staaten der Hautflügler (Ameisen, Bienen, Wespen, Hornissen, Hummeln) dagegen nur die Königin. Alle Insektenstaaten sind nach einem ganz bestimmten System gebaut: Es gibt nur ein einziges Tier, das für die Fortpflanzung sorgt; die übrigen – zuweilen viele Hunderttausende – dienen dem Staat als Arbeiter, Brutpfleger, Soldaten, Bauleute usw. Zu den größten Insektenstaaten gehören die der Blattschneiderameise *Atta cephalotes,* deren unterirdische Nester sich fünf bis sechs Meter tief im Boden über 100 Meter erstrecken können. Darin leben fünf bis sechs Millionen Tiere mit einer Königin, die in ihrem Leben 20 Millionen Eier legt; stirbt sie, so geht auch der ganze Staat zugrunde. Zum Nestbau bewegen diese Tiere etwa 40 Tonnen Erdmasse, konstruieren Tausende von Kammern und züchten darin auf zerkauten Blättern Pilze. Zum Verteidigen des Staates gibt es große Soldaten, zum Herbeischleppen der Blattstücke Blattträger, zum Schutz der Träger »Kleinsoldaten«; sie reiten auf dem Blattstück mit und wehren Fliegen ab, die versuchen, den beschäftigten Blattträger anzugreifen und ihre Eier in seinen Nacken abzulegen[29]. Der feste Zusammenhalt so vieler und so verschieden spezialisierter Individuen hat schon immer die Bewunderung der Beobachter erregt, und man hat auch versucht, herauszubekommen, wodurch diese Tiere zusammenhalten. Man fand, daß es einen von Staat zu Staat verschiedenen Nestgeruch gibt und daß die Tiere jedes Individuum mit fremdem Nestgeruch abweisen oder töten. Aber das heißt nur, daß der richtige Nestgeruch vor Angriffen schützt. Dem Zusammenhalt dient, soweit man weiß, in erster Linie das soziale Füttern. Diese Insekten betteln regelmäßig ihre Genossen um Futter an und werden mit einem hervorgewürgten Nahrungstropfen gespeist; es können aber auch beide einander anbetteln oder sich gegenseitig zu füttern versuchen.

Dieses soziale Füttern von Mund zu Mund entstammt nun auch hier dem Brutpflegeverhalten, denn diese Insekten füttern ihre Larven von Mund zu Mund. Das ist aus verschiedenen aufeinanderfolgenden Entwicklungsstufen entstanden. Die Mutter kann – wie bei

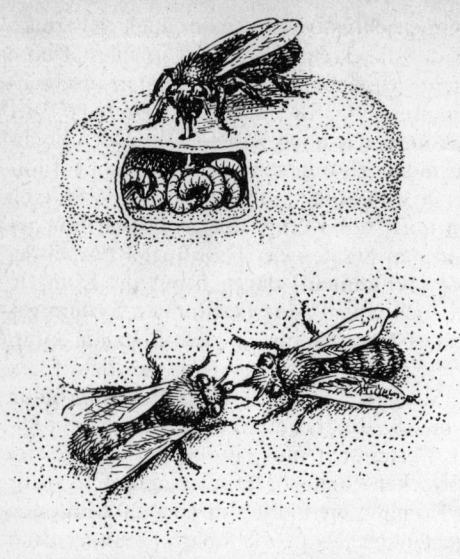

Oben: Steinhummel füttert die Larven; unten: Eine Bienenarbeiterin füttert eine andere

Schlupfwespen *(Ichneumonidae)* – eine Raupe oder ein anderes Tier anstechen und ein Ei hineinlegen, oder sie baut – wie die Grabwespen *(Sphecoïdea)* – eine Kammer in die Erde, schleppt mehrere Beutetiere hinein und legt das Ei darauf. Im einfachsten Fall – z. B. bei den Lehmwespen *(Eumeninae)* – ist eine solche Brutkammer ausreichend verproviantiert und wird nach der Eiablage von der Mutter verschlossen. Eine höhere Spezialisierungsstufe finden wir an einigen Lehmwespenarten aus Afrika; hier schleppt die Mutter zunächst nur eine Raupe ein, legt ein Ei dazu, läßt das Nest aber offen und bringt von Zeit zu Zeit weitere Raupen, so daß die Larve ständig weiterversorgt wird. Bei noch höher spezialisierten Arten zerkaut die Mutter die für ihre Larve bestimmte Nahrung zu einem Brei. Da alle diese Arten eine recht enge Verwandtschaftsgruppe bilden, kann man abermals die stufenweise Veränderung des Verhaltens recht gut konstruieren, die schließlich zum »subsozialen« Verhalten führt, das bereits viele Voraussetzungen zum sozialen Leben erfüllt, obwohl die Tiere dann nicht sozial leben. Die ausgewachsenen Nachkommen nämlich zerstreuen sich. In der Wespengattung *Stenogaster* jedoch gibt es neben einigen Arten, die sich wie eben geschildert verhalten, auch schon solche, bei denen das Muttertier in einem Nest mehrere Junge gleichzeitig großfüttert; diese bleiben dann zunächst bei ihr und helfen die nächste Geschwistergruppe großfüttern. Nach einiger Zeit werden sie von diesen Geschwistern abgelöst, verlassen selbst das mütterliche Nest und legen ein eigenes an. Sie sind also voll ausgebildete junge Wespen; einige bauen ihr eigenes Nest direkt an das der Mutter. Erst die echten Faltenwespen *(Vespinae)*, das sind unsere normalen, schwarzgelben Wespen, haben es zu sozialen Gemeinschaften gebracht, in denen die meisten Individuen ihr ganzes Leben verbringen − allerdings als reine Arbeitstiere, denn zur Fortpflanzung sind sie nicht mehr geeignet. Das Brutpflegefüttern ist zum gegenseitigen Füttern aller Mitglieder eines Staates weiterentwickelt, und sogar die Larven werden nicht nur gefüttert, sondern bieten nährstoffreiche Speicheltropfen an, die für die Ernährung der ganzen Gemeinschaft wichtig sind. Unter bestimmten Bedingungen können die Larven sogar als Nahrungsspeicher für die Erwachsenen dienen. Normalerweise werden die kopfunter in den Zellen hängenden Wespenlarven mit einem Brei gefüttert, den die erwachsenen Wespen aus Raupen und anderen Insekten in ihrem Mund zurechtkauen. Sobald die Larven berührt werden, sondern sie aus der Mundöffnung einen Speicheltropfen ab, den die Erwachsenen gierig aufnehmen. Dieser Speichel ist ein wesentlicher Antrieb für die Erwachsenen, zu den Larven zu gehen, denn es kommt ziemlich oft vor, daß die Wespen ihre Larven wieder und wieder besuchen und zur Speichelabgabe reizen, ohne ihnen Futterbrei mitzubringen. Man kann also nicht sagen, daß die Tiere sich allein von mütterlichen Gefühlen getrieben und ganz selbstlos den Larven widmen. Wahrscheinlich ist es auch die Anziehungskraft der Larvenausscheidungen, die die jungen Wespen veranlaßt, bei ihrer Mutter zu bleiben. Und wenn die Vermutung richtig ist, daß das übermäßige Ausnutzen der Larven durch Anregung zu immer neuer Speichelabsonderung die Larven in spezifischer Weise schwächt und ihre Entwicklung zu normalen Geschlechtstieren hindert, dann wird deutlich, wie stark schon hier die Entwicklung des Individuums und die Entwicklung der Sozietät miteinander verbunden sind[42]. Da es sich dabei um naturgemäße Vorgänge handelt, brauchen wir uns nicht den Kopf über Recht und Unrecht zu zerbrechen. Wohl aber könnte man darüber nachdenken, was sich daraus für unsere Erkenntnis des Schöpfungsplanes gewinnen läßt.

Für den hier unmittelbar erörterten Zusammenhang ist wichtig, daß die Wespen und Bienen dieses Staatssystem unabhängig von den Ameisen entwickelt haben, weil man daraus ersehen kann, wie naheliegend es sein muß, Brutpflegeverhalten zum Aufbau einer

Sozietät zu verwenden. Die Ameisen haben es in der Spezialisierung der Individuen weiter gebracht; man spricht hier von »Kasten«. Bei der Honigbiene werden die einzelnen Aufgaben im Stock von verschieden alten Arbeiterinnen übernommen, so daß jedes Individuum im Laufe seines Lebens die verschiedenen Berufe durchmacht: Ein bis zwei Tage nach dem Schlüpfen aus der Puppe beginnt die Arbeiterin ihre Tätigkeit als Larvenpflegerin; nach etwa einer Woche übernimmt sie für etwa 14 Tage allgemeine »Hausarbeiten«, scheidet Wachs aus und knetet es fertig zum Wabenbaumaterial, hilft den Stock säubern und stellt sich auch als Wache an den Eingang; nach dieser Zeit wird sie Sammlerin und holt Nektar, Pollen, Wasser, Harze und anderes herbei. In Notfällen kann sie auf ihre vorigen Berufe zurückgreifen. Die Ameisen aber haben für die einzelnen Berufe Individuen, die auch im Körperbau sehr verschieden sind und deshalb ihren Beruf nicht wechseln. Die Soldaten der Blattschneiderameisen etwa sind im Verhalten dadurch ausgezeichnet, daß sie niemals fliehen und selbst riesige Feinde angreifen. Dazu haben sie sehr große Köpfe mit gewaltigen Muskeln für die Beißzangen, können aber mit diesen Mundwerkzeugen nicht mehr selbständig fressen und sind deshalb darauf angewiesen, von den Arbeiterinnen gefüttert zu werden. Eigentlich müßte man auch von Soldatinnen sprechen, denn alle diese Tiere sind der genetischen Struktur nach weiblich, funktionell allerdings geschlechtslos und unfruchtbar. Sie sind sterilisiert, und zwar durch chemische Stoffe, welche die Königin erzeugt. Diese Stoffe werden von den Arbeiterinnen aufgeleckt und beim gegenseitigen Füttern im ganzen Stock verteilt; sie unterdrücken die Entwicklung der Fortpflanzungsorgane. Man sieht daraus, wie eng die verschiedenen Verhaltensweisen miteinander verwoben sind. Das Einzeltier richtet seine Nahrungssuche nicht danach aus, ob es selbst Hunger hat; es sammelt viel mehr Nahrung, als es selbst brauchen kann, und verteilt sie an andere Angehörige des Staates. Hat eine Ameise Hunger, so braucht sie nur eine Genossin anzubetteln. Beim Füttern betätigen sich beide Tiere in gemeinschaftsbindender Weise. Die gefütterte Ameise bekommt aber außerdem zugleich den Stoff mitgeteilt, der sie zur Arbeiterin macht. Diese chemische Sozialwirkung wird also aufgebaut auf dem sozialen Füttern, das seinerseits aus dem Brutpflegefüttern stammt.

Ein so kompliziertes System sozialer Verständigung und Beeinflussung ist nun aber anfällig für etwas, das wir vom menschlichen Standpunkt aus »Mißbrauch« nennen würden. Wenn eine Ameise ihren Hunger stillen kann, indem sie eine andere anbettelt, dann kann das auch eine ganze Gruppe von Ameisen tun, die in Not geraten ist. Wie nun, wenn sie in Not gerieten, weil sie nur über Soldaten verfügen und »vergessen« hatten, für Arbeiterinnen zu sorgen? Was dann geschieht, wissen wir, und zwar von Arten, die genau das tun. Es sind die bekannten Sklavenhalter-Ameisen, die es in mehreren Ameisengattungen gibt. Diese sklavenhaltenden Arten haben nur soldatische Arbeiter, die nicht selbst fressen können. Sie ziehen in organisierten Kolonnen aus, oft über weite Strecken, und überfallen eine Kolonie einer anderen Ameisenart; die Arbeiterinnen der überfallenen Kolonie laufen dann meist wild hin und her und versuchen, die Puppen in Sicherheit zu bringen. Die Eindringlinge aber überwältigen diese Arbeiterinnen, nehmen ihnen die Puppen ab und tragen sie heim in ihr Nest. Die schlüpfenden Jungen »wissen« nicht, daß sie in einem »falschen« Nest sind; sie helfen hier genauso, wie sie es zu Hause getan hätten, im Staat und pflegen auch die Puppen, die nach weiteren Raubzügen erbeutet werden. Die Sklaven richten den Bau her, schleppen Nahrung in den Bau und pflegen Eier und Larven ihrer Räuber. Eine eigene Königin haben sie jedoch nicht, und allmählich lichtet der normale Alterstod ihre Reihen, so daß die Räuber immer wieder für Nachschub sorgen müssen. Für die Sklaven aber besteht offenbar kein Unterschied, ob sie als Rädchen in der Maschinerie des eigenen Staates oder als ebenso zuverlässig funktionierendes Rädchen im Staat des kriegerischen Räubers arbeiten. Diese Individuen, die darauf angelegt sind, im Sinne des Staates richtig zu reagieren, sind zugleich zum Sklavendasein geschaffen.

Es muß aber gar nicht so kriegerisch zugehen. Eine Ameisenart ohne eigene Arbeiter kann sehr leicht als Parasit bei ihren nächsten Verwandten leben, denen sie äußerlich fast völlig gleicht und deren soziale Verständigungssignale dieselben sind. Diese Arten fallen nur dadurch auf, daß sie wenige oder gar keine Arbeiter hervorbringen, also nicht zur Erhaltung des Staates beitragen, von dessen Potential sie zehren. Entstanden sind diese Arten als »Sozialparasiten aus den eigenen Reihen«, d. h., sie haben sich als eine weitere Spezialisationsstufe von einer normalen Ameisenart abgespalten, mit der zusammen und auf deren Kosten sie nun weiterleben. Der Ameisenstaat mit seiner perfekt organisierten Versorgung aller zum Staat gehörigen Individuen ist der beste Nährboden für Sozialparasiten; denn wegen der notwendigen Zuverlässigkeit und darum Starrheit seiner Organisation kann er sich nicht dagegen wehren, wenn Parasiten die staatserhaltenden Reaktionen der Arbeiter nur zum eigenen Nutzen auswerten, ohne selbst zur Erhaltung des Kollektivs beizutragen[42]. Auf diese Weise werden auch ganz andere Tiere zu Parasiten im Ameisenstaat, z. B. Milben, Wanzen, Spinnen oder Käfer.

Es könnte nun aber auch sein, daß der »Parasit« seinerseits bestimmte Fähigkeiten mitbringt, die der Art, der er sich anschließt, zum Vorteil gereichen. Ein Beispiel dafür ist das Zusammenspiel von Ameisen mit Blattläusen. Blattläuse leben von Pflanzensaft, können aber daraus nur das Eiweiß verdauen und scheiden den Zucker als »Honigtau« aus. Sie tun das verstärkt, sobald sie gestört werden, und strampeln dann zugleich mit den langen Hinterbeinen. Nun passiert es ziemlich oft, daß eine Ameise auf eine Blattlaus trifft und sie »stört«. Die Blattlaus reagiert mit Strampeln und Abscheiden eines süßen Tropfens. Für die Ameise ist das aber dasselbe, als hätte eine Kollegin ihr unter begrüßendem Fühlerschlagen einen Futtertropfen angeboten. Und daher hält die Ameise die Blattlaus für den Kopf einer Kollegin, begrüßt alle Blattläuse freundlich bettelnd und wird von allen gefüttert. Es kommt aber auch vor, daß die Ameise versucht, eine solche vermeintliche Kollegin zu füttern und dem Blattlaus-Hinterteil einen Nahrungstropfen anbietet – natürlich vergeblich[54]. Für die Blattläuse ist das Mißverständnis auf seiten der Ameisen vorteilhaft; denn die Ameisen halten ihre Blattlauskolonie feindfrei. Für die Ameisen sind die Blattläuse so vorteilhaft wie für uns Milchkühe. Einen Nachteil hat von diesem Zusammenleben nur die Pflanze. Denn die Blattlaus, die saugen kann, ohne von Ameisen belästigt zu werden, scheidet pro Tag etwa drei Kubikmillimeter Honigtau ab, mit Ameisenbesuchen aber dreimal soviel. Da ein einziges Volk der Roten Waldameise im Jahr über 100 Kilogramm Honigtau verzehrt, kann man abschätzen, wie sich dieses aus der Brutpflege zu einem die Sozietät zusammenhaltenden Band gewordene Füttern, in das die Blattläuse wie aus Versehen hineingeraten sind, auf die Pflanzenwelt auswirkt, die doch am Sozialverhalten der Ameisen überhaupt unbeteiligt war. Man kann das als ein Beispiel dafür werten, daß in der Natur aus dem einfachen Sozialverhalten einer Tierart unerwartete Konsequenzen entstehen und sich auf völlig andersartige Lebewesen ausdehnen können. Man wird aber auch daraus lernen, wie schwer es ist, einen passenden Maßstab dafür zu finden, was unnatürlich ist. Kann es unnatürlich sein, daß in der Natur im Ameisenstaat Sozialparasiten leben?

Vielleicht können uns die Termiten in diesem Gedankengang einmal weiterhelfen – nicht, als ob sie den Schlüssel lieferten, was natürlich ist und was nicht; aber ein genaueres Studium des Soziallebens der

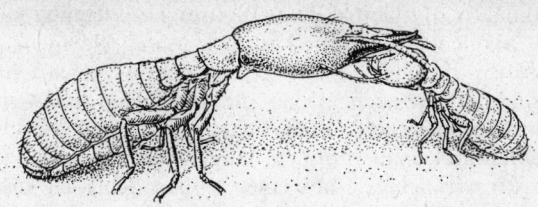

Termiten-Arbeiter füttert einen der großen Soldaten

Termiten könnte uns möglicherweise erklären, wie sich der Sozialparasitismus vermeiden läßt. Denn von Termiten ist kein Fall von Sozialparasitismus bekannt. Auch sie haben soziale Kasten, die aufeinander angewiesen sind, auch sie haben als soziales Band das gegenseitige Füttern von Mund zu Mund zwischen den Erwachsenen, das aus der Brutpflege stammt. Denn, wie oben für die Wespen geschildert, gibt es auch unter den mit Termiten nahe verwandten Insekten viele Arten, bei denen die Mütter die Eier pflegen und belecken, wie unser Ohrwurm *(Forficula)* und andere, deren Mütter die Larven füttern, z. B. einige Schaben. Und die Termiten haben, genau wie die sozialen Wespen, dieses Brutpflegeverhalten als Rohmaterial zum Aufbau einer hochspezialisierten Sozietät benutzt.

Selbst unter den Spinnen gibt es sozial lebende Arten. Allgemein bekannt ist aus dem Leben der Spinnen meist nur, daß es für die Männchen gefährlich sein kann, einem Weibchen nahe zu kommen, denn oft sind die Weibchen viel größer und behandeln ein Männchen wie eine Beute. Es gibt aber nicht nur streng einzeln lebende Spinnen, sondern auch solche, die zu vielen zusammenarbeiten und sich entsprechend gut vertragen. In den letzten Jahren sind mehrere solcher Spinnen aus Afrika näher untersucht worden, vor allem eine Kugelspinne, *Achaeranea disparata*, und eine Trichterspinne, *Agelena consociata*[18], [68]. Beide bauen große Gemeinschaftsnetze auf Sträuchern. Wenn sich eine größere Beute, etwa eine Heuschrecke, darin gefangen hat, eilen die Spinnen herbei, transportieren sie gemeinsam weg und ernähren sich dann auch gemeinsam von ihr. Da Spinnen einen sehr engen Mund haben, können sie die Nahrung nicht stückweise aufnehmen; sie besitzen auch keine Kauwerkzeuge und müssen daher ihre Nahrung aufsaugen. Deshalb zerkleinern sie die Beute chemisch, indem sie Verdauungssäfte daraufspeien; die zersetzte, vorverdaute Beute wird dann getrunken. Man hat nun einzelne Individuen der obengenannten Trichterspinne an radioaktiv markierter Beute Nahrung aufnehmen lassen und dann in das Gemeinschaftsnetz zurückgesetzt. Nachdem dann alle zusammen eine neue Beute gefangen und verzehrt hatten, war die Radioaktivität auch in den anderen Tieren nachweisbar. Sie muß also von dem zuerst damit infizierten Tier im Verdauungssaft ausgespien und dann von allen aufgenommen worden sein: Die Tiere fressen wirklich alle aus einer großen Schüssel, keines kocht sein Süppchen für sich allein. Ob diesem Austausch von Stoffen irgendeine soziale Bedeutung zukommt, ist noch unbekannt. Interessant ist aber, daß bei den sonst als gierig und futterneidisch bekannten Spinnen das engere Sozialleben mit einem gegenseitigen Futtergönnen einhergeht, vergleichbar den vorn beschriebenen Anfangsstadien der Paarbildung bei Möwen (s. S. 118 f.). Allerdings bilden beide Spinnenarten anonyme, offene Gesellschaften, in die sich Artgenossen aus anderen Netzen ohne weiteres einfügen lassen, ja, man kann sogar aus ganz verschiedenen Netzen Tiere zu einer neuen Gemeinschaft zusammensetzen. Von einigen anderen Kugelspinnen der Gattung *Theridion*, auch solchen, die bei uns vorkommen, ist bekannt, daß die Mütter ihre Mahlzeit mit den Jungen teilen. Man

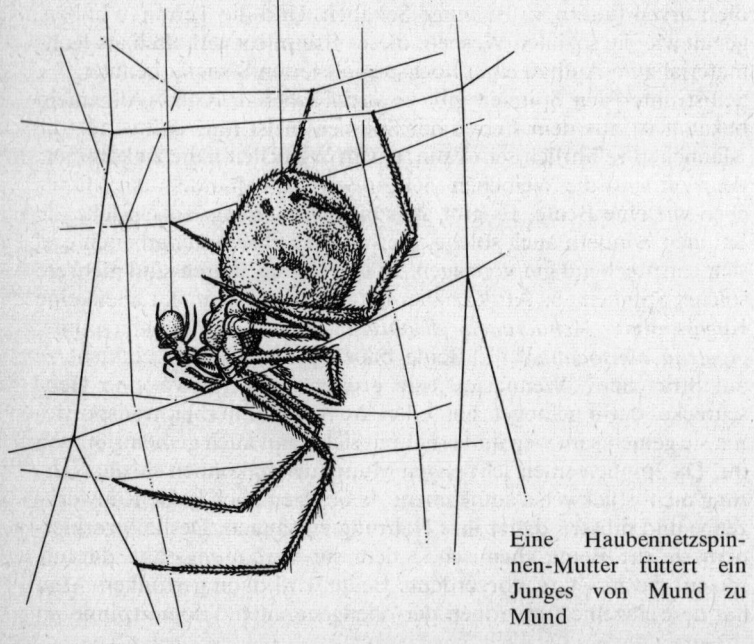

Eine Haubennetzspinnen-Mutter füttert ein Junges von Mund zu Mund

kann dann eine Mutter mit etwa 30 Kindern an einer großen Fliege »fressen« sehen. Und die Mutter duldet die Kinder nicht nur, sondern beißt ihnen eine ganze Anzahl Löcher in die Beute, so daß sie Nahrung aufnehmen können, denn die Mundwerkzeuge der Babys sind zum Beißen noch zu schwach; wenn die Mutter allein frißt, beißt sie nur ein oder zwei Löcher. Die ganz kleinen Spinnen-Babys werden von der Mutter sogar von Mund zu Mund gefüttert. Dazu würgt die Mutter Nahrung aus ihrem Darm wieder hoch und bietet sie als Tropfen den Kindern an, die sich der Reihe nach anstellen und eins nach dem anderen den Tropfen vom Mund der Mutter abnehmen. Vom ersten Tag nach dem Schlüpfen aus dem Ei-Kokon an werden die Jungen so verpflegt, bis sie nach einigen Tagen direkt an der Mahlzeit der Mutter teilnehmen und noch später der Mutter auch helfen, die Beute mit Klebfäden zu fesseln[9]. Diese Mutter-Kind-Zusammenarbeit gleicht dann weitgehend der Zusammenarbeit der Erwachsenen bei den oben beschriebenen verwandten Arten, die ständig in Gemeinschaften leben. Bislang ist aber nur die Übereinstimmung bekannt; ob auch hier das Sozialleben aus dem Brutpflegeverhalten erwuchs, muß erst noch untersucht werden.

Schon diese wenigen Beispiele aus dem großen Reich der Niederen Tiere zeigen, wieviel auch von daher für die Grundfragen sozialen Zusammenlebens zu lernen ist. Weiteren Forschungen auf diesem Gebiet kann man nur gespannt entgegensehen. Wir wollen es hier mit den Genannten bewenden lassen und uns nach den schon besprochenen Fischen und Vögeln den Säugetieren zuwenden, unter denen es auch wieder Arten gibt, für die das Leben in festen Paaren oder in größeren geschlossenen Gruppen charakteristisch ist.

Die in vieler Hinsicht höchst merkwürdigen Spitzhörnchen Südostasiens haben wir schon bei der Erörterung des sozialen Stresses kennengelernt. Systematisch gesehen sind diese sehr urtümliche Säugetiere. Entgegen einer älteren Ansicht gehören sie möglicherweise doch nicht in die nähere Verwandtschaft der Primaten, haben aber einige Gemeinsamkeiten mit den Hasen und Kaninchen. Das zeigt sich unter anderem in ihrer Brutpflege. Kaninchenmütter besuchen und säugen ihre Jungen nur einmal in 24 Stunden, Tupaja-Mütter aber sogar nur einmal in 48 Stunden! Die Jungen, meist zwei oder drei, werden in wenigen Minuten regelrecht vollgetankt und bleiben dann wieder zwei Tage sich selbst überlassen. Zwar baut die Mutter für die Jungen ein Nest, hält sich selbst aber anderswo auf und übernachtet zusammen mit dem Männchen, mit dem sie in fester Einehe lebt, in einem eigenen »Eltern-Schlafnest«. Die Jungen werden von der Mutter weder gewärmt noch mit Nest-

Verpaarte Spitzhörnchen lecken einander ebenso am Maul (rechts), wie es die Säuglinge bei der Mutter tun (links)

material zugedeckt noch gesäubert, noch würde die Mutter sie ins Nest zurückbringen, wenn sie es verließen; das allerdings tun sie nie – höchstens der Mensch oder sonst ein Störenfried könnte sie aus dem Nest werfen. Martin, der wohl als erster das ganze Sozialverhalten dieser Tiere genau beobachtet hat[77], beschreibt, was während eines Besuches der Mutter bei ihren Kindern geschieht: Sie stellt sich breitbeinig über die Jungen, die sie weder anguckt noch beleckt. Die Jungen liegen quer zur Mutter auf dem Rücken und saugen rasch. Mit den Vorderfüßen treten sie gegen den Bauch der Mutter. Nach kurzer Zeit wechseln sie von einer Zitze zur nächsten. Anschließend ans Saugen kommen sie nach vorn zum Kopf der Mutter und lecken ihr Maul, das sie ihnen nach unten entgegenhält; zuweilen bietet die Mutter das Maul direkt zum Lecken an. Nach dem Maullecken verläßt die Mutter die Jungen wieder.

Nach 33 Tagen verlassen die Jungen das Nest, kehren aber in den folgenden drei Tagen bei Gefahr und nachts dorthin zurück. Danach folgen sie der Mutter ins Elternnest und schlafen nun bei den Eltern, bis sie mit etwa 90 Tagen geschlechtsreif sind und ihre Eltern verlassen. Schon kurz vor dem ersten Ausflug aus dem Kindernest werden die Jungen zuweilen jeden Tag gesäugt. Außerhalb des Nestes saugen sie mitunter alle sechs Stunden, wahrscheinlich aber gar nicht mehr, sobald sie im Elternnest wohnen. In der Übergangsphase sieht man das Maullecken ebenfalls öfter; zuweilen sitzt je ein Junges rechts und links neben der Mutter und leckt eine klare Flüssigkeit auf, die an den Mundwinkeln der Mutter austritt. Gelegentlich lecken die Jungen auch am Maul des Vaters. Nach dem Übersiedeln ins elterliche Nest wird das Maullecken allmählich immer seltener. Wozu es dient, ist unklar. Es könnte sein, daß die Jungen auf diese Weise mit einem Nährstoff oder mit notwendigen

Verdauungsbakterien versorgt werden. Es könnte auch sein, daß die Jungen auf diese Weise mit bestimmten Duftstoffen versehen werden. Welche Bedeutung es aber auch haben mag, sicher ist es ein sehr wichtiges Verhalten zwischen Mutter und Kind, weil es in der im übrigen besonders kargen Brutpflege eine so große Rolle spielt.

Dasselbe Maullecken kommt nun aber auch später regelmäßig vor, jedoch nur zwischen Paar-Partnern (und wahrscheinlich nur, wenn andere Erwachsene im gleichen Gebiet wohnen). Treffen sich Männchen und Weibchen, die miteinander verpaart sind, so können sie einander ebenso wie jeden Artgenossen beschnuppern, dann aber leckt einer das Maul des andern, genau wie es die Kinder bei ihrer Mutter tun. Das Lecken kann vom Männchen wie vom Weibchen ausgehen, ist aber bei den Eltern häufiger zu sehen als zwischen diesen und den eventuell noch bei ihnen wohnenden Jungen. Wieder ist unklar, wozu es dient. Es könnte der Übertragung von Duftsignalen dienen, aber ebensogut ein Paarbindungsritual sein.

Intensives gegenseitiges Maullecken, bei dem die Jungen gierig mütterlichen Speichel aufnehmen, gibt es auch bei Goldhamster (Mesocricetus), Zwergmaus (Micromys), Stachelmaus (Acomys) und beim Siebenschläfer (Glis); er lebt nicht ehig, aber gegebenenfalls in lockeren Gruppen. Zwischen Erwachsenen wurde das Maullecken nie beobachtet.

Ein Raubtier, das mindestens über einige Jahre hinweg in fester Einehe lebt, ist der afrikanische Schabrackenschakal (Thos mesomelas); um zu entscheiden, ob die Partnerbindung bis zum Lebensende hält, müssen noch entsprechend lange Beobachtungen angestellt werden. An der Brutpflege beteiligen sich beide Partner. Sobald die Jungen feste Nahrung aufzunehmen beginnen, gehen die Eltern auf Jagd und tragen den Jungen von weither Beute zu. Diese transportieren sie nicht im Maul, sondern vermutlich im Magen. Wenn die Eltern unterwegs sind, spielen die Kinder oft miteinander, betteln aber die Eltern sofort an, wenn sie zurückkommen, und gehen ihnen dazu auch ein Stück entgegen. Der junge Schakal reckt den Kopf steil nach oben gegen das Maul des Elterntieres und stößt auch gegen dessen Lippen. Die Eltern würgen dann das mitgebrachte Futter vor: ganze Mäuse oder auch eine flüssigere, dunkle Masse, die aus Käfern und anderen Insekten besteht. Mitunter warten die Jungen nicht, bis das Mitgebrachte zur Erde fällt, sondern holen es den Eltern aus dem Maul, in das sie mit ihrem Kopf ziemlich weit hineinfahren können[123]. Erwachsene Schakale begrüßen den Paar-Partner mit derselben Bettelgeste, indem sie sich etwas niederducken und mit dem Maul an die Lippen des anderen stoßen.

Erwachsene Schakale (oben) und Wildhunde (unten) benutzen zur Begrüßung dasselbe Schnauzenstoßen gegen die Lefzen des Partners, mit dem
die Jungtiere von den Erwachsenen Nahrung erbetteln

Dasselbe ist von Wölfen und Haushunden bekannt; auch sie tragen
ihren Jungen Nahrung zu, betteln als Junge die Eltern durch Maul-
stöße gegen die Lefzen an und begrüßen einander als Erwachsene
ebenso. Sie leben aber nicht in festen Paaren. Die aus dem Futterbetteln der Jungen entlehnte Begrüßung kann also – wie beim
Schwalbenstar unter den Vögeln – eine allgemeine soziale Bedeutung
bekommen. Am besten untersucht ist das am Wildhund.
Der Afrikanische Wildhund (Lycaon pictus), auch Hyänenhund
genannt, ist das Raubtier mit der höchsten Erfolgsquote im Jagen:
Kaum je bleibt eine Jagd ergebnislos. Diese Tiere leben in Rudeln
zu mehreren Erwachsenen beiderlei Geschlechts (in einem besonders
genau untersuchten Rudel waren sechs Männchen, zwei Weibchen
und insgesamt 15 Junge aus zwei Würfen)[61]. Sie jagen jeden Morgen
und Abend, und zwar zu mehreren; solange unselbständige Junge
im Rudel sind, bleiben die Weibchen bei ihnen, und die Männchen
jagen allein. Vom erbeuteten Wild reißen sie handgroße Stücke ab
und verschlingen sie; von einer 30 Kilogramm schweren Gazelle
sind in fünf Minuten nur noch Kopf und Skelett übrig. Die Jäger
traben dann heim und füttern die Jungen, indem sie das Fleisch in

großen Brocken vorwürgen. Wenn die Jungen schon satt sind und nichts mehr nehmen, fressen die Alten das Fleisch selbst wieder. Bekommen die Jungen erneut Hunger und betteln, wird ihnen wieder vorgewürgt. Oft würgen sie das eben Erbettelte bald einem anderen Bettelnden vor. Auf diese Weise werden alle Rudelmitglieder mit Fleisch versorgt. Das »Fleischspucken« ist eine sehr wirksame Brutpflegemaßnahme. In einem Wildhundrudel, das durch Unglücksfälle alle Weibchen verlor, zogen allein fünf Männchen die neun Jungen im Alter von fünf Wochen groß. Eine solche Ernährungsgemeinschaft erlaubt den Tieren aber auch eine Arbeitsteilung in der Sozietät, in der einige Mitglieder wenigstens zeitweise ihr »Brot« indirekt verdienen. Wenn das Rudel nach der nächtlichen oder mittäglichen Ruhe aktiv wird, ehe es zur Jagd aufbricht, oder wenn Teile des Rudels nach kurzer Trennung wieder zusammenkommen, sieht man ein heftiges Begrüßen. Die Tiere gehen in gespannter Haltung aufeinander zu, so wie sie es z.B. auch tun, wenn andere Großtiere sie in ihrem Revier stören, und dann lecken sie einander das Gesicht und stoßen die Nase in die Mundwinkel des Partners, genau wie sie es als Kinder bei den Großen oder als hungrige Erwachsene bei heimkehrenden Jägern tun. Dieses Bettelverhalten wird also auch gegen Rudelmitglieder gerichtet, die selbst hungrig sind. Es dient nicht nur zum Futterbetteln, sondern auch als Begrüßung und zur Beseitigung sozialer Spannungen innerhalb der Gruppe. Wenn die Jungen fünf bis sechs Wochen alt sind, benutzen auch sie schon diese Geste zum Begrüßen[61].

Seelöwen (*Zalophus californianus*) leben zur Paarungszeit an den Küsten der Galapagos-Inseln in Herden, die jeweils aus einem Bullen und mehreren Weibchen mit deren Jungen bestehen. Jedes

Begrüßung links zwischen Mutter und Kind beim Galapagos-Seebären, rechts zwischen Männchen und Weibchen beim Galapagos-Seelöwen

Männchen besetzt einen Küstenstreifen und verteidigt ihn gegen Rivalen, indem es fast den ganzen Tag davor auf und ab schwimmt und, an bestimmten Stellen auftauchend, brüllt. Häufig stehen sich so im seichten Wasser Reviernachbarn gegenüber und bekräftigen die gemeinsame Grenze. Jungtieren, die ins tiefere Wasser wollen, schneidet das Männchen den Weg ab und drückt sie wieder ins flache Wasser. Abends treibt der Bulle alle seine Weibchen und Jungen ans Ufer und geht selbst als letzter an Land. Die Weibchen untereinander verteidigen an Land nur ihre jeweilige Umgebung gegen Harems-Genossinnen. Das führt aber doch öfter zu Streit; in diesem Fall kommt sofort der Herr des Harems an Land und schlichtet den Streit, indem er sich zwischen die Streitenden drängt und nach beiden Seiten so lange grüßt, bis sich die Damen beruhigt haben. Dieses Grüßen besteht aus seitlichem Schwenken des weit vorgestreckten Halses und aus einem Berühren der Schnauzen. Ebenso begrüßen sich die Weibchen untereinander und auch die Mütter ihre Kinder[26]. Vermutlich ist diese Begrüßung aus dem Futterbetteln der Jungen hervorgegangen; das läßt sich jedoch bislang nicht klar erweisen, weil die Jungen der Robben von den Alttieren nicht gefüttert werden. Es könnte hier also, ähnlich wie beim Kuckuck (s. S. 123), die Verhaltensweise als sozialer Gruß erhalten geblieben sein, während die ursprüngliche Funktion (das Füttern der Jungen) weggefallen ist. Robben sind ja Raubtiere, und unter diesen ist das Jungefüttern weit verbreitet, nicht nur bei Hunden oder Schakalen, wie schon geschildert, sondern auch bei kleineren Raubtieren wie Iltissen oder Mungos. Das Futter braucht den Jungen aber nicht vorgewürgt zu werden; oft wird es ihnen einfach im Maul zugetragen, so etwa bei den Erdmännchen (*Suricata*), die zu den Schleichkatzen zählen und in Afrika leben: Die Mutter bringt den Jungen Futter, hält es ihnen im Maul vor und springt dann vor ihnen her, bis sie ihr folgen und das Futter vom Maul abnehmen. Erdmännchen nehmen pflanzliche und tierische Nahrung verschiedenster Art zu sich, außerdem sind sie »futterneidisch« und versuchen, anderen die Nahrung aus dem Maul wegzuschnappen. Wenn die Mutter ihren Jungen Futter zuträgt und sie dann reizt, es ihr wegzunehmen, bringt sie ihnen dadurch bei, was alles geeignetes Futter ist. Tatsächlich entstehen auf diese Weise Futtertraditionen, indem die Jungen das Lieblingsfutter der Mutter bevorzugen lernen[31]. Ähnlich versuchen junge Eichhörnchen, Ratten und andere Nagetiere, wenn sie gerade selbständig zu fressen beginnen, der Mutter Nahrungsbrocken vom Mund weg zu stehlen[28]. Alles das legt den Gedanken zu einem Schnauzenstoß, wie er bei der Begrüßung ver-

Junge Wanderratte ent-
reißt der Mutter einen
Futterbrocken

schiedener Robben vorkommt, nahe. Dennoch ist das nur ein Hinweis auf seinen möglichen Ursprung.

So, wie hier für viele Vögel und einige Raubtiere beschrieben, füttern auch die Menschenaffen – Schimpanse, Gorilla und Orang-Utan – ihre Jungen mit vorgekauter Nahrung von Mund zu Mund. Schon kleine Schimpansen- und Gorilla-Kinder nehmen der Mutter Futterstückchen aus der Hand oder vom Mund weg; sie benutzen dazu ebenfalls Hand oder Mund. Von Gorillas ist zumindest aus Gefangenschaftsbeobachtungen bekannt, daß die Mutter Futter zwischen ihre Lippen nimmt und es so dem Kind direkt reicht. Schimpansen tun das ebenfalls, und von ihnen kennt man es auch aus dem Freiland[72]. Noch zweijährige Kinder betteln die Mutter an, indem sie ihr die gespitzten Lippen entgegenhalten; die Mutter schiebt ihnen dann regelmäßig eine Lippe voll Gekautes direkt in den Mund – Schimpansen haben ja eine recht geräumige Unterlippe, die wie ein großer Löffel mit Nahrung gefüllt werden kann. Genau wie bei vielen Vögeln und bei Schakal oder Wildhund taucht nun auch beim Schimpansen diese Füttergeste zwischen Erwachsenen auf, und zwar zur Begrüßung, besonders wenn sich die beiden Tiere einige Tage lang nicht gesehen haben, etwa weil der Trupp sich geteilt hatte.

Außerdem drücken alle Schimpansenmütter die Lippen leicht auf verschiedene Körperteile ihrer Babys und Kleinkinder (bis zum Alter von einem Jahr). Sie nehmen etwa die Hand des Kindes und berühren mit den Lippen die Handflächen. Dabei sind die Lippen nicht vorgestülpt, sondern bleiben dicht an den Zähnen; der Mund ist meist offen. So berühren auch Erwachsene einander mit den

Baby-Fütterung von Mund zu Mund

Begrüßungs-»Kuß« zwischen erwachsenen Schimpansen

Lippen an Arm oder Schulter, zuweilen auch die eigene Hand. Ein beunruhigtes Kind kann auf diese Weise seine Mutter berühren oder auch den Schimpansen-Mann, der gerade mit der Mutter kopuliert. Der Begrüßungskuß zwischen Schimpansen könnte also außer aus der Mund-zu-Mund-Fütterung auch aus dem wie tastenden Berühren mit den Lippen stammen, das aber ebenfalls für das Mutter-Kind-Verhalten typisch ist.

Allein im Hinblick auf das gegenseitige Füttern und die daraus abgeleiteten sozialen Handlungen der Säugetiere finden wir deutliche Entsprechungen zu den vorn beschriebenen Vögeln: Der Schakal lebt in Einehe wie der Rabe und hat das Füttern der Jungen zum Gruß zwischen den Paar-Partnern gemacht, wobei die wirkliche Futterübergabe weggefallen ist und ein Ritual übrigließ. Der Wildhund lebt in größeren Verbänden wie der Schwalbenstar und behandelt alle Gruppenmitglieder so, wie die in Einehe lebenden Arten den Paar-Partner behandeln. Der Seelöwe scheint dem Kuckuck zu entsprechen, zwar nicht indem ihm die Brutpflege fehlt, aber insofern, als aus ihr das Füttern von Mund zu Mund entfallen, die daraus abgeleitete Begrüßung aber übriggeblieben ist. Ebenso wie bei den Vögeln gibt es aber auch bei den Säugetieren noch viel mehr typische Brutpflege-Verhaltensweisen, und auch diese spielen im Sozialleben eine sehr deutliche Rolle.

Hungrige Rehkitze fiepen oder stoßen den etwas leiseren Kontaktlaut aus. Die Mutter kommt daraufhin herbei und kann dieselben

Laute äußern. Später dienen die gleichen Laute nicht mehr dem Herbeirufen der Mutter, sondern dem Zusammenhalt zwischen Mutter und Kind. Und die brünstige Geiß lockt mit den gleichen Lauten den Bock[66]. Außerdem fordert sie ihn in derselben Weise wie ihr Kitz zum Nachfolgen auf, indem sie vor ihm stehen bleibt, den erhobenen Kopf zurückwendet und Kontaktlaute äußert.

Wenn zwei Gemsen verschiedener Ranghöhe in Kontakt treten, zeigt das rangtiefere Tier in der Regel seine Unterlegenheit »freiwillig« an: Es duckt den Körper, streckt den Kopf waagerecht und tief vor und hebt dazu gelegentlich sogar leicht die Schnauze; außerdem stellt es die Ohren nach vorn und hebt den Schwanz über die Horizontale. In dieser Haltung schleicht oder trabt das Tier mit geknickten Beinen auf den überlegenen Partner zu. Das tun beide Geschlechter und Tiere aller Altersstufen. Sie zielen dabei meist auf die Seite des Ranghohen, und zwar gegen die Weichen, gegen seinen Kopf oder, seltener, von hinten gegen den Hinterpol, also gegen das Scrotum beim Männchen, gegen das Gesäuge beim Weibchen.

Damwildkuh bei der Annäherung an den Hirsch (oben) und rangtiefe Gemse bei der Annäherung an eine ranghöhere (unten)

Jungtiere bevorzugen als Ziel die Körperzone des Partners, wo am Weibchen das Gesäuge liegt, und vor allem bei ihnen kommt es vor, daß sie sich sogar auf die Carpalgelenke niederlassen (auf die Vorderbeine »hinknien«) und betont die Schnauze emporrecken. Dieses Demutverhalten wird nicht immer durch Angriffsverhalten des ranghohen Tieres ausgelöst; oft geht der Unterlegene spontan auf den andern zu, ganz besonders wiederum geschieht das von Jungtieren. Darin zeigen sich ziemlich deutlich Reste des kindlichen Verhaltens gegen die Mutter, obwohl andere Elemente hinzutreten. Kitze laufen z. B. nie mit eingewinkelten Beinen zur Mutter und stellen die Ohren daher nicht betont nach vorn[67]. Nähert sich ein Damhirschweibchen dem stärkeren Männchen, so tut es das oft mit vorgestrecktem Kopf, leicht offener Schnauze und leckenden Zungenbewegungen, macht schräg aufwärts stoßende Bewegungen mit dem Kopf, stellt den Schwanz senkrecht hoch und äußert gelegentlich auch noch einen kurzen Ruf. Ganz genau so benimmt sich ein Junges, wenn es zur Mutter trinken kommt.

11. Die soziale Bedeutung der Mutter-Signale

Erwachsene Afrikanische Wildhunde, deren Gruppenleben schon dargestellt wurde (s. S. 148), benutzen verschiedene Begrüßungs- oder Beschwichtigungsgesten, die aus dem kindlichen Verhalten stammen. Die Jungen saugen an der Mutter im Liegen, Sitzen oder Stehen. Sie bekommen aber, wie schon beschrieben, nicht nur Milch aus dem Gesäuge, sondern auch – teils unverdautes – Fleisch aus dem Maul beider Eltern vorgewürgt. Sie betteln durch Schnauzenstoßen um beides, aber nicht gezielt um das eine oder das andere; es kommt vor, daß sie auf Schnauzenstoßen an die Lefzen der Mutter Milch bekommen, aber auch, daß sie mit Stößen gegen die Leibesmitte Fleisch erbetteln. Drei bis fünf Wochen alte Junge richten ihre Bettelbewegung bevorzugt gegen die Körpermitte zwischen Vorder- und Hinterbeinen, und zwar auch an Männchen. Andererseits locken die Mütter zum Saugen, indem sie entweder sich auf die Seite legen und ihr recht großes Gesäuge anbieten, oder aber indem sie wie zum Futtervorwürgen mit tief gehaltenem Kopf einige Meter rückwärts vor den Welpen hergehen und sie dann saugen lassen.

Maul und Gesäuge haben also Futterspende-Bedeutung; beide haben aber auch, davon abgeleitet, soziale Bedeutung. Das Schnauzestoßen an die Lefzen als Begrüßung wurde Seite 148 f. be-

Junge Wildhunde beim Saugen an der Mutter (links) und begrüßendes
Gesäugelecken eines erwachsenen Rüden (rechts)

schrieben. Daneben kommt aber auch das aufs Gesäuge gerichtete
Jungen-Verhalten zwischen Erwachsenen vor: Während des heftigen Begrüßens nach der Mittagsruhe und vorm Aufbruch zur Jagd
können die Rüden den Weibchen das Gesäuge lecken. Auffällig bei
diesem wegen seiner Grausamkeit gegen die Beute verschrienen
Raubtier ist die kaum noch zu überbietende Freundlichkeit zwischen den Rudelmitgliedern. Sie lassen untereinander keine Rangordnung erkennen, sondern trachten danach, einander an Unterwürfigkeit zu überbieten. Dazu benutzen sie das aus dem kindlichen
Verhalten abgeleitete Begrüßen und Beschwichtigen. Stoßen und
Lecken am Maul wie am Gesäuge vertreten einander also nicht nur
als Bettelbewegungen, sondern sind auch beide in das soziale Verhalten der Erwachsenen übernommen worden[61].

Das Männchen des Indischen Flughundes (*Pteropus gigantëus*),
einer großen, früchtefressenden Fledermaus mit bis zu 80 Zentimeter Flügelspannweite, die in großen Kolonien lebt, leckt ebenfalls
die Zitzen des Weibchens, und zwar als Vorspiel zur Paarung. Feste
Partnerbeziehungen gibt es bei diesen Tieren nicht; die Weibchen
sind regelmäßig recht abwehrend, so daß junge Männchen sich
lange bemühen müssen, bis sie zu einer Paarung kommen. Wohl
aus diesem Grunde taucht in ihrem Paarungsvorspiel ein Element
aus dem kindlichen Verhalten auf, welches das Weibchen duldsam
stimmen kann[83].

Das Flughund-Weibchen versucht zunächst, das werbende Männchen abzuwehren. Bei anderen Tierarten versucht das Weibchen
eher, dem Männchen davonzulaufen; aber auch dem kann das
Männchen durch kindliches Verhalten entgegenwirken. Ein Beispiel dafür finden wir unter den Antilopen beim Uganda-Kob; der
Vergleich mit verwandten Arten verdeutlicht zudem, in welchem
Zusammenhang dieses Verhalten bei ihm vorteilhaft wird.

In der sehr artenreichen Gruppe der Horntiere gibt es recht verschiedene Formen des Zusammenlebens von Männchen, Weibchen und Jungen. Der Zusammenhalt zwischen den Geschlechtern weist nahezu alle möglichen Abstufungen auf. Das Minimum an Zusammenhalt finden wir bei den Giraffen, bei denen nicht einmal Mutter und Kind längere Zeit beieinander bleiben, das Maximum bei einigen Duckern (auch Schopfantilopen genannt), die in lebenslanger Einehe leben. Bei der Mehrzahl der Arten treffen sich die Geschlechter aber nur zur Paarung. Weit verbreitet ist, daß die Weibchen mit ihren Jungen in größeren Herden leben und daß die Männchen eigene Herden bilden oder jedes ein eigenes Revier verteidigt. In diese Reviere kommen die brünstigen Weibchen.

Das Männchen, dem es gelingt, die meisten Weibchen zu begatten, hat die meisten Nachkommen, ist also selektionsbegünstigt. Nun werden aber die Weibchen in jeder Brunstphase mehrfach begattet; so können verschiedene Männchen ins Spiel kommen. Die Wahrscheinlichkeit für ein bestimmtes Männchen, seine Nachkommen in dem betreffenden Weibchen zu zeugen, wächst natürlich, je mehr von den möglichen Begattungen innerhalb einer Brunstphase es selbst ausführt. Das heißt, es muß nach Möglichkeit Rivalen daran hindern, an dieses Weibchen heranzukommen. Dazu dient zunächst sein Revier, in dem kein Männchen einen Rivalen duldet. Die Grenzen werden vorher in Kämpfen festgelegt, und selbst wenn in einem Revier ein Weibchen ist, versuchen die Nachbarn nicht, die Grenze zu überschreiten. Damit ist aber erst die Hälfte geschafft. Da ja die Reviergrenzen nur für Männchen gelten, könnte nämlich das Weibchen von sich aus zum Nachbarn überwechseln. Die Männchen aller Arten versuchen daher, die Weibchen daran zu hindern. Sie tun das mit verschiedenen Mitteln. Meist umkreisen sie das oder die Weibchen – die oft zu mehreren kommen –, versuchen, ihnen den Weg zu verstellen oder ihnen zu imponieren und drohen sogar. Beim Uganda-Wasserbock *(Kobus defassa ugandae)* haben die Männchen Reviere von zwölf Hektar bis zwei Quadratkilometer Größe, die dicht aneinanderschließen und in denen junge Männchen und alle Weibchen umherstreifen. Auch die Kälber werden im Revier eines erwachsenen Männchens geboren. In den ersten zwei bis vier Wochen bleibt das Kalb an einem bestimmten Ort versteckt; dadurch bleibt auch seine Mutter an diese Gegend und an das Revier des Männchens gebunden, in dem ihr Junges zur Welt kam. In diese Zeit fällt aber die nächste Brunst, die nur etwa einen Tag währt. Das betreffende Reviermännchen hat also keine Schwierigkeiten, das brünstige Weibchen in seiner Nähe zu halten[110].

Junges vom Uganda-Kob beim Saugen an der Mutter (links) und erwachsener Bock beim Paarungsnachspiel (rechts)

Mit dem Wasserbock ganz nahe verwandt ist der Uganda-Kob (*Adenota kob thomasi*). Dessen Reviere sind aber extrem klein, sie haben nur 30 bis 15 oder noch weniger Meter Durchmesser. Auch sie schließen dicht aneinander, und so entsteht eine Männchen-Kolonie aus Paarungsrevieren, die am Rande größer, zur Mitte der Kolonie immer kleiner werden, bis schließlich auf etwa 200 Meter Durchmesser 15 oder mehr Reviere zusammengedrängt sind. Die Weibchen bevorzugen das Koloniezentrum mit den kleinsten Revieren; die meisten Paarungen sieht man in den innersten drei oder vier Revieren. Hier aber ist die Gefahr, daß die Weibchen zum Nachbarn gehen, besonders groß. Dem begegnen die Uganda-Kob-Böcke mit einem besonderen Verhalten. Zunächst fehlt bei dieser Art im Paarungsvorspiel alles, was wie Drohen aussieht und das Weibchen vertreiben könnte; da bei den meisten Antilopen das Paarungsvorspiel mit Drohgebärden durchsetzt ist, fällt diese »Vorsicht« des Uganda-Kobs besonders auf. Außerdem aber hat er als einziger ein besonderes Paarungsnachspiel, das bis zu fünf Minuten dauern kann. (Die Kopula selbst dauert höchstens zwei Sekunden.) Dabei leckt der Bock dem ruhig stehenden Weibchen das Euter oder die direkt danebenliegenden Inguinaldrüsen; dazu schiebt er den Kopf entweder zwischen die gegrätschten Hinterbeine des Weibchens oder wie das saugende Kalb von der Seite unter die Weiche. Dieses Verhalten hilft mit, das Weibchen an Grenzübertritten zum Nachbarn zu hindern, so daß dasselbe Männchen nach einer Pause noch einmal kopulieren kann. Die meisten Weibchen besuchen infolgedessen nur drei oder vier Männchen, also viel weniger, als man zunächst erwarten würde[12].

Unbezweifelbar hat in diesen Fällen die mütterliche Milchquelle eine soziale Bedeutung für die erwachsenen Tiere. Diese Bedeutung kann sie für das Tier schon in seiner frühen Jugend bekommen. Bei Säugetieren ist ja die Mutter, die zunächst allein Nahrung spendet, zuerst der wichtigste Sozialpartner des Neugeborenen. Regelmäßig bekommen diejenigen mütterlichen Signale, die Nahrung ankündigen, zusätzlich die Bedeutung von Schutz- und Sicherheits-Anzeigern, vor allem bei Arten, die ihre Jungen recht lange säugen. Das kann man schon an Huftieren beobachten. Antilopen-Jungtiere, die plötzlich erschreckt werden, laufen oft zur Mutter und ergreifen die Zitzen, und zwar auch dann noch, wenn sie normalerweise kaum mehr an der Mutter trinken. Solches »Trostsäugen« ist auch von unserem Reh bekannt: Wenn die durch den Angstschrei des Kitzes alarmierte Geiß ihr Kind von einem Feind befreit hat oder sogar mit dem Kind geflüchtet ist, saugt das Kitz kurz und wird intensiv von der Mutter geleckt. Trinken und Putzen sind in den ersten drei bis vier Monaten nach der Geburt typisch für jede Begegnung zwischen Mutter und Kind. Die Geiß beleckt das Kind vor allem in der Aftergegend, und diese leichte »Massage« verstärkt beim Kitz das Eutersuchen und Trinken. Das Lecken tritt dann später im Leben an anderer Stelle auf: Nach der Kopula liegen Bock und Geiß eine Weile, stehen dann auf und lecken sich gegenseitig. Dieses Kontaktverhalten entspricht ganz dem des männlichen Uganda-Kobs nach der Paarung, und es dient auch beim Reh dem Partnerzusammenhalt, denn der Rehbock bleibt lange Zeit – bis zu neun Monaten – bei seinem Weibchen [66].

Die Jungen der Beuteltiere werden recht unfertig geboren, beim Riesenkänguruh schon nach einem Monat Tragzeit. Sie wachsen – bei manchen Arten ein halbes Jahr – im Beutel weiter, in den sie von der Geburtsöffnung aus mit eigener Kraft hineingelangen. Im Beutel nehmen sie die Zitze in den Mund und bleiben fest daran hängen. Auch später, wenn sie schon gelegentlich aus dem Beutel herausschauen, halten sie noch die meiste Zeit die Zitze im Maul. Junge, die bereits den Beutel verlassen, fliehen bei Gefahr sofort wieder hinein. Von einer bestimmten Größe an erlaubt die Mutter dem Jungen allerdings nicht mehr, in den Beutel einzusteigen; es steckt dann nur noch den Kopf hinein (s. S. 79). Der »Tröste-Effekt« wird hier aber nicht so deutlich, denn entwöhnt werden die Jungen erst nach der Geschlechtsreife; es kann also geschehen, daß ein weibliches Tier selbst schon ein Junges im Beutel hat und noch immer an der Mutter saugt, bei der inzwischen ein »Geschwisterchen« an der anderen Zitze festhängt. Im Paarungsvorspiel beschnüffelt das Männchen außer der Genitalzone auch die Beutelöffnung des Weibchens. Dort finden sich besondere Duftdrüsen, die wohl im Paarungsverhalten eine Rolle spielen.

Ganz allgemein haben Säugetiere nicht nur in der Genitalregion, sondern auch neben den Zitzen Duftdrüsen, deren Duft der Säugling automatisch aufnimmt; dieser Duft kann später im Paarungsverhalten oder auch im darüber hinausreichenden Sozialleben eine ziemlich große Bedeutung haben.

Auch der Mensch hat ein solches dufterzeugendes Organ, nämlich das Axillarorgan. Es ist bei der Frau besonders stark entwickelt und besteht aus einem umfangreichen Komplex von Duftdrüsen in der Achselhöhle. Dieses Duftorgan gibt es in so betonter Ausbildung bei keinem Affen, es ist also bestimmt nicht einfach von unseren vormenschlichen Vorfahren her übriggeblieben, sondern ist eine für den Menschen typische Weiterentwicklung. Daraus kann man schließen, daß es in der sozialen Kommunikation zwischen Mutter und Kind und der zwischen Mann und Frau von Bedeutung ist. Man weiß auch schon, daß Geruchssignale beim Menschen eine ganz erhebliche Rolle spielen und daß die Empfindlichkeit der Frauen für bestimmte Gerüche mit dem Menstruationszyklus schwankt. Es wäre wichtig, mehr darüber zu wissen und Vergleiche mit tierischen Duftsignalen anzustellen. Leider ist das für uns schwer zu untersuchen, weil wir viele chemische Reize nicht wahrzunehmen vermögen und weil die Analyse der chemischen Stoffe sehr zeitraubend und vor allem umständlicher ist als etwa die von Lautäußerungen oder Farben. Deswegen sind die folgenden Beispiele wahrscheinlich besser verständlich, denn sie handeln von Augentieren, solchen also, die sich vorwiegend mit Hilfe der Augen orientieren. Die Nase spielt jedoch immer noch mit, selbst beim Menschen (»Ich kann diesen Kerl nicht riechen...!«), nur gibt es eben neben den Gerüchen auch deutlich sichtbare Signale.

Die Jungen des grauen Wollaffen aus Südamerika (Lagothrix lagotricha) saugen 18 Monate lang. Dabei verlagert sich der Hauptzweck des Stillens allmählich vom Nähren aufs Trösten. Schon mit sechs Monaten wird das Junge nur vor dem Schlafengehen gesäugt und zwei- oder dreimal während des Tages, gewöhnlich als Trost nach einer Aufregung oder einem Schreck[127]. Die mütterliche Brust ist schon für das sechs Wochen alte Junge ein Signal, das von der Mutter gezielt eingesetzt wird, wenn sie das auf Entdeckungen ausgehende Junge zu sich zurückruft: Sie hebt dann die Arme und zeigt ihm die recht große, volle Brust. (Die Jungen gehen auch zu gut bekannten anderen Weibchen und saugen gelegentlich dort.)

Ziemlich sicher ist aber auch eine geruchliche Komponente beteiligt. Der Körpergeruch der Wollaffen ist auf der Brust am stärksten. Der Säugling klammert sich in den ersten vier Wochen seines Lebens am dichten Brustpelz der Mutter fest und lernt deren Geruch; später, wenn das Junge auch mit anderen Koloniemitgliedern Bekanntschaft schließt, sucht es zunächst die ranghöchsten Männchen auf und schmiegt sich an deren Brust. Dieser vertraute Duft der Brust spielt nach den Beobachtungen von Williams eine wichtige Rolle nicht nur im Verhältnis zwischen Mutter und Kind, sondern auch bei der Paarung und selbst bei der Begrüßung zwischen erwachsenen Männchen. Hinzu kommt, daß das ganze Wohngebiet vor allem von den erwachsenen Männchen einer Kolonie durch »Brustreiben« markiert wird; dabei wird Speichel mit den Lippen auf bestimmte Stellen und Gegenstände gestrichen und dann mit kräftigen, nach aufwärts gerichteten Stößen mit der Brust verrieben, so oft, bis die Brust triefnaß ist. Weibchen tun das weit weniger, am ehesten noch die ranghohen. Das Brustfell der Männchen ist meist verfilzt und hat rindenfarbene Flecke vom Markieren in den Bäumen[127].

Viele junge Affen aller möglicher Arten kann man mit den Zitzen der Mutter im Mund schlafen sehen. Aber auch wenn sie wach sind, suchen sie dort Schutz. Hatten sie sich von der Mutter entfernt und eilen vor einer – oft nur vermeintlichen – Gefahr zu ihr, so halten sie sich an ihr fest, ergreifen eine Zitze mit den Lippen, saugen dann aber nicht, sondern drehen den Kopf so weit, daß sie in die Richtung blicken können, aus der die Gefahr droht. Das tun Rhesusaffen, Meerkatzen, Paviane, um nur einige zu nennen. Die Kinder halten aber oft auch die Zitze im Mund, ohne zu saugen, wenn keine Gefahr droht. Das ist auch vom Katta *(Lemur catta)*, einem Halbaffen, bekannt. Die mütterliche Zitze wirkt einfach beruhigend. Deswegen ist es gar nicht so leicht, anzugeben, wie oft und wie lange Affenkinder an der Mutter trinken. Von Schimpansen wissen wir durch die großartigen Freilandbeobachtungen von Jane van Lawick-Goodall[72], daß die Babys bis zum Alter von anderthalb Jahren mindestens alle 90 Minuten trinken. Sechs Monate alte Schimpansenkinder allerdings sieht man viel öfter trinken, fast alle Viertelstunde. Das liegt aber daran, daß sie in diesem Alter mit kurzen Ausflügen beginnen und, da sie noch vor allem möglichen Angst haben, immer gleich wieder zur Mutter zurücklaufen und an ihrer Brust Trost suchen, oft nur für wenige Sekunden. Sie ergreifen die Zitze auch dann, wenn ein Spielgefährte versucht, sie von der Mutter wegzuziehen oder sonst irgendwie zu ärgern. Noch drei-

An der Brust der Mutter
Schutz suchendes Meerkat-
zenkind

jährige Schimpansen werden etwa alle Stunde gesäugt. Entwöhnt
werden die Kinder etwa mit dreieinhalb Jahren automatisch
dadurch, daß die Mutter wieder empfängnisbereit wird und
dabei die Milch versiegt. Die Kinder versuchen dann noch einige
Male, an der Mutter zu trinken, und geben es dann auf. Söhne verlassen ihre Mutter ab und zu für einige Tage, wenn sie etwa sechs
Jahre alt sind. Eine enge Beziehung zwischen Mutter und Sohn
bleibt aber bis ins Erwachsenenalter erkennbar; der Sohn kommt
seiner Mutter zu Hilfe, wenn sie von anderen Schimpansen bedroht
wird, und die Mutter teilt Nahrung mit ihm.
Eine soziale Bedeutung hat die weibliche Brust beim Schimpansen
also zwar für das Kind, nicht aber – soweit bisher bekannt ist – für
die Erwachsenen. Anzeichen dafür gibt es jedoch bei anderen
Affen, so bei einigen Meerkatzen, deren Zitzen in bestimmten
Brunstphasen des Weibchens auffällig gefärbt sind, unabhängig
davon, ob das Tier Junge hat. Da Affen ungemein scharf beobachten, muß man annehmen, daß zumindest die Männchen lernen, die
Zitzenfärbung des Weibchens als Anzeichen für seine Paarungsbereitschaft zu werten. Das ist bisher nicht untersucht. Es gibt aber
einen Affen, bei dem die weibliche Brust zu einem unübersehbaren
sozialen Signal geworden ist. Das ist der Dschelada oder Blutbrust-

Pavian *(Therophithecus gelada),* der allerdings gar kein Pavian ist, sondern wohl eher in die Verwandtschaft der Meerkatzen gehört. Die Signalbedeutung der Brust ist schon bei anderen Primaten deutlich. Die Brust weiblicher Kattas ist während der Säugezeit fast unbehaart, so daß im sonst hellgrauen Fell ein schwarzer Hautfleck erscheint. An weiblichen Meerkatzen, die bereits Junge geboren haben, ragen die Zitzen immer aus dem Fell hervor; sie sind rot und stehen so dicht nebeneinander, daß das Baby an beiden zugleich saugen kann. Der Blutbrust-Pavian hat seinen Namen von einer großen, haarlosen Stelle auf der Brust. Sie ist durch seitlich hineinragendes Fell in zwei Zonen unterteilt. Die obere, kleinere ist annähernd dreieckig und steht mit der Spitze nach unten auf der unteren, größeren, die herzförmig aussieht und mit der Spitze nach oben zeigt. Die nackte Haut ist blaßrot bis kräftig blutfarben, das umgebende Fell graubraun.

Der Dschelada lebt in den Gebirgen Äthiopiens in 3000 bis 4000 Meter Höhe. Er bildet Herden, die aus Haremsgruppen bestehen, also aus jeweils einem großen Männchen und mehreren Weibchen sowie deren Jungen. Seine Nahrung sucht er auf den Hochflächen, und zwar vorwiegend im Sitzen. In dieser Haltung wird die Brust besonders gut sichtbar. Wir wissen, daß die Tiere dieses Signal nicht nur an sich tragen und einfach wirken lassen, sondern es gegenüber Artgenossen gerichtet einsetzen, indem sie die Brust einem Gruppenpartner entgegenrecken, ähnlich wie oben vom Wollaffen beschrieben. Einige Beobachtungen lassen schließen, daß sie sogar unterstützend mit dem Finger auf die eigene Brust zeigen. Da diese Tiere noch nicht genau genug untersucht sind, wissen wir nicht, wie dieses Signal auf den Partner wirkt – vielleicht besänftigend, Schutz oder Trost verheißend. Und man darf auch annehmen, daß der Säugling diesem Signal beim Trinken ebenso automatisch ausgesetzt wird wie die Säuglinge anderer Tierarten den neben den Zitzen angebrachten Geruchssignalen. Unbezweifelbar ist, daß die weibliche Brust beim Dschelada eine soziale Signalbedeutung für die erwachsenen Tiere hat und daß sie sogar im Dienste dieser Funktion in ganz bestimmter Weise verändert, nämlich auffälliger geworden ist. Sie hat eine neue Bedeutung bekommen, ohne die alte zu verlieren, und die neue Bedeutung baut auf der alten auf.

Dafür, daß die äußere Gestalt eines Organs sich ändert, wenn es eine zusätzliche Funktion übernimmt, gibt es zahlreiche Beispiele. Organe und die vom Artgenossen auf solche Organe gerichteten Reaktionen werden im Tierreich oft recht weitgehend zweckentfremdet. Die Natur oder der Schöpfer läßt es sich nicht nehmen,

eine einmal gemachte »Erfindung« auch anderswo einzusetzen, wenn sie dort von Nutzen sein kann. Das stört zwar häufig das Klassifikationsbedürfnis des Menschen, der oft lieber die Organe nach ihren Zwecken säuberlich getrennt hätte; es wird ihm aber wohl nichts anderes übrigbleiben, als die vorgefundene natürliche Ordnung zu akzeptieren und seine Einteilungen dem anzugleichen.
Brust und Zitzen dienten zweifellos ursprünglich nur der Ernährung des Säuglings. Daneben haben sie aber nicht nur Bedeutung für die soziale Verständigung bekommen, sondern sind noch anderweitig ausgenutzt worden, zum Beispiel bei den Fledermäusen, und zwar den insektenfressenden Kleinfledermäusen. In dieser außerordentlich artenreichen Säugetierordnung gibt es die Artengruppe der Hufeisennasen *(Rhinolophoïdea),* zu der auch unsere einheimische Hufeisennase *(Rhinolophus)* gehört; ihren Namen haben die Tiere von dem merkwürdigen Nasenaufsatz, der ihnen zur Ultraschall-Ortung dient. Fledermäuse bekommen regelmäßig nur ein einziges Junges und haben darum nur ein Paar Zitzen. Ursprünglich haben Säugetiere viele Zitzen, die – wie beim Schwein – in zwei Reihen am Bauch entlang angeordnet sind; die Milchdrüse bildet eine lange Milchleiste. Entsprechend der Jungenzahl wird bei vielen Säugetieren auch die Ausdehnung der Milchdrüse und zugleich die Zahl der Zitzen verringert. Die übrigbleibenden Zitzen können neben den Hinterbeinen stehen, wie bei Kuh, Ziege, Pferd oder Antilope, oder vorn am Rumpf, wie bei Affen, Elefanten oder Fledermäusen. Die Hufeisennasen haben allerdings auch zwischen den Hinterbeinen noch ein paar Zitzen; die Milchdrüse unter ihnen ist zwar verkümmert, die Zitzen selbst aber sind bei einigen Arten sogar besonders groß und ragen weit aus dem Fell heraus. Es sind spezialisierte Schnuller; das Junge nimmt eine davon fest in den Mund und ruht dann so in aufrechter Haltung an der kopfabwärts hängenden Mutter. Zum Trinken dreht es sich um und geht an eine der vorderen Milch spendenden Zitzen. In der ersten Zeit nach der Geburt kann die Mutter das Junge auch auf ihren Ausflügen mitnehmen, und auch dabei heftet es sich an einer der Schnuller-Zitzen fest. Die Jungen der Beuteltiere hängen ebenfalls dauernd an einer Zitze, werden aber durch den Beutel an der Mutter gehalten. Die »trockenen Zitzen« der Hufeisennasen dienen nicht mehr der Ernährung, sondern ersetzen gewissermaßen den Beutel, indem sie das Junge dauernd an der Mutter halten; sie sind sogar auf diese Haltefunktion hin spezialisiert worden.
Grundlage für diese Spezialisierung ist ein versehentlicher »Zitzentransport« der Jungen, wie man ihn auch von verschiedenen Nage-

tieren kennt: Plötzlich aufgeschreckte Ratten-, Mäuse- und Eichhörnchenweibchen schleppen oft ihre Brut dadurch eine Strecke weit mit, daß die Jungen einfach die Zitzen nicht loslassen, sondern daran hängen bleiben. Meist fallen sie dann nach kurzer Zeit herunter und werden von der Mutter im Maul wieder ins Nest gebracht. Bei einer Wühlmaus jedoch, *Microtus incertis,* sollen sich die Weibchen bei Gefahr über die Jungen setzen, sie zum Ansaugen an den Zitzen auffordern und dann die ganze Brut am Gesäuge fortschleppen. Die Jungen der Waldratte *(Neotoma fuscipes)* halten sich an den Zitzen so fest, daß die Mutter mit ihnen weite Sprünge machen kann; die Schneidezähne der Jungen sind hier zu besonderen Halteorganen gebogen, die genau um die Zitzen passen[27]. Da diese Tiere viele Junge haben, werden alle Zitzen zum Säugen gebraucht; die Hufeisennasen dagegen können einige Zitzen für den Umbau zu Transportorganen erübrigen.

Schon die Säuglinge von Pavianen, Rhesusaffen und Languren klammern sich nicht nur ans Fell der Mutter, wenn sie aufbricht, sondern halten sich außerdem mit dem Mund an einer Zitze fest. An diesen Beispielen sieht man wieder einmal, wie sich der Körperbau nach dem Verhalten richtet: Wenn die Mutter die Jungen mitnehmen muß und sie sich an der Zitze festhalten, können Zitzen, die ursprünglich zum Saugen da sind, zu Halteorganen umgewandelt werden. Entsprechendes gilt aber auch für die vorherige Funktion. Die Säugetierweibchen sind nicht deswegen der für die Pflege der Neugeborenen wichtigste Elternteil geworden, weil nur sie im Besitz der Milchdrüsen waren, sondern die Milchdrüsen haben sich am Weibchen voll entwickelt, weil es am engsten mit den Jungen zusammenlebte; angelegt sind Milchdrüsen ja am Männchen auch.

12. Spezielle Verhaltensweisen des Brustsäuglings

Allgemein unterteilt man junge Tiere in Nesthocker und Nestflüchter. Nesthocker kommen unfertig zur Welt – oft mit noch geschlossenen Augen, ohne Fell und Zähne und laufunfähig –, Nestflüchter dagegen sind so weit ausgebildet, daß sie dem Elterntier folgen oder auch ganz selbständig leben können. Beuteltiere, Fledermäuse und Affen aber passen in keine dieser beiden Kategorien; ihre Jungen sind zwar noch unfertig, kommen aber in kein Nest, sondern bleiben am Körper der Mutter oder anderer Erwachsener und werden dort umhergetragen; Menschenaffen bauen zwar Schlafnester, lassen aber die Jungen nie darin. Schimpansenbabys bleiben die ersten

Brutpflegendes Felldurchsuchen eines Steppenpavian-Mannes an einem Kind (links) und soziale Fellpflege zwischen erwachsenen Mantelpavian-Weibchen (rechts). Das putzende Weibchen mit starker Brunstschwellung (siehe Seite 183)

vier bis fünf Monate nach der Geburt in ständigem Kontakt mit dem Körper der Mutter[72]!

Aus diesem besonders engen Kontakt zwischen Eltern und Kind stammen nun neben der Bedeutung der mütterlichen Brust einige weitere Verhaltenselemente, die später im Sozialleben eine wichtige Rolle übernehmen. Dazu gehört unter Affen das bekannte »Lausen«, das gegenseitige Fellsäubern. Es ist ursprünglich ein Verhalten der Mutter ihrem Kind gegenüber. Beim Gorilla sieht man dreimal soviel Fellpflege zwischen Mutter und Kind wie zwischen Erwachsenen, beim Schimpansen dagegen ist es gerade umgekehrt – nicht weil Schimpansenmütter ihre Jungen weniger intensiv pflegten, sondern weil das Fellputzen zwischen den Erwachsenen um soviel zugenommen hat; ein Drittel aller beobachteten Fellputzhandlungen laufen beim Schimpansen zwischen erwachsenen Männchen und Weibchen ab[95].

Jedem bekannt ist diese gegenseitige Fellpflege von Zoo-Affen, etwa Makaken oder Pavianen. Eine genauere Analyse zeigt, daß die Putzpartner sich nicht zufällig zusammenfinden, sondern daß etwa beim Rhesusaffen bevorzugt Mütter und ihre Kinder sich gegenseitig »lausen«, selbst wenn die Kinder schon erwachsen sind; hinzukommen können die guten Bekannten der Mutter, und so entstehen lockere oder feste Körperpflege-Gemeinschaften innerhalb der Sozietät[96].

Zwischen Erwachsenen tritt das Fellpflegen zur Hemmung eines

165

Junger Steppenpavian ver-
sucht, an die Zitzen der
Mutter zu langen

Angriffs auf und in Situationen, die leicht zu Streit führen können,
zur Beschwichtigung eines Ranghöheren und gehäuft während der
Brunst zwischen dem Weibchen und seinem Männchen. Es gibt
deutliche Putzaufforderungs-Haltungen, die Männchen können
aber auch das Präsentieren (s. S. 182) mit Putzen beantworten. Je
genauer diese Verhältnisse bei immer mehr Affenarten untersucht
werden, desto deutlicher wird die große soziale Bedeutung dieser
aus der Brutpflege stammenden Handlung [63], [109].

Unter den Halbaffen ist dieselbe Entwicklung unabhängig davon
vor sich gegangen. Auch sie haben die mütterliche Fellpflege am
Jungen zu einer wichtigen sozialen Handlung ausgebaut, doch
putzen sie vorwiegend mit den Zähnen, die höheren Affen dagegen
mit den Händen [51].

Wenn Pavian- und Makakenmütter ihr Junges entwöhnen und
nicht mehr an der Brust trinken lassen, sieht man es zuweilen vor
der Mutter sitzen und die Hand zur Brust ausstrecken. Ebenso sah
ich Steppenpavian-Kinder im Freien nach Futter greifen, das die
Mutter im Mund hatte oder zum Munde führte. Zuweilen langten
sie auch nach dem Gesicht der Mutter, die sich ihnen dann zu-
wandte. Aus diesen Gesten entwickelt sich nun eine »Bittgebärde«
wie bei Zoo-Affen gegenüber den Besuchern: Die Tiere lernen es,

den ursprünglichen Greifversuch zum ruhig erwartenden Handaufhalten abzuwandeln. Das tun frei lebende Makaken als Bettelgebärde gegenüber Artgenossen; auch Schimpansen, Kinder wie Erwachsene, strecken dem futterbesitzenden Artgenossen die Hand entgegen und bekommen dann etwas von dem Begehrten in die Hand gelegt. So bitten selbst ranghohe Schimpansenmänner rangtiefere, denen das Jagdglück hold war, um Fleisch [72]. Ein erwachsener Mantelpavian-Mann im Tiergarten Hellabrunn benutzte außer den üblichen Paschamethoden die in Richtung auf sein Weibchen offen auf den Boden gelegte Hand als Aufforderung, zu ihm zu kommen oder bei ihm zu bleiben. Schimpansen heischen mit dieser Geste schließlich Einverständnis oder sozialen Beistand, indem ein rangtieferes Tier, das an einem ranghöheren vorbei zu einem Baum mit Früchten will, dem ranghöheren die Hand hinhält und wartet, bis dieses zustimmend seine Finger auf die Hand oder einen anderen Körperteil des Bittenden legt. Handauflegen, Handausstrecken und schließlich der Händedruck kommen als Ermunterung oder Beistandsversprechen in Spannungssituationen vor [72].

Es ist naheliegend, aber nicht klar bewiesen, daß diese Handgebärden auf das frühkindliche Greifen nach der Mutter zurückgehen. Weitere Aufschlüsse können genauere Dauerbeobachtungen bringen; man weiß schon, daß bei Schimpansen als Ermunterung und Einverständnis und zur Begrüßung auch Hand-Fuß-Kontakte sowie gegenseitige Berührungen an den Genitalien eine Rolle spielen. Klarer in ihrer Ableitung sind die folgenden sozialen Verhaltensweisen.

Für einen »Mutterhocker« wie den jungen Affen ist besonders wichtig, daß er sich festhält und daß er, wenn Gefahr droht und er sich von der Mutter entfernt hatte, sofort zu ihr zurückeilt und sich anklammert, damit die Mutter ihn auf der Flucht mitnimmt. Auch dieses Verhalten bleibt bis ins Alter hinein bestehen: Erwachsene männliche Paviane und Schimpansen, die erschreckt werden oder einer Gefahr gegenüberstehen, etwas Fremdem, vor dem sie sich fürchten, blicken sich nach einem befreundeten Kameraden um, gehen auf ihn zu und umarmen ihn. Vor einem Angriff auf einen Raubfeind oder bei Ausbruch eines heftigen Streites innerhalb des Trupps sieht man große Pavianmänner sich unter Beruhigungslauten um den Hals fallen. Schon das Jungtier, das von der Mutter entwöhnt wird, sucht zuerst Zuflucht bei anderen Weibchen und bei größeren Männchen: dabei können sich individuelle Freundschaften ausbilden, in denen Begrüßungsgesten aus dem Brutpflegeverhalten eine besondere Rolle spielen. Der Erfolg sol-

»Bittendes« Vorstrecken der offenen Hand beim Mantelpavian und beim Schimpansen

cher Freundschaften ist eine oft bis ins Greisenalter dauernde gegenseitige »Schützenhilfe«. Aus dem mütterlichen Verhalten stammt das In-den-Arm-Nehmen oder das An-die-Brust-Drücken, mit dem der Partner das schutzsuchende Umarmen erwidert.

Beim Mantelpavian spielen Brutpflege-Elemente darüber hinaus eine wesentliche Rolle für den Aufbau der Harems-Sozietät[63]. Auch die Pavian-Männchen beteiligen sich an der Brutpflege, ganz besonders die jüngeren. Waisenkinder werden regelmäßig von halbwüchsigen Männchen adoptiert und aufgezogen. Zu Beginn der Geschlechtsreife nehmen die Männchen junge weibliche Tiere zu sich und behandeln sie wie eine Mutter ihr Kind: sie tragen sie am Körper, nehmen sie zum Sprung über Gesteinsspalten auf den Rücken, bewachen sie und ziehen sie immer wieder zu sich wie eine Mutter ihr Kind (erwachsene Weibchen werden vom Männchen durch Bisse bestraft, wenn sie sich zu weit entfernen). Diese jungen weiblichen Tiere fliehen bei Gefahr zu ihrem männlichen Beschützer, kuscheln sich an ihn wie Kinder an die Mutter und rufen ihn auch mit dem Ruf des verlassenen Kleinkindes. Das Männchen baut sich so eine feste Beziehung zu noch nicht geschlechtsreifen Weibchen auf, und zwar mit Hilfe des Mutter-Kind-Verhaltens; sexuelles Verhalten kann noch jahrelang fehlen, bis das Weibchen geschlechtsreif wird.

Hingegen kann das Jungmännchen sexuelle Beziehungen zu Weibchen eines bereits bestehenden Harems aufnehmen, und zwar um so leichter, je jünger es noch ist. Ein solches Leben als Zusatzmännchen am Rande einer Haremsgruppe ist außerordentlich vorteilhaft, denn das Jungmännchen übernimmt dabei die vielerlei Wege- und Ortserfahrungen des alten Paschas und schließlich den ganzen Harem, wenn der Pascha als Haremsbesitzer zurücktritt und seinen Alleinanspruch auf die Weibchen aufgibt. Dennoch bleibt der Alte weiterhin in dieser Gruppe, die nunmehr von dem jüngeren Mann geführt wird, und wird ihr auch nützlich, wenn Situationen auftreten, denen der Junge nicht gewachsen ist, z. B. weil er sie noch nie erlebt hat. Er geht dann nicht als Führer dem Trupp voran, sondern wartet, bis der greise Ex-Pascha noch einmal die Führung übernimmt. Dasselbe Prinzip gibt es auch unter den Steppenpavianen. Diese Tiere haben also einen »Rat der Weisen«, die nicht mehr ranghöchste Gruppenführer sind und nicht mehr das Vorrecht auf Fortpflanzung haben[63].

13. Umfunktionierung sexuellen Verhaltens

Das dauernde Zusammenbleiben zweier oder mehrerer Individuen ist offenbar eine jüngere Entwicklungsstufe, und die dazu nötigen Anpassungen werden, wie immer in der Evolution, nicht ad hoc »erfunden«, sondern aus bereits Bestehendem abgeleitet.

Verhaltensweisen aus der Brutpflege sind auf Artgenossen gerichtet; sie vertragen sich weder mit Aggression gegen diese Artgenossen noch mit Fluchtverhalten vor ihnen und eignen sich besonders gut dazu, aggressive und Flucht-Tendenzen in einer Sozietät zu neutralisieren. Lorenz hat als weiteren Paarbindungsmechanismus die *umgerichtete Aggression* betont, die in Buntbarsch- wie in Grauganspaaren eine Rolle spielt[75]. Angriffstendenzen eines Partners gegen den anderen werden dabei an diesem vorbei auf Dritte gelenkt, und der Partner läßt sich oft anstecken und macht mit. Dieses »Komm, wir zwei hauen den da« hat aber Nachteile: Es bindet zwei Individuen auf Kosten ihrer guten Beziehung gegen Dritte, und es setzt oft genug voraus, daß diese Dritten auch wirklich vorhanden sind. Es gibt Fälle, wieder unter einehigen Buntbarschen, in denen ein Paar ohne solche außenstehenden »Prügelknaben« zerfällt, weil die Partner ihre aggressiven Tendenzen dann doch gegeneinander richten. Nun schließen die verschiedenen Paarbindungsweisen einander nicht aus, und umgerichtete Aggression kann neben umfunktionierten Brutpflegehandlungen am selben Tier vorkommen.

Es gibt aber noch eine dritte Wurzel für partnerbindendes Verhalten, und das ist die sexuelle Partnerbeziehung. Sexualverhalten ist ebenfalls schon auf Artgenossen gerichtet und mit offenem Angriff oder offener Flucht unvereinbar. Für die Rolle, die umfunktioniertes sexuelles Verhalten für die Partnerbindung und im Sozialen spielen kann, liefern die australischen Prachtfinken gute Beispiele.

Die australischen Prachtfinken sind ausgesprochene Kulturfolger und deshalb auch im Freien einigermaßen gut zu beobachten. Außerdem zeichnen sie sich durch eine besonders gesellige Lebensweise aus und haben damit das Interesse auch der Verhaltensforscher gefunden. Immelmann hat den 18 australischen Arten eine ausgedehnte Studie gewidmet und dabei unter anderem folgendes gefunden[48]:

Fernab von den Brutplätzen leben die Tiere in Schwärmen, und in diesen finden sich unverpaarte Tiere beider Geschlechter zu Paaren zusammen. Eingeleitet wird die Paarbildung meist vom Männchen durch Gesang und die ersten Balzhandlungen. Wenn die Männchen ein bereits verpaartes Weibchen ansingen und dabei langsam auf es zuhüpfen, werden sie angegriffen – oder das Weibchen nimmt Reißaus. Ein paarungsbereites Weibchen dagegen reagiert zum Zeichen seiner Einwilligung mit schwachen Begrüßungs- oder Balzbewegungen. Beim Zebrafinken *(Taenio-*

pygia guttata) und beim Binsen-Astrild *(Neochmia ruficauda)* ist die Paarbildung vollzogen, sobald sich die Partner aneinanderschmiegen oder sich im Gefieder kraulen. In allen Fällen entscheidet das Weibchen, ob es das Männchen annehmen will oder nicht; besonders paarungslustige Weibchen können aber die Männchen auch zur Balz herausfordern. Die meisten Arten scheinen in Dauerehe zu leben, doch ist der Zusammenhalt der Partner verschieden eng: Diamantfink, Rotohr-Amadine, Feuerschwanz-Amadine, Goulds-Amadine und Sonnen-Astrild sind weitgehend Einzelgänger, die Partner selbst in der Brutzeit ziemlich selbständig; bei Spitzschwanz- und Masken-Amadine *(Poëphila acuticauda* und *P. personata)* dagegen folgen beide Partner einander stets blindlings, auch in den Schwärmen außerhalb der Brutzeit. Die Schwärme oder Gruppen sind am stärksten bei den Steppenformen ausgeprägt, am wenigsten bei den Arten, die in Wäldern wohnen. Kurz vor Sonnenuntergang lösen sich die Gruppen auf. Der Gruppenzusammenhalt ist vorteilhaft für das Leben in Trockengebieten, in denen die Tiere nur zu bestimmten Zeiten brüten können und mitunter weite Ausflüge machen müssen, um Nahrung zu beschaffen, denn er trägt wesentlich bei zur gegenseitigen Anregung und Synchronisation der Brutpaare. Die meisten Arten setzen deshalb das gesellige Leben auch zur Brutzeit fort. In vielen Kolonien bestehen ausgesprochene Freundschaften zwischen Nachbarpaaren.

Dem Gruppenzusammenhalt dienen zunächst besondere »Gruppenstunden« am Tag, die zum Teil der gemeinsamen Nahrungssuche gewidmet sind. Am höchsten entwickelt sind die »Sozialstunden« der Masken-Amadine. Sie werden an einem beliebigen Ort abgehalten, sobald sich mehrere Paare der großen Brutkolonie treffen: Zunächst sitzen die Paar-Partner gefiederkraulend zusammen, und zwar in einigen Zentimetern Abstand vom nächsten Paar. Nach mehreren Minuten aber trennen sich einzelne Tiere von ihrem Partner, hüpfen zu einem Nachbarpaar und beginnen, dort »mitzukraulen«. Allmählich kommt so die Gruppe in Bewegung, immer neue Partner finden sich zusammen, und nach und nach krault nahezu jedes Gruppenmitglied jedes andere. Eine solche »Sozialstunde«, an der sich in der Regel sechs bis zehn Paare beteiligen, dauert 30 bis 60 Minuten. Schließlich kommen die Brutpaare wieder zusammen, und die Partner fliegen gemeinsam zum Nest zurück.

Von der sozialen Bedeutung des Gefiederkraulens war schon früher die Rede. Die Masken-Amadine zeigt aber bei ihren »Sozial-

Das Schwanzflirren der Masken-Amadine ist sowohl weibliche Paarungsaufforderung wie allgemeine soziale Begrüßung

stunden« noch andere besondere Verhaltensweisen. Jedes neu
ankommende Paar wird nämlich begrüßt, und zwar mit raschen
Bewegungen der Schwanzfedern, die dabei senkrecht auf und ab
zittern; alle Paare begrüßen sich dermaßen schwanzflirrend. Dieses Schwanzzittern tritt jedoch noch an ganz anderer Stelle im
Verhalten auf, nämlich am Ende einer Reihe von Balzhandlungen
als weibliche Aufforderung zur Kopulation. Diese unter Kleinvögeln ungewöhnliche Paarungsaufforderung ist allen Prachtfinken eigen. In diesem Zusammenhang ist das Schwanzflirren also
weit verbreitet und deshalb sicher älter; bei der Masken-Amadine
ist daraus außerdem eine Begrüßungsgeste geworden, d. h., obwohl
es in beiden Fällen völlig gleich aussieht, dient es ihr zu zwei ganz
verschiedenen Zwecken. Ein Unterschied liegt jedoch in der Wahl
des Adressaten: Zwischen Ehepartnern ist das Schwanzflirren am
Ende der Balz Kopulationsaufforderung, das Weibchen richtet es
an sein Männchen. Als Begrüßungsgeste in der Gruppe tritt es
ausschließlich zwischen nicht miteinander verpaarten Artgenossen
auf; wenn die Ehepartner sich bei solchen Gelegenheiten grüßen,
dann mit einer tiefen Balzverbeugung. Damit das Schwanzflirren
also als Kopulationsaufforderung wirkt, müssen sich die Tiere so
genau kennen, wie das gewöhnlich nur bei Paar-Partnern der Fall
ist; sonst wirkt es als Gruß. Paar-Partner wählen als Gruß eine
andere Verhaltensweise – eben die Balzverbeugung –, offenbar

weil sie das Schwanzflirren immer als Kopulationsaufforderung verstehen. In Gefangenschaft gehaltene Masken-Amadinen aber werten jedes Schwanzflirren, auch das als Gruß gemeinte, als Kopulationsaufforderung, vielleicht weil sie einander auf dem engen Raum zwangsläufig alle zu gut kennenlernen; die Männchen versuchen dann, jedes grüßende Weibchen zu begatten. Auffällig ist ferner, daß das Schwanzflirren als Kopulationseinleitung nur vom Weibchen geäußert wird, als sozialer Gruß aber von beiden Geschlechtern. Während es am Weibchen also zweierlei heißen kann, ist es beim Männchen immer nur ein Gruß.

Wie aber kommt es dazu, daß diese ursprünglich rein sexuelle Verhaltensweise überhaupt in der Gruppensituation auftritt? Bisher gibt es nur Ansätze zu einer Antwort auf diese Frage. Wahrscheinlich ist das ganze Gruppenleben, das ja der wechselseitigen Anregung und Synchronisation der Brutpaare dient, leicht sexuell getönt. Die geschilderten »Sozialstunden« bieten Gelegenheit zu einer Art sozialer Balz, und einzelne Balzhandlungen sind aus dem ursprünglich streng sexuellen Zusammenhang gelöst und verselbständigt worden – sie dienen jetzt dem Gruppenzusammenhalt. Einige kommen aber sogar außerhalb der Fortpflanzungszeit häufiger vor als zur Brutzeit, sind also wohl von der sexuellen Stimmung weitestgehend unabhängig geworden.

Die sozialen Gruppen der Prachtfinken bestehen, wie schon gesagt, zum Teil aus noch unverpaarten Jungtieren, daneben aber regelmäßig aus festen Paaren, die auch außerhalb der Brutzeit zusammenhalten. Und wenn schon der Gruppenzusammenhalt durch zweckentfremdete sexuelle Verhaltensweisen bekräftigt wird, dann gilt dasselbe für den Paarzusammenhalt. Es gibt Verhaltensweisen, die deutlich der Partnerbindung dienen, zum Beispiel die bereits erwähnte Balzverbeugung zum Partner hin, dem oft zugleich der Schwanz seitlich zugewendet wird. Diese Verbeugung entstammt dem Nestbauverhalten; sie ist ein fester Bestandteil des Kopulationsvorspiels, kommt daneben aber das ganze Jahr hindurch als überbetonte Begrüßung zwischen Paar-Partnern vor, allerdings auch schon in schwacher Form bei der allgemeinen Begrüßung von Gruppenmitgliedern.

Dasselbe gilt für den Gesang, der zunächst dazu dient, ein Weibchen anzusprechen; er hat rein geschlechtliche Bedeutung und dient auch im Paar der Anregung und Einstimmung des Weibchens. Daneben gibt es aber als Anzeichen ganz geringer sexueller Stimmung den sogenannten »ungerichteten Gesang«, der sich nur durch seine Langsamkeit und die längeren Pausen zwischen den einzelnen Strophen vom Balzgesang unterscheidet und niemals auf einen Artgenossen gerichtet ist. Bei vielen Arten dient er aber dem Gruppenzusammenhalt. Zunächst einmal wirkt er ansteckend, so daß andere Männchen ebenfalls zu singen anfangen, wozu sie sich gern dicht neben den ersten Sänger setzen. Das tun aber auch Weibchen, und erwachsene Männchen setzen sich sogar neben noch nicht ausgemauserte Jungvögel, die schon singen. Das zeigt, daß es sich hier nicht etwa um »Gesangsstunden« handelt. Das Zuhören ist bei Muskat- und Schilffinken *(Lonchura)* und einigen anderen Arten besonders ausgeprägt. Während der Sänger weitersingt, wie wenn niemand da wäre, setzen sich Artgenossen vor und neben ihn, recken den Hals, bis ihr Kopf sich dicht am Schnabel des Sängers befindet, halten ihm also regelrecht das Ohr hin, und bleiben eine Weile regungslos in dieser Stellung. Die Zuhörer streiten sich mitunter um den besten Platz oder stehen sogar an, und wenn einer abfliegt, rückt der nächste auf. Es gibt ausgesprochen beliebte Sänger, die meist dicht umlagert sind, und andere, die fast stets allein singen. Weibchen hören immer nur anderen Männchen zu, nicht ihrem eigenen. Der Masken-Amadine fehlt dieses Verhalten.

Weitere Verlagerungen von ursprünglich sexuellen Verhaltensweisen der Vögel in den allgemein sozialen Bereich kann man in der Literatur finden[48]. Die vorgeführten Beispiele mögen genügen, das Prinzip zu zeigen.

Die Zweckentfremdung sexueller Verhaltensweisen ins Soziale ist nun auch nicht etwa aufs Vogelreich beschränkt, sondern kommt wiederum von den niedersten bis zu den höchsten Wirbeltieren vor, also von Fischen bis zu den Affen. Im Gegensatz zur Brutpflege aber, die in Gefangenschaft oft leicht zu beobachten ist, braucht man Freilandstudien, um das höhere Sozialleben zu analysieren; die eben besprochene Masken-Amadine zeigt schon, wie leicht Gefangenschaftsbedingungen hier das Normalverhalten fälschen. Freilandbeobachtungen sind jedoch meist eine recht mühsame Sache, und daher rührt es, daß wir erst von verhältnismäßig wenigen Tierarten genügend Einzelheiten über ihr Sozialverhalten kennen, obwohl die bisherigen Resultate schon zeigen, daß hier ein ungemein spannendes Forschungsfeld wartet.

Unter den Fischen ist es wieder eine den Liebhaber besonders ansprechende Familie, über die wir einigermaßen gut Bescheid wissen. Es sind die Buntbarsche *(Cichlidae),* von denen wir schon einen Vertreter, den Indischen Buntbarsch, besprochen haben. In den vergangenen zwölf Jahren haben wir im Max-Planck-

Institut für Verhaltensphysiologie 45 Buntbarsch-Arten aus 23 verschiedenen Gattungen untersucht und ihre Kämpfe, ihre Brutpflege und ihr Sozialverhalten verglichen. Neben den Haremsbildnern, den monogamen und den nicht-ehigen Arten fanden wir den Brabant-Buntbarsch *(Tropheus moorii)* aus dem Tanganyikasee, der geschlossene Gruppen von mehreren Weibchen und Männchen bildet und in solchen Trupps an den weiten Felsufern des Sees umherzieht. Fremde Artgenossen, die in die Nähe des Trupps kommen, werden angegriffen und vertrieben, während die Truppmitglieder untereinander Frieden zu halten scheinen. Eine genaue Beobachtung unter möglichst natürlichen Verhältnissen in großen Aquarien ergab jedoch, daß Truppmitglieder untereinander doch nicht ganz so friedlich sind, wie es auf den ersten Blick aussieht. Wenn die Tiere nicht gerade Siesta halten, kann es sogar vorkommen, daß alle paar Minuten einer mit gespreizten Flossen drohend auf einen andern zuschwimmt. Besonders häufig ist das vom stärksten Männchen zu sehen. Das führt jedoch normalerweise nie zu einem Kampf. Der Angedrohte stellt sich vielmehr quer vor den Angreifer, richtet den Kopf schräg nach oben, läßt den Schwanz absinken und biegt ihn etwas vom Gegner weg, spreizt die Brustflossen bremsend ab und schüttelt den Hinterkörper feinschlägig seitlich hin und her oder zittert mit dem ganzen Rumpf. Dieses »Rütteln« beschwichtigt den Partner, der daraufhin von weiterem Angriff abläßt und seines Weges schwimmt.

Wenn man das Gesamtverhalten dieses Fisches kennt, dann kennt man auch das Rütteln schon, allerdings aus einem ganz anderen Zusammenhang. Es ist nämlich eine der häufigsten Bewegungen des balzenden Männchens und außerdem die Verhaltensweise, mit der es sein Sperma ausstößt, nachdem das Weibchen die Eier abgelegt hat. Als Balzbewegung taucht das Rütteln bei vielen verwandten Buntbarsch-Arten auf, und zwar regelmäßig beim Männchen und nur dann, wenn es ein Revier hat, laichbereit ist und wenn ein ebenfalls ablaichbereites Weibchen zu ihm kommt. Das zeigt bereits, daß das Rütteln eine sexuelle Verhaltensweise ist. Etwas entfernter verwandte Buntbarsche, etwa die *Pelmatochromis*-Arten, bei denen das Weibchen balzt, haben diese Bewegungen besonders hoch entwickelt: Das Weibchen krümmt sich dabei U-förmig zusammen und streckt dem Partner die vorgewölbte Flanke entgegen, auf der ein auffallend rotes Farbfeld leuchtet. Dieser Farbfleck am Bauch wirkt, wie sich experimentell zeigen ließ, beißhemmend, und der ganze »Bauchtanz« wirkt deshalb zugleich beschwichtigend auf das meist ziemlich angriffslustige

Das Rütteln des Brabant-Buntbarsches ist sowohl männliche Balzbewegung als auch allgemein soziale Beschwichtigungsgebärde

Männchen. Einen roten oder gelbroten Farbfleck auf der Flanke haben auch die erwähnten Verwandten des Brabant-Buntbarsches, und zwar die Männchen, die in diesem Fall balzen. Der Brabant-Buntbarsch selbst ist schwarz und hat einen gelbroten Farbgürtel, der am balzenden Tier sekundenschnell aufleuchtet und nach Beendigung der Fortpflanzungshandlungen ebenso rasch wieder verschwindet.

Während man nun in allen eben erwähnten Arten die Geschlechter mit Hilfe dieser auch »Prachtkleid« genannten Balzfärbung leicht auseinanderhalten kann, geht das beim Brabant-Buntbarsch nicht, denn hier zeigen auch die Weibchen die Balzfärbung. Sie balzen zwar nicht und brauchen auch das Prachtkleid im Fortpflanzungsverhalten nicht. Aber die typische Balzbewegung, das Rütteln, dient ja hier außerdem der Beschwichtigung in der Gruppe, und in diesem Zusammenhang braucht sie ein Weibchen sehr wohl. Männchen und Weibchen rütteln ebenso häufig, wie sie von Gruppenmitgliedern angedroht werden, und zwar ganz unabhängig davon, ob überhaupt laichbereite Tiere in der Gruppe vorhanden sind. Außerdem tritt das Beschwichtigungs-Rütteln bei Jungtieren schon auf, lange ehe sie geschlechtsreif sind. Daraus kann man ersehen, daß dieses Rütteln weitgehend, vielleicht sogar völlig unabhängig geworden ist von sexueller Erregung. Das erfährt zu seiner Enttäuschung derjenige, der aus dem heftigen »Balzen« der Tiere auf baldige Nachzucht hofft – es kann nämlich dennoch nicht einmal sicher sein, ob überhaupt beide Geschlechter in der Gruppe vertreten sind. Ich war zuerst auch enttäuscht, bis ich die Zusammenhänge verstand, die mich dann allerdings rasch trösteten – zumal die Tiere sich schließlich wirklich fortpflanzten.

Der Brabant-Buntbarsch benutzt innerhalb der sozialen Gruppe zum Hemmen von Aggressionen das »Rütteln«, eine Bewegungsweise, die dem männlichen Sexualverhalten entstammt. Der männliche Brabant-Buntbarsch rüttelt sowohl im sexuellen Zusammenhang, also beim Balzen und Besamen, als auch im nichtsexuellen Zusammenhang, nämlich zum Beschwichtigen eines Angreifers. In beiden Bedeutungen sieht die Bewegung gleich aus. Der weibliche Brabant-Buntbarsch, der nicht balzt, benutzt diese Bewegung nur zum Beschwichtigen im sozialen Zusammenhang. Für den Verhaltens-Beobachter ergibt sich daraus zunächst, daß er größere Verhaltensfolgen im Auge behalten muß, wenn er entscheiden will, ob die gleiche Bewegung Balz oder Beschwichtigung heißt. Hinzu kommt aber, daß das Weibchen auch äußerlich dem Männchen gleicht. Das ist deswegen auffällig, weil Männchen und Weibchen des Brabant-Buntbarsches im Fortpflanzungsverhalten sehr verschiedene Rollen spielen und weil alle Buntbarsche, bei denen das der Fall ist, sehr verschieden aussehende Männchen und Weibchen haben. Je verschiedener das Verhalten von Männchen und Weibchen, desto größer sind die Geschlechtsunterschiede; das kann bei denjenigen Arten, deren Weibchen allein für die Brut sorgen, während die Männchen nur balzen, ein Laichrevier erkämpfen und das Gelege besamen, dazu führen, daß Männchen und Weibchen als Angehörige verschiedener Arten beschrieben worden sind, weil sie so ganz anders aussehen. Auch beim Brabant-Buntbarsch balzt nur das Männchen, während das Weibchen die Eier ins Maul nimmt, dort etwa 40 Tage lang bebrütet und auch später bei Gefahr die Jungen ins Maul sammelt, um die sich das Männchen nicht kümmert. Aber trotz dieser großen Verschiedenheit im Verhalten sehen die Geschlechter doch gleich aus. Das läßt erkennen, daß es eine starke Entwicklungstendenz gegen die Ausbildung von Geschlechtsunterschieden gegeben haben muß. Alles spricht dafür, daß diese Tendenz aus dem Sozialleben kam. Bislang ist der Brabant-Buntbarsch der einzige Vertreter der ganzen Buntbarsche, der dieses Sozialleben hat; und darin spielt die männliche Balzbewegung sekundär eine besondere Rolle, aber nicht nur die Bewegung, sondern auch das damit gekoppelte Farbkleid. Zwar kann das Farbkleid mit Hilfe des bei Fischen weit verbreiteten physiologischen Farbwechsels sich rasch ändern, aber es müssen doch für jede Färbung bestimmte Farbzellen und die dazugehörigen Nervenbahnen vorhanden sein. Daß der weibliche Brabant-Buntbarsch beides hat, läßt sich nur dadurch erklären, daß er beides zum sozialen Leben in der Gruppe braucht.

Das gibt uns eine Möglichkeit, grob abzuschätzen, wie wichtig die umfunktionierte Balzbewegung für die Art ist: Das Rütteln im Sozialverhalten muß ebenso wichtig sein wie der starke äußere Unterschied zwischen den Geschlechtern bei den verwandten Arten; denn dieser Tendenz zu deutlichen Geschlechtsunterschieden bei nicht sozial lebenden Arten hält hier die andere Tendenz die Waage, im Zusammenhang mit dem sozial wichtigen Rütteln auf Geschlechtsunterschiede zu verzichten. Wir werden anschließend noch Beispiele dafür kennenlernen, daß in vergleichbaren Fällen im Dienste des Soziallebens sogar Geschlechtsunterschiede nachträglich wieder vertuscht werden. Es könnte sein, daß das auch für den Brabant-Buntbarsch gilt, daß also Männchen und Weibchen seiner noch nicht sozial lebenden Vorfahren deutlich voneinander verschieden waren und die Weibchen sich erst nachträglich den Männchen angeglichen haben. Das ist aber, soweit wir die Tiere jetzt kennen, weniger wahrscheinlich, und es würde für das hier erörterte Problem auch kaum einen Unterschied machen. Das gleiche Prinzip der ins Soziale zweckentfremdeten sexuellen Verhaltensweisen findet sich also unter Wirbeltieren schon bei Kaltblütern. Die folgenden Beispiele werden zeigen, daß es auch für die höchstentwickelten Wirbeltiere gültig ist.

Ein recht merkwürdiges Säugetier ist die Fleckenhyäne (Crocuta) Afrikas. Sie ist als häßlich und feige verschrien, und von ihren ungemein verschiedenartigen Lautäußerungen wird immer wieder das »dämonische« Gelächter hervorgehoben, das sie bei Erregung hören läßt; wenn man dann noch auf das unheimliche Gebiß hinweist, das wie eine Brechschere wirkt und geeignet ist, selbst dickste Knochen aufzuknacken, so entsteht allmählich ein wahrhaftes Scheusal und Gruseltier. Aber gerade dieses angebliche »Untier« läßt sich leicht zähmen und bleibt, auch wenn es erwachsen ist, vertraut wie ein Hund. Schon das weist darauf hin, daß die Fleckenhyäne ein sozial lebendes Tier ist, denn nur solche Tiere schließen sich ersatzweise auch dem Menschen an und nehmen ihn zum Sozialkumpan. (Neben der Fleckenhyäne gibt es noch die Streifenhyäne, die aber nichts von dem Folgenden mit der Fleckenhyäne gemeinsam hat.) Untersuchungen der letzten Jahre durch Kruuk haben denn auch das Bild, das wir von diesem Tier hatten, etwas berichtigt[70]. Die Fleckenhyäne ist ein stark soziales Tier, das in Trupps von 10 bis 100 Individuen feste Reviere bewohnt, jeweils mit einem zentralen Ruheplatz und mit Erdhöhlen, in denen die Jungen die erste Zeit untergebracht werden. Entgegen einer verbreiteten Ansicht fressen Hyänen nicht nur Aas, sondern jagen auch lebende Zebras oder Gnus. Dazu schließen sie sich zu mehreren zusammen, meist gegen Abend, nachdem sie tagsüber in einem Schlammloch, im Schatten eines Baumes oder sonst an einer geschützten Stelle geruht haben. Die Mitglieder eines Rudels kennen sich untereinander und begrüßen sich, wann immer sie einander treffen, auch wenn sie am Abend zur Jagd zusammenkommen. An der Beute sind Mitglieder einer Gruppe untereinander völlig friedlich, aber es entspinnt sich um die Beute sofort Streit oder sogar offener Kampf, wenn Tiere aus anderen Gruppen dazukommen.

Nun geht schon seit den Zeiten des Aristoteles die Mär, die Flekkenhyäne könne nach Belieben ihr Geschlecht wechseln, und deshalb lache sie auch so oft. Noch heute glauben die Bantu und sogar einige weiße Jäger, die Tiere seien Zwitter. Ursache für diesen Irrtum ist, daß man tatsächlich rein äußerlich Männchen und Weibchen kaum auseinanderhalten kann, denn die äußeren Geschlechtsorgane sehen bei beiden gleich aus. An älteren Weibchen, die schon mehrfach geboren haben, sind zwar die Zitzen viel größer als beim Männchen und auch die Geburtsöffnung ist erweitert; das fällt aber wenig auf, weil sie nicht da liegt, wo man sie erwarten würde. Gleich unter dem After haben nämlich auch die Weibchen zwei deutliche Skrotum-Säcke, genau wie das Männchen, nur daß bei ihnen keine Hoden darin liegen, sondern lediglich Fett- und Bindegewebe[19]. Davor an der Bauchseite hat das Weibchen einen Penis, genau wie das Männchen; wegen des etwas anderen anatomischen Baues muß man streng genommen Pseudopenis sagen, aber im hier behandelten Zusammenhang ist folgendes wichtiger: Der Pseudopenis des Weibchens kann ebenso wie der Penis des Männchens ausgeschachtet werden und hängt dann mit der Spitze fast bis auf die Erde. Ferner ist er erigierbar. Die Haut des Pseudopenis umschließt den Geburtskanal, der also vorn an der Spitze mündet. Das wirkt äußerst unpraktisch; denn normalerweise verlassen bei Säugetieren die Jungen den Körper der Mutter auf dem kürzesten Wege, nachdem sie das Becken passiert haben. Die Hyänenbabys aber gelangen dann erst durch einen um 180 Grad nach vorn gekrümmten Geburtsweg ins Freie. Und ausgerechnet diese Babys sind für ein Raubtier erstaunlich weit entwickelt: Sie haben bereits offene Augen, durchgetretene Schneide- und Eckzähne und können – wenn auch noch etwas tapsig – laufen.

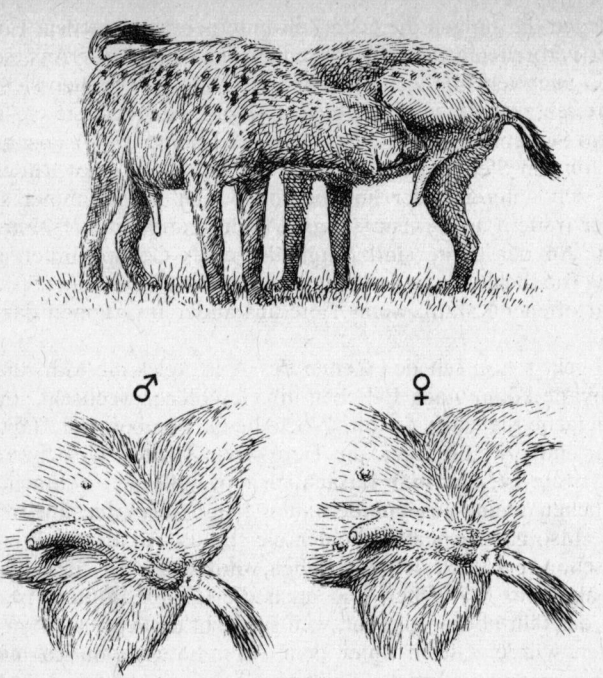

Die äußeren Genitalien von Männchen und Weibchen sehen bei der Fleckenhyäne weitgehend gleich aus (unten). Sie spielen eine wichtige Rolle in der sozial beschwichtigenden Begrüßungszeremonie dieser Tiere (oben)

Die Hyänen gehören wahrscheinlich in die Verwandtschaft der größeren Schleichkatzen, zu der auch die Zibethkatze zählt, und unter diesen gibt es mehrere Arten mit recht geringen Unterschieden in den äußeren männlichen und weiblichen Genitalien. Bei keiner aber geht die Übereinstimmung so weit wie bei der Fleckenhyäne. Und es kann sehr wohl sein, daß diese Übereinstimmung im Zusammenhang mit dem Sozialleben entwickelt wurde. Auf jeden Fall spielt sie darin eine große Rolle. Die äußeren Genitalien sind nämlich für die freundliche Begrüßung zwischen Gruppengenossen entscheidend wichtig[120].

Begegnen sich zwei bekannte Fleckenhyänen, so beriechen und belecken sie einander ausdauernd die Genitalien, an deren Basis übrigens sowohl die Zitzen als auch besondere Duftdrüsen liegen, so daß das Ganze ein sozial sehr bedeutsames Feld ist. Dieses wird nun dem Partner auffällig präsentiert: Das ihm zugewandte Hinterbein wird angehoben, und zugleich schachtet der Penis oder Pseudopenis weit aus. Man kann also zunächst nicht feststellen, ob sich zwei Männchen, zwei Weibchen oder ein Männchen und ein Weibchen begrüßen; diese Art der Begrüßung sieht man auch schon zwischen noch kleinen Jungtieren und Erwachsenen. Sie hat eine wichtige beschwichtigende Funktion, ist geradezu ein Friedensgruß. Eine Hyäne, die einer anderen diesen Gruß verweigert, läuft Gefahr, heftig angegriffen oder vertrieben zu werden.

Dieser Gruß entstammt dem Paarungsverhalten, und zwar dem des Männchens, denn natürlich ist das Genitale des Weibchens bei der Kopula nicht erigiert; seine Lage macht aber besondere, die Paarung vorbereitende Stellungen des Männchens nötig, auf die wir hier ebenfalls nicht einzugehen brauchen. Vor der Paarung beschnüffeln die Tiere einander außerdem die Analzone, was bei der Begrüßung höchstens angedeutet wird. Eindeutig ist, daß hier ein Teil des männlichen Paarungsvorspiels zur sozialen Grußgeste beider Geschlechter wurde und daß die Zeugungsorgane dabei eine wichtige Rolle spielen. Wie ihre Form beim Weibchen zu diesem Zweck verändert wurde, ist noch nicht klar, da vergleichende Beobachtungen an verwandten Raubtierarten fehlen.

Besser orientiert sind wir über vergleichbare Grußzeremonien verschiedener Altweltaffen, das heißt all der Affen, die außerhalb des amerikanischen Kontinents vorkommen. Man nennt sie auch Schmalnasenaffen im Vergleich zu den neuweltlichen Breitnasenaffen und vermutet, daß diese mehr ursprüngliche Züge beibehalten haben, die Altweltaffen also moderner, höher entwickelt sind; auch alle Menschenaffen gehören hierher. Aus dem Zoo am ehesten bekannt sind die Paviane, in deren Sozialverhalten sexuelle Signale eine besonders große Rolle spielen. Die meisten Säugetierweibchen haben eine typische Stellung, mit der sie ein Männchen zur Paarung auffordern: Sie kehren ihm das Hinterteil zu und biegen den Schwanz zur Seite oder nach oben. Das tun auch die Affenweibchen; man hat diese Paarungsaufforderung bei ihnen »Präsentieren« genannt. Wer allerdings eine Pavianherde aufmerksam beobachtet, wird rasch entdecken, daß durchaus nicht jedes Individuum, das vor einem anderen präsentiert, ein Weibchen ist und daß auch die Individuen, vor denen präsentiert wird, darauf ganz verschieden reagieren. Das liegt daran – und das ist schon seit langer Zeit bekannt –, daß das Präsentieren auch als soziale Beschwichtigungsgebärde oder als Gruß dient, den der jeweils Rangtiefere dem Ranghöheren entbietet. Dieser Gruß kann sehr verschieden ausgeprägt sein; es gibt alle Übergänge von einem kurzen Hinschwenken der Kehrseite im Gehen, über ein kurzes Anhalten, wobei der Schwanz andeutungsweise oder weit zur Seite gebogen wird, bis hin zur auffälligsten Stellung, in der das Tier dem Partner die Kehrseite direkt unter die Nase hält, ihn über die Schulter nach hinten anschaut und gar die Vorderbeine einknickt und das Hinterteil steil emporreckt. Diese beträchtlichen Unterschiede entsprechen steigenden Intensitäten des Grüßens, und diese wiederum hängen davon ab, um wieviel ranghöher das begrüßte Individuum ist und wie nahe es dem Grüßenden kommt. Dabei spielt es nun keine Rolle, ob der Grüßende oder Begrüßte Männchen oder Weibchen ist: Rangtiefe Tiere – egal, ob Männchen oder Weibchen – präsentieren vor ranghohen – egal, ob Männchen oder Weibchen. Da die Paviane in geschlossenen Verbänden leben, kann man die Rangordnung ihrer Mitglieder untereinander daran ablesen, wie oft jeder vor jedem anderen präsentiert[63]. Je ranghöher ein Individuum ist, desto seltener präsentiert es vor anderen und desto häufiger präsentieren die anderen vor ihm. Genau auf dieselbe Weise kann man auch die Rangordnung in einem Trupp der oben beschriebenen Brabant-Buntbarsche feststellen: Je ranghöher der Fisch, desto seltener rüttelt er vor den anderen und desto häufiger rütteln die anderen vor ihm. Das Rütteln des Brabant-Buntbarsches allerdings stammt aus dem männlichen, das Präsentieren der Paviane hingegen aus dem weiblichen Sexualverhalten. Ebensowenig aber, wie ein Brabant-Buntbarsch-Weibchen balzt, wird ein Pavianmann vor der Kopula präsentieren. Im sexuellen Zusammenhang sind also diese Verhaltensweisen auf je ein Geschlecht beschränkt, im allgemein sozialen Zusammenhang zeigen sie beide Geschlechter. Und ebenso, wie schon ganz junge Brabant-Buntbarsche rütteln, kann man auch noch nicht geschlechtsreife Paviankinder präsentieren sehen. Auch hier ist das Grußverhalten also aus dem sexuellen Kontext herausgenommen und weitgehend verselbständigt. Wenn ein Pavian sich einem anderen nähert, vor ihm anhält, ihm das Hinterteil zuwendet und den Schwanz hebt, so einen Augenblick verharrt und sich dann hinsetzt, dann ist das nicht eine Paarungsaufforderung gewesen, auf die der andere nicht reagiert hat, sondern es war ein Gruß an den Überlegenen, sozusagen eine Anerkennung seiner Rangstellung. Oft beginnen die Tiere direkt anschließend, einander das Fell abzusuchen, das heißt, eine aus der Brutpflege stammende soziale Verhaltensweise schließt unmittelbar an eine aus dem sexuellen Bereich stammende an. Dabei haben die Tiere aber keinen Stimmungsumschwung erlitten, sondern sie blieben, wenn man es so nennen will, einfach in sozialer Stimmung.

Das Präsentieren als soziale Grußgeste finden wir bei fast allen Altweltaffen, also außer bei den Pavianen auch bei Makaken, zu denen der Rhesusaffe *(Macaca mulatta)* gehört, bei Languren *(Trachypithecus* und *Presbytis)* und auch beim Schimpansen. Immer ist das Verhalten doppeldeutig: Es kann weibliche Paarungsaufforderung sein, ist aber meist eine nicht sexuell »gemeinte« soziale Grußgeste.

Die Weibchen vieler Arten entwickeln nun in der Brunstzeit eine große rote Schwellung der um die Genitalöffnung gelegenen nackten Hautflächen. Diese Brunstschwellung nimmt bei manchen Pavianen solche Ausmaße an, daß das Tier kaum richtig sitzen kann; der naive Beobachter hält Weibchen in dieser Phase wegen ihrer merkwürdigen »Geschwulst« (s. Abb. S. 165) ziemlich oft für krank. Den arteigenen Männchen aber zeigt sie an, daß das Weibchen paarungsbereit ist. Selbstverständlich wird dieses Signal dem Männchen in der Kopulationsaufforderung besonders nachdrücklich präsentiert. Wenn wir das mit den Verhältnissen beim Brabant-Buntbarsch vergleichen, der ja in der Balz auch ein besonderes Farbsignal präsentiert, so könnte man fragen, ob nicht auch die Affen Vorteile davon hätten, wenn sie das gleiche Farbsignal ebenfalls im sozialen Gruß anwenden könnten. Das Fischweibchen imitiert ja das männliche Balz-Farbkleid dann, wenn es die männliche Balzbewegung als Gruß benutzt. Nach der rein funktionellen Übereinstimmung könnte man daraus für Affen die Arbeitshypothese oder die Erwartung ableiten, daß hier die Männchen das weibliche Brunstsignal imitieren, wenn sie die weibliche Kopulationsaufforderung als Gruß benutzen. Und das tun sie tatsächlich.

Am leichtesten zu sehen ist das am Mantelpavian *(Papio hamadryas),* der im Zoo ja außerordentlich häufig gehalten wird. Die Steppenpaviane *(Papio doguera)* haben eine braungraue Sitzfläche, aus der nur beim brünstigen Weibchen die rote Schwellung hervorleuchtet. Dieses Farbsignal verblaßt fast völlig, sobald die Brunst vorüber ist. Die Brunstschwellung des allgemein höher spezialisierten Mantelpavians ist größer, und die Kehrseite bleibt ständig rot. Bei diesem Tier spielt das soziale Präsentieren eine besonders große Rolle – wie es scheint, eine größere als beim Steppenpavian. Und deshalb haben die Mantelpavianmännchen als Imitation des weiblichen Brunstsignals eine ebenso leuchtend rote Kehrseite, die sie jedoch nicht im sexuellen Zusammenhang brauchen, sondern nur im allgemein sozialen. Auffällige Genitalfärbungen oder -schwellungen haben z. B. auch die Weibchen vieler Makaken, der Mangaben *(Cercocebus),* des Dscheladas und des Schimpansen. Aber der Mantelpavian ist ja nicht der einzige Affe, dessen Weibchen eine Brunstschwellung zeigt. Und da die meisten Altweltaffen das Präsentieren als Grußgeste besitzen, könnte man erwarten, daß auch Männchen anderer Arten das weibliche Brunstsignal imitieren. Oder, genauer gesagt: Wenn die auffällige Färbung der Kehrseite männlicher Affen darauf zurückzuführen ist, daß sie das Brunstsignal der Weibchen imitiert, dann dürfte sie auch nur bei solchen Arten vorkommen, deren Weibchen ein farbiges Brunstsignal in der Genitalzone aufweisen. Und auch das stimmt[124]. Besonders überzeugend sind jene Fälle, wo nur einzelne Arten in einer größeren Verwandtschaftsgruppe eine Brunstschwellung der Weibchen haben und dann gerade die Männchen dieser Arten – und nur dieser Arten – eine sehr ähnliche Färbung oder gar Schwellung in der Aftergegend aufweisen. So gibt es unter den vielen blätterfressenden Affen – Guerezas, Languren, Hulmans *(Semnopithecus),* Nasenaffen *(Nasalis),* Kleideraffen *(Pygathrix)* – nur wenige mit einer weiblichen Genitalschwellung, nämlich den Grünen und den Braunen Guereza *(Procolobus verus* und *Colobus badius).* Und deren Männchen tragen eine ebenso geformte Schwellung! Zumal junge Männchen haben eine derart gute »Attrappe« der weiblichen Genitalgegend, daß sie gar nicht leicht als Männchen erkennbar sind. Da sie außerdem häufig vor den erwachsenen

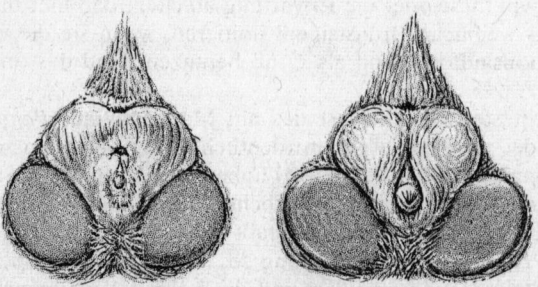

Gesäßansicht eines weiblichen Braunen Guereza mit Genitalschwellung (links) und Attrappe dieses weiblichen Genitale bei einem jungen Männchen (rechts)

Männchen ihres Trupps präsentieren[62], scheint auch hier von der Natur eine Verwechslung mit Weibchen angestrebt zu sein, was dazu führen kann, daß junge Männchen von den erwachsenen Männchen länger unbehelligt im Trupp geduldet werden. Kein Zweifel besteht jedenfalls, daß dieses Signal wiederum aus dem Sexualverhalten entlehnt und in den Dienst des sozialen Zusammenlebens gestellt ist.

So plausibel es nun ist, daß Affen mit ihren scharfen Augen ein so hervorstechendes Brunstsignal beachten, so unplausibel kommt es vielen Menschen vor, wenn es heißt, dieselben Affen ließen sich durch eine Attrappe dieses Signals derart täuschen, daß sie ein Männchen für ein Weibchen halten. Es kommt aber hier doch nur auf eine Plakatwirkung an. Selbst wir Menschen bevorzugen ja beim Kauf nachweislich die Autoreifen oder die Biere, die uns auf einem Plakat mit einem attraktiven Mädchen im Hintergrund angeboten werden. Natürlich halten wir das Papier nicht für ein wirkliches Mädchen; aber »es gefällt uns«, d. h., die davon ausgehenden Mädchen-Signale bewirken eine freundlichere, positive Stimmung, die dem angebotenen Objekt bzw. seinem Hersteller zugute kommt (über solch automatisches Ansprechen auf Signale s. S. 222). Und genau das wird eben auch im Tierreich durch Ausnutzen bestimmter Signale erreicht. Gerade an den Affen kann man gut erkennen, wie wirksam diese Verwendung von Attrappen ist, wenn man beachtet, daß sie eigens »hergestellt« werden. Denn da es genügend Vergleichsmöglichkeiten mit anderen Arten gibt, weiß man, daß die genannten Übereinstimmungen zwischen Männchen und Weibchen nicht etwa dadurch zustande kommen, daß einfach erst gar keine Unterschiede ausgebildet wurden. Diese Unterschiede sind normalerweise sehr wohl vorhanden, und nur bei einigen spezialisierten Arten sind sie nachträglich wieder vertuscht. Mitunter wird das Signal am Männchen sogar mit anderen Mitteln erzeugt: Ein rotes Farbfeld, das beim Weibchen aus nackter Haut besteht, kann am Männchen durch rotes Fell imitiert werden.

Welche Reaktion das Signal im Sozialpartner hervorruft, kann man ebenfalls durch Beobachtung herausbekommen. Auf das Präsentieren eines Artgenossen reagiert ein Pavian, Makak oder welche Art es sonst sei entweder gar nicht sichtbar, oder er guckt kurz hin, oder er berührt die angebotene Kehrseite mit den Fingern, oder er riecht kurz daran, oder er putzt sie, oder er erhebt sich und nimmt sie zwischen seine Schenkel, oder er steigt auf und macht einige Kopulationsbewegungen oder kopuliert wirklich. Das ist eine Reihe zunehmend intensiverer Paarungshandlungen. Welche davon auftritt, hängt von vielerlei Begleitumständen ab. Man sieht aber daraus, daß das Signal, auch wenn es nicht sexuell gemeint ist, doch sexuell aufgefaßt werden kann. Sexuell gemeint ist es in der Affensozietät höchst selten. Je zuverlässiger es aber sexuelle Reaktionen auslöst, desto sicherer unterdrückt es im Signalempfänger aggressive Tendenzen.

Das Präsentieren hat aber ziemlich sicher nicht nur eine die Aggression besänftigende Wirkung. Auf einen Gruppengenossen, der sich vor einem Ranghohen fürchtet und vor ihm davonlaufen möchte, kann dasselbe Signal, da es an ein brünstiges Weibchen erinnert, beruhigend oder gar anlockend wirken und die Fluchttendenz überspielen. Tatsächlich läßt sich – an manchen Arten deutlicher als an anderen – beobachten, daß ranghohe Tiere vor rangtieferen präsentieren, und daß die rangtieferen daraufhin aufreiten. Es ist unmöglich, hier alle schon registrierten Möglichkeiten aufzuzählen; häufig stehen die Untersuchungen erst ganz am Anfang. Zu zeigen war hier nur, daß Verhaltenselemente und Signale aus dem sexuellen Bereich neue Bedeutungen im Sozialleben bekommen. Das Präsentieren etwa kann rangaufwärts gerichtet Aggression beschwichtigen, rangabwärts gerichtet Fluchttendenzen überwinden helfen und, als ein weiterer Schritt in dieser Richtung, schließlich zur sozialen Nachfolge-Aufforderung werden und ganz allgemein dem Gruppenzusammenhalt dienen, indem der Pascha losgeht und die anderen dadurch hinter sich herlockt, daß er mit dem »Weibchen-Plakat« winkt. Ranghohe Mantelpavian-Männer tun das beim sogenannten »Swing-Schritt«: Sie heben den Schwanz, wenden ihre Kehrseite im Takt großer Schritte von einer Seite zur anderen und können auf diese Weise ihre ganze Gruppe zu plötzlichem Aufbruch veranlassen[64].

Je mehr solcher neuen Aufgaben ein Signal oder eine Verhaltensweise übernimmt, desto häufiger wird sie zu sehen sein. Wir haben das früher schon am »Lausen« gezeigt, auf das der menschliche Beobachter gewöhnlich neutral reagiert, indem er es einfach registriert. Dasselbe gilt natürlich für die umfunktionierten Brutpflegehandlungen; das Schnäbeln und den Kuß sieht der Mensch jedoch meist so unmittelbar in der sozialen Funktion, daß man ihm erst mit einiger Mühe erklären muß, um was es sich handelt – nämlich um abgeleitete Brutpflegehandlungen, die ursprünglich eine ganz andere Funktion hatten. Genau entgegengesetzt ist es mit den umfunktionierten Sexualhandlungen; sie werden immer in der ursprünglichen Bedeutung aufgefaßt, und es bedarf einiger

Anstrengung, zu erklären, daß sie auch noch andere Aufgaben haben. Diese verschiedenen Einstellungen des naiven Zuschauers sind Vorurteile, die sehr leicht zu Mißverständnissen führen.

14. Der Wert des Grüßens

Ein Verhalten wirkt, ganz einfach skizziert, dann beschwichtigend, wenn es im angreifenden Individuum eine mit dem Angreifen unvereinbare Verhaltenstendenz wachruft. Dazu genügt es völlig, daß diese Tendenz stark genug ist, das Angriffsverhalten zu hemmen; das andere, dagegengesetzte Verhalten braucht äußerlich gar nicht sichtbar zu werden. Ein beschwichtigendes Genitalpräsentieren braucht also am Partner kein sexuelles Verhalten hervorzurufen; es genügt, daß er vom weiteren Angriff absieht. Wir nennen das eine *Umstimmung*. Zum Glück wird diese Minimalforderung häufig genug übererfüllt, d. h., es kommt doch zu wenigstens angedeuteten Sexualhandlungen oder – falls es sich um ein beschwichtigendes Futterbetteln handelte – um wenigstens angedeutetes Füttern. So läßt sich gut erkennen, welches Verhalten im Partner tatsächlich angeregt wurde; träte nach außen nichts als das Aufhören des Angriffs in Erscheinung, wäre die Deutung schwieriger.

Es ist aber nicht einmal nötig, daß jeder Angriff durch das Beschwichtigen gestoppt wird; *um dem Beschwichtigen einen biologischen sozialen Wert zu verleihen, reicht es schon, wenn daraufhin ein Angriff weniger wahrscheinlich wird.* Es ist wichtig, sich das klarzumachen, weil man namentlich am Pavianfelsen recht oft sieht, daß ein heftig präsentierendes Tier dennoch vom Ranghohen gebissen wird. Regelmäßig ist das eine Bestrafung, das heißt eine Angriffsreaktion auf ein Individuum, das sich normwidrig verhalten hat. Zwei Beispiele mögen erläutern, was damit gemeint ist: Mantelpavian-Männchen halten ihren Harem mit Gewalt zusammen; entfernt sich ein Weibchen zu weit von den anderen, so wird es angedroht und, wenn das nichts fruchtet, vom Pascha angegriffen und in den Nacken gebissen – da hilft meist auch ein Präsentieren nichts. Außerdem haben Paviane bekanntlich eine ziemlich feste Rangordnung am Futter. Es kann nun vorkommen, daß Besucher sich bemühen, den Pascha abzulenken, um dann einem rangtiefen Tier rasch einen Leckerbissen zukommen zu lassen. Damit führen sie natürlich dieses Tier in Versuchung, gegen das Privileg des Paschas zu verstoßen. Außerdem sieht der Pascha es meist doch. Man kennt sogar Fälle, in denen der Pascha in einem anderen Käfigabteil saß, von wo aus er den »Sünder« gar nicht direkt sehen konnte, wohl aber dessen Hand, die durch die Stäbe nach außen griff – und das genügte: Der Pascha eilte herbei und bestrafte den Rangtiefen, obwohl der heftig präsentierte.

Nun benutzen aber Affen und auch weniger hoch entwickelte Wirbeltiere das Beschwichtigen nicht nur nachher, wenn der Partner bereits zum Angriff provoziert wurde, sondern auch schon vorher, als Einleitung einer Handlung, die den Partner voraussichtlich zu einem Angriff reizen wird. Im einfachsten Fall geht ein rangtiefes Tier nicht einfach dicht am Ranghohen vorbei und beschwichtigt den, falls er sich durch diese Annäherung gereizt fühlt, sondern der Rangtiefe äußert die Beschwichtigungsgeste, ehe er sich in Marsch setzt, so als wolle er den anderen vorsorglich »um Entschuldigung bitten« für eine gleich folgende Handlung. Solch eine vorweggenommene Beschwichtigung hat besonders stark den Charakter eines Grußes. Bisher ist nicht bekannt, ob dieses Verhalten immer instinktiv im Tier festgelegt ist oder ob es einer intelligenten Situationseinsicht und Vorausplanung des Verhaltens entspringt, zu der zumindest Affen durchaus fähig sind.

Wenn sie aber schon dazu fähig wären, so sollte man erwarten, daß sie diesen vor Angriffen schützenden Gruß auch »mißbrauchen«, z. B. um sich vor einer Strafe zu schützen. Nun scheint das, wie oben geschildert, meist nicht zu klappen; und es ist ganz reizvoll, sich vorzustellen, wie die Ordnung in einem Paviantrupp allein dadurch verlorengehen mag, daß jeder durch einen unterwürfigen Gruß Bestrafungen vermeiden könnte. Solch eine funktionelle Betrachtung zeigt jedenfalls, warum es sogar unvorteilhaft wäre, wenn etwa das Präsentieren absolut sicher angriffshemmend wirkte. Dennoch gibt es sogar ziemlich regelmäßig auftretende Situationen, in denen unser Gerechtigkeitsgefühl einen Mißbrauch der Unterwürfigkeitsgeste wittert. In der Fachsprache heißt diese Situation »gesicherte Drohung«. Dabei handelt es sich um folgendes:

Beteiligt sind drei Affen, von denen einer besonders ranghoch ist; die anderen beiden können nahezu gleichrangig sein. Einer von diesen droht aus irgendeinem Grund heftig gegen den zweiten, und zwar mit Kreischen, Drohmimik und allem, was an Bewegungen dazu gehört. Dabei stellt er sich aber so, daß er zugleich sein Hinterteil dem Ranghöchsten präsentiert. Damit ist zunächst zweierlei erreicht: Der Drohende selbst präsentiert gegen den Überlegenen und schützt sich vor dessen Angriff. Der Bedrohte aber

Die »gesicherte Drohung« beim Mantelpavian

kann, wenn er sich nicht zurückziehen will, nicht auch gegen den Überlegenen präsentieren, sich also nicht gegen einen Angriff von ihm absichern; wollte er das, so müßte er ja zugleich auch vor dem Drohenden präsentieren und sich damit als ihm unterlegen erklären. Hinzu kommt nun aber, daß der ranghohe Affe regelmäßig in einen Streit seiner »Untergebenen« eingreift, oft einfach indem er die Streitenden durch Dazwischengehen trennt. Häufig bedroht er aber auch einen oder beide und scheucht sie weg. In der gesicherten Drohung aber steht der Unruhestifter schon »vorsorglich« präsentierend vor dem Ranghohen, der daraufhin, wenn er Ruhe schaffen will, den Bedrohten angreifen und wegtreiben muß. Und das geschieht in dieser Situation so oft, daß man den Eindruck hat, der Störenfried zwinge durch sein unterwürfiges Gebaren den Ranghohen dazu, auf einen Dritten zornig zu werden, der von sich aus dem Ranghohen gar keinen Anlaß zum Zorn gegeben hat. Auf diese Weise kann sogar ein rangtiefes Tier ein ihm überlegenes Gruppenmitglied durch den Ranghöchsten vertreiben lassen. Dieses Verhalten ist bekannt von gefangenen und frei lebenden Rhesusaffen, von frei lebenden Steppenpavianen aus verschiedenen Gegenden Afrikas und von gefangen gehaltenen Mantelpavianen. Merkwürdigerweise ist es trotz genauem Zusehen an frei lebenden Mantelpavianen nie entdeckt worden[64].

Man könnte das als Hinweis darauf werten, daß die gesicherte Drohung vielleicht kein den Tieren angeborenes Verhalten ist, sondern daß einige Tiere es »erfinden«, das heißt durch eigene Erfahrung benutzen lernen. Auf jeden Fall liefert die gesicherte Drohung den besten Beweis, wie stark angriffshemmend das Präsentieren wirkt, wie stark zweckentfremdet das ursprünglich sexuelle Verhaltenselement hier schon ist. Es weist aber auch auf eine Gefahr hin, die in diesem Verhalten liegt. Die Tiere können sich auf den Schutz des Präsentierens so sehr verlassen, daß sie es in den Dienst eigener Interessen stellen, die – soweit wir das bisher beurteilen können – nicht der Gemeinschaft nützen. Denn ein aggressives Tier kann seine Aggression ausführen und die Gegenreaktion der Gemeinschaft dahin ummünzen, daß eine neue Aggression in der restlichen Gemeinschaft gezündet wird. Hier scheint der erste kleine Schritt getan, Eigennutz über Gemeinnutz zu stellen.

Wie schon beschrieben, kann das Tier, auf das sich das Präsentieren richtet, verschieden reagieren, auch mit einem Aufreiten und einer angedeuteten oder ausgeführten Kopulation. Dann sieht es so aus, als biete das rangtiefe Individuum dem ranghöheren die Gelegenheit zu sexueller Betätigung und komme dadurch selbst zu irgendeinem Vorteil – sei es, daß es einer Bedrohung entgeht, daß es sich vorübergehend eines Nebenbuhlers entledigt oder daß es zu einem Leckerbissen kommt. Das wird gelegentlich als Prostitution bezeichnet. Ob zu Recht, hängt ganz davon ab, wie man Prostitution definiert. Man müßte jedoch dann das ganze beschwichtigende Präsentieren so nennen, weil es in der Reaktion des Partners alle Übergänge gibt zwischen kaum merkbarer Hemmung des Angriffs und völliger Umstimmung mit normaler Kopulation. Wenn aber Prostitution, so wie wir sie verstehen, ein Fehlverhalten meint, stimmt der Name für die Affen nicht; denn bei ihnen handelt es sich um ein biologisch völlig richtiges Verhalten. Dafür ist auch belanglos, daß vielleicht brünstige Weibchen mit dem beschwichtigend gemeinten Präsentieren besseren Erfolg haben und das auch auszunutzen lernen, weil die Männchen gern mit ihnen kopulieren.

15. Hypersexualisierung?

Wer als notwendige Grundlage für genauere Verhaltensstudien damit beginnt, das der betreffenden Art zur Verfügung stehende Verhaltensinventar aufzunehmen, geht dabei ebenso vor wie jeder naive Beobachter: Er unterscheidet zunächst die typischen, immer wiederkehrenden und wiedererkennbaren Verhaltensweisen und ordnet sie nach ihrer biologischen Funktion. Knurren und Zähneblecken des Hundes gehören zum aggressiven Verhalten; Lauern gehört bei der Katze zum Funktionskreis des Nahrungserwerbs;

Nestbauen von Amsel, Drossel, Fink und Star gehört zur Brutpflege, und so weiter. Dabei versucht man meistens, mit möglichst wenig Funktionsbegriffen auszukommen. Das ist gute wissenschaftliche Strategie. Man muß allerdings aufpassen, daß man nicht gar zu fest gleich an den ersten Ordnungsversuch glaubt. Oder, anders ausgedrückt, man muß bereit sein, die aufgestellte Ordnung als vorläufig anzusehen und sie abzuändern, sobald neue Befunde das nötig machen. Leicht passiert es aber, daß man schon in der Benennung der erkannten Verhaltensweisen unvorsichtig ist, daß man also zum Beispiel deutende Namen verwendet statt neutral beschreibende. Die ersten Forscher, die das Verhalten des Indischen Buntbarsches beobachteten, begannen mit Jungtieren, die dann ihre Revierkämpfe und die Paarbildung vorführten, ehe sie ihrerseits Junge großzogen. Im Verhalten der Paar-Partner fiel eine Verhaltensweise auf, bei der ein Tier dem Partner das Maul auf die Körperseite rammt. Allerdings kam es hier zu keinem heftigen Rammstoß und nie zu Verletzungen. Später sah man von den gerade schwimmfähigen Jungen eine Verhaltensweise, die an dieses Rammen der Altfische erinnerte: Auch die kleinen Kerlchen schwammen auf die Flanke der Eltern zu, als wollten sie diese rammen. Die Form der Bewegungsweise und dazu die Überlegung, daß die Kleinen ja noch gar nicht kämpfen konnten, führten dazu, daß dieses Verhalten der Jungtiere als »Scheinrammen« in die wissenschaftliche Literatur einging. Hier hat ganz deutlich die Reihenfolge, in der ein Forscher seine Beobachtungen sammelte, ungünstig deutend auf die Namengebung eingewirkt. Denn, wie bereits beschrieben, ist das, was die Jungen tun, ein Fressen an den Eltern; die Elterntiere untereinander aber benutzen diese Verhaltensweise in abgeleiteter Form weiter, und das müßte dann »Scheinfressen« heißen.

Wie danach zu erwarten, hat man auch das Präsentieren der Paviane, das Rütteln des Brabant-Buntbarsches oder das Peniszeigen der Fleckenhyäne zuerst einheitlich als Sexualverhalten gedeutet. Dieses Sexualverhalten aber war erstaunlich oft zu sehen, jedenfalls viel häufiger als bei manchen anderen Arten. Und es trat auch außerhalb des direkten Fortpflanzungsverhaltens auf, während die zum Vergleich herangezogenen Arten sich nur im Zusammenhang mit der Fortpflanzung sexuell gebärdeten. So mußte es geradezu dahin kommen, daß man von Hypersexualisierung sprach, vor allem bei Pavianen, die ja im Zoo leicht zu beobachten waren. Noch heute finden viele Zoobesucher die Paviane nicht nur possierlich, sondern auch aufregend stark sexuell. Wenn man aber genauer zusieht und die typischen Verhaltens-Abfolgen beachtet, findet man ziemlich bald, daß das Präsentieren, Peniszeigen oder Rütteln ebenso wie das »Schwanzflirten« der Masken-Amadine jeweils in verschiedenen typischen Abfolgen auftauchen: Eine dieser Abfolgen führt jeweils zur Paarung (oder beim Fisch zum Ablaichen), die andere hingegen nicht. Von da ausgehend, entdeckt man dann bald auch Unterschiede in den Situationen, den sozialen Konstellationen, die zum Auftreten des betreffenden Verhaltens führen. Schließlich wird das »sexuell« im Zusammenhang mit der nicht zur Paarung führenden Situation vorsichtshalber in Anführungszeichen gesetzt und dann durch ein anderes Wort ersetzt, und zwar erfahrungsgemäß durch »Gruß« oder »Begrüßung«.

Spätestens auf diesem Stadium der Forschung ist es dann regelmäßig vorbei mit der Hypersexualitäts-These. Könnte man sie aber nicht auch halten? Man müßte doch dann nur die Form der Verhaltensweise höher bewerten als den inneren Antrieb, der für ihr Auftreten verantwortlich ist. Man könnte durchaus beschließen, alles, was sexuell aussieht, auch sexuell zu nennen; konsequenterweise müßte man dann allerdings auch alles, was wie Brutpflege aussieht, der Brutpflege zuschreiben und demnach bei den vorn ausführlich geschilderten sozialen Hautpflegehandlungen der Affen, beim Schnäbeln von Raben, Papageien, Tauben usw. von »hypertrophierter Brutpflege« sprechen. Das aber wird allgemein abgelehnt, weil man doch wisse, daß es gerade keine Brutpflege sei, was die Erwachsenen miteinander treiben. Ganz deutlich zeigt sich das an denjenigen Kuckucken, die die Brutpflege verloren, das Paarfüttern aber noch beibehalten haben; denn die Brutpflege kann ja nicht gut zugleich verlorengehen und hypertrophieren. Wie man das Verhalten nennt, entscheidet man also nicht nach der Form des Verhaltens, sondern nach der Situation, die es auslöst, nach dem inneren Antrieb, der dahintersteckt, oder nach der biologischen Konsequenz, die das Verhalten hat. Ein so hübsches Argument wie im Beispiel der Brutpflege finden wir nun allerdings beim Fortpflanzungsverhalten nicht, weil eine Art zwar allenfalls auf die Brutpflege, niemals aber auf die Fortpflanzung verzichten kann. Aber wir müssen doch der Einheitlichkeit des Systems wegen auch hier auf mehr als die reine Form des Verhaltens schauen. Die völlig andere biologische Funktion dieses Verhaltens wird uns dann nötigen, einen anderen Namen dafür zu finden und die naive Vorstellung von der Hypersexualität aufzugeben.

Auf die Situation beim Menschen werde ich gleich eingehen. Hier möchte ich nur darauf hinweisen, daß erstaunlich oft rein menschenbezogene, sogenannte anthropomorphe Gesichtspunkte in der Beschreibung tierischen Verhaltens eine Rolle spielen. Das kann dahin führen, all jenes Verhalten unter Tieren »pervers« zu nennen, das pervers wäre, wenn es zwischen Menschen vorkäme. Deshalb wirken gerade die Paviane auf viele doch etwas pervers. Und dieser Eindruck wird noch verstärkt, wenn man die Zoo-Situation mitbeachtet, wo die Paviane – wie Menschen in einer Großstadt – zu vielen sehr dicht zusammen und ohne die im Freien durch den Lebensraum gebotenen Abwechslungen leben. Dennoch ist der Schluß vom Menschen auf das Tier ebenso gefährlich wie der vom Tier auf den Menschen. Selbst wenn man zeigen kann, daß das angeblich perverse Sexualverhalten der Paviane in Gefangenschaft häufiger als im Freien zu beobachten ist, läßt sich das zwanglos mit der räumlichen Enge erklären, die es den Tieren im Zoo nicht erlaubt, den gewünschten größeren Abstand zu bestimmten Individuen einzuhalten; wenn sie diesen Abstand aber immer wieder unterschreiten müssen, sind sie auch zu ständigem »höflichen Grüßen« gezwungen. Abnorm ist also die Häufigkeit des Grüßens, nicht aber das Grüßen selbst.

Sexuelle Verhaltensweisen treten aber nicht nur im Zusammenhang mit sozialem Grüßen gehäuft auf. Es ist eine weitverbreitete Ansicht, daß Paarungen und Paarungsvorspiele im Tierreich auf die zur Fortpflanzung günstigen Zeiten beschränkt seien. Wir wissen, daß bei Tierarten, die sich nur zu bestimmten Jahreszeiten fortpflanzen, die Keimdrüsen durch äußere Signale in Tätigkeit gesetzt werden, also etwa durch steigende Temperatur oder zunehmende Tageslänge im Frühling, durch Regenfall oder ähnliches. Auf diese Weise wird zugleich das Fortpflanzungsverhalten beider Geschlechter wenigstens grob synchronisiert. Bei denjenigen Tierarten, die das ganze Jahr über Junge aufziehen können – wie es z. B. viele Bewohner tropischer Zonen tun –, gibt es dennoch Zeiten, in denen Paarungen mit einem Weibchen keinen Vorteil brächten, nämlich solange das Weibchen trächtig oder so intensiv mit der Brutpflege beschäftigt ist, daß eine erneute Geburt in dieser Zeit womöglich beide Würfe gefährden könnte. Tatsächlich gibt es bei vielen Tieren vom Weibchen ausgehende Signale, die die Paarungsbereitschaft anzeigen und auf die hin die Männchen mit Paarungsversuchen beginnen. Es gibt sogar Hinweise darauf, daß nicht nur die Weibchen einen Zyklus haben, in dem Phasen der Paarungsbereitschaft und der Paarungsablehnung miteinander abwechseln, sondern bei Ratten, Kaninchen, Rindern (und Menschen) auch die Männchen; daß ferner die Zykluslängen von Männchen und Weibchen der gleichen Art aufeinander abgestimmt sind und schließlich auch die Männchen, wenn sie nur stets mit denselben Weibchen zusammenleben, zugleich mit den Weibchen paarungsbereit werden[53]. Männliche Rhesusaffen richten sich mit ihrem Sexualverhalten weitgehend nach den verschiedenen Phasen des Oestrus-Zyklus ihrer Weibchen[80]. Die Häufigkeit der Kopulationen und die darauf bezogene Zahl der Ejakulationen ist in der fruchtbaren Phase am größten, aber das Sexualverhalten erlischt in der übrigen Zeit nicht völlig. Auch von anderen Affen und sonstigen Wirbeltieren kennt man Paarungen selbst mit trächtigen Weibchen. Es muß aber nicht einmal Häufigkeitsschwankungen geben.

Ein Extrem stellen diejenigen Tierarten dar, deren Männchen man ständig um Weibchen balzen sieht, wobei aber die Erfolgsquote in keinem Verhältnis zum Aufwand zu stehen scheint, da sich die Weibchen zumeist gar nicht um die Bemühungen der Männchen kümmern. Als typischer Vertreter für solche Tiere ist jedem Aquarianer der Guppy *(Lebistes reticulatus)* bekannt. Ebenso verhalten sich andere Zahnkarpfen und – aus einer ganz anderen Fischgruppe – unter den südamerikanischen Salmlern etwa der Zwergdrachenflosser *(Corynopoma riisëi)* und verwandte Arten. Beide Male handelt es sich um Fische mit innerer Befruchtung, bei denen also das Männchen mit einem Begattungsorgan die Spermien in die Geschlechtswege des Weibchens einführt. Nun kann man nicht einfach sagen, das Dauerbalzen sei unnatürlich, sondern wird versuchen müssen, die Gründe dafür zu finden. Eine genaue Analyse der inneren und äußeren Ursachen dieses unablässigen Balzens sowie seiner Auswirkungen auf das Weibchen hat bis jetzt folgendes ergeben[82]:

Die meisten Fische stoßen Eier und Spermien zu gleicher Zeit aus; das Wasser führt sie zusammen, und es genügt, wenn die Ablaichbereitschaft beide Geschlechter zu sexuellem Verhalten veranlaßt, speziell dazu, einander möglichst nahezukommen. Bei Fischen mit innerer Befruchtung aber kann das Weibchen die Spermien in seinem Körper entweder längere Zeit aufheben, oder – wenn es sich um lebendgebärende Fische wie den Guppy handelt – die Entwicklung der Embryonen im Mutterkörper braucht einige Zeit. In jedem Fall muß das Weibchen zu einer Zeit begattet werden, zu der es unfähig und deswegen auch gar nicht bereit ist, die Eier oder die fertigen Jungen auszustoßen. Nun ist aber das Weibchen ursprünglich nur dann geneigt, die Annäherung eines Männchens zu dulden, wenn es selbst ablaichbereit ist. Außerhalb dieser Zeit hält es die Männchen auf Abstand. Gerade bei den Arten mit innerer Befruchtung aber muß dieser Abstand völlig überwunden werden, da ja ein unmittelbarer körperlicher Kontakt nötig ist. Dieses Problem ist hier so gelöst, daß die Männchen gewissermaßen durch ein Balz-Bombardement die unwilligen Weibchen umzustimmen suchen. Zwergdrachenflosser sind derart paarungseifrig, daß nicht einmal eine geglückte Kopulation eine Balzpause herbeiführt – das Männchen setzt seine Bemühungen unmittelbar danach in gleicher Heftigkeit fort.

Während die Weibchen der Zahnkarpfen meist nur ausweichen und ziemlich passiv bleiben, werden die einiger Salmlerarten aggressiv gegen die Männchen. Interessanterweise hat sich nun gerade bei deren Männchen ein Balzfüttern entwickelt, in dessen Verlauf das Weibchen allerdings getäuscht (um nicht zu sagen betrogen) wird. Keine der Arten pflegt oder füttert die Jungen, es gibt also kein Brutpflegefüttern, das in der Paarungseinleitung ausgenutzt werden könnte. Trotzdem aber hat das Weibchen ab und zu Hunger und sucht dann nach etwas Freßbarem, z. B. nach einem Kleinkrebs. Der männliche Zwergdrachenflosser trägt am Kiemendeckel an einem langen Stielchen einen kleinen knöchernen Knopf, der wie ein Hüpferling aussieht und obendrein auch wie ein Hüpferling bewegt wird, indem nämlich das Männchen seinen Kiemendeckel abspreizt und mit ruckartigen Balzbewegungen die Hüpferling-Attrappe vor dem Weibchen herführt. Wenn dann das Weibchen nach diesem vermeintlichen Happen schnappt und darauf beißt, ist es nahe genug, daß das Männchen blitzschnell die Begattung vollziehen kann[125]. Solche Beispiele besagen natürlich nicht, daß es keine Hypersexualität gäbe; sie zeigen aber, wie vorsichtig man mit diesem Begriff sein muß.

16. Die zweckentfremdete Kopula

Die Enzyklika »Humanae vitae« verbietet dem Menschen unter Berufung auf das Naturgesetz, das als göttliches Gesetz ausgelegt wird, jede direkte Unterbrechung des bereits eingeleiteten Zeugungsvorganges. Diese Ausdrucksweise ist reichlich rätselhaft, da nicht gesagt wird, wo die Einleitung zum Zeugungsakt beginnt. Aber vielleicht läßt sich das besser aus der Natur als nur aus der Moraltheologie erfahren.

Das, was man gemeinhin Paarungsvorspiel nennt, hat – wie wir gesehen haben – häufig nicht zum Ziel, neues Leben zu wecken, sondern die Paar-Partner fester aneinanderzubinden. Dazu kann sogar die begonnene oder fertig vollzogene Kopula selbst dienen, der nur die Ejakulation, das Ausstoßen der Spermien in die weiblichen Geschlechtswege, fehlt.

Die Kopula kann zunächst nicht nur die Spermien auf den Weg zu den Eizellen schicken, sondern bei manchen Tieren auch die Eizellen auf den Weg den Spermien entgegen. Neben den Tierarten, deren Weibchen spontan ovulieren, deren Eizellen also, wenn sie reif sind, von sich aus den Eierstock verlassen, gibt es nämlich Arten, deren Eizellen erst auf das Paarungsvorspiel oder die Kopula hin freigesetzt werden, z. B. durch die Berührungsreize des Penis in der Vagina. Zu diesen Tieren gehören z. B. Kaninchen und Katze. Wiederholte Kopulationen dienen oft auch dazu, das Weibchen reaktionsbereit zu machen. Beim Diamanttäubchen *(Geopelia cuneata)* springt der Täuber sieben- oder achtmal auf, beginnt mit der Kopula, springt wieder ab, balzt, springt auf usw., und jedesmal spreizt das Weibchen die Feder um die Kloake weiter, bis es schließlich paarungsbereit ist und die Vereinigung erfolgt[86]. Der Indische Flughund *(Pteropus gigantëus)* braucht drei bis sieben aufeinanderfolgende Kopulationen, ehe es zu einer Ejakulation kommt. Solche vollständigen Kopulationsfolgen sieht man nur in der Fortpflanzungszeit, einzelne Kopulationen aber das ganze Jahr über und auch mit trächtigen Weibchen[83]. Daß erst eine Serie von Kopulationen zu einer Ejakulation führt, ist außerdem von Mäusen bekannt. Das hängt natürlich auch mit der Dauer der einzelnen Kopulation zusammen, die bei Mäusen extrem kurz ist; bei anderen Tieren kann sie stundenlang dauern (bei der Schmalfuß-Beutelmaus, *Sminthopsis,* elf Stunden); das Männchen des in Hühnervögeln lebenden Luftröhrenwurmes, *Syngamus tracheae,* lebt sogar in Dauerkopula mit seinem Weibchen.

Auch manche Affen – Rhesus, Paviane – brauchen eine Serie von Kopulationen, die je durch Pausen von wenigen Sekunden bis Minuten voneinander getrennt sind, um zu einer Ejakulation zu kommen. Eine solche Kopulationsserie sieht man regelmäßig nur vom ranghöchsten Männchen ausgeführt, das beim Mantelpavian als Pascha allein alle Weibchen des Harems besitzt. Dennoch gehören zu einer Mantelpaviangruppe auch Jungmännchen. Diese freunden sich mit dem einen oder anderen Weibchen an und kopulieren auch ab und zu mit ihm. Solche Einzelkopulationen, zu denen auch das Weibchen auffordern kann, festigen die Bindung zwischen diesen Individuen, führen aber kaum je zu einer Schwangerschaft, weil es nie zu der Kopulationsserie kommt, die für eine Ejakulation nötig wäre[63]. Die einzeln ausgeführte Kopula ist also hier frei geworden für eine neue soziale Funktion.

Man könnte auch darüber spekulieren, weshalb denn erst so viele Kopulationen zu einer Ejakulation führen. Und dann liegt die Vermutung nahe, daß das vielleicht ebenfalls eine soziale Bedeutung habe, daß also etwa die ersten Kopulationen nicht nur der Vorbereitung oder Einstimmung des Partners dienen, wie oben beschrieben, sondern darüber hinaus auch der Bindung zwischen den Partnern. Untersuchungen an Tieren gibt es dazu noch nicht. Vom Menschen her ist aber bekannt, daß die Vereinigung mit manchmal über eine Stunde hinausgezögertem Samenerguß (Carezza) die individuelle Partnerbindung sehr stark fördern kann. Welche Rolle der Orgasmus dabei spielt, ist umstritten. Sicher ist nur, daß sich die Funktion der Kopula auch beim Menschen erweitert oder ganz gewandelt hat, vergleichbar einer rituellen Mahlfeier, die ja auch nicht mehr in erster Linie der Ernährung, sondern der Bindung innerhalb der Gemeinschaft dient, oder dem Kuß, bei dem die Ernährungsfunktion ganz weggefallen ist.

Hat sich ein Pavianweibchen mit einem anderen Männchen als dem Pascha gepaart, so läuft oft einer von beiden – wie »vom schlechten Gewissen geplagt« – zum Pascha und präsentiert vor ihm. Der Pascha reagiert wie auf jedes soziale Präsentieren, d. h., er kann kurz aufreiten und kopulieren oder es wenigstens versuchen, falls der Präsentierende ein Männchen ist. Aus dieser Situation ergibt sich eine beschwichtigende Wirkung des Aufreitens und der Kopula, die – wie beim Präsentieren der Kehrseite – unabhängig sein kann von dem Geschlecht der Beteiligten. Sie wird am deutlichsten, wenn der Bestiegene ein Männchen ist, das ja keine sexuelle Befriedigung dabei erfährt – wohl aber eine soziale. Denselben Effekt kann aber auch eine Kopulation zwischen Männchen und Weibchen haben. Bei Rhesusaffen ist das Aufreiten eines Männchens auf ein anderes mitunter aggressive Drohung und Rangdemonstration, mitunter aber auch Ausdruck einer anerkannten Ordnung, die offenbar nur das Band zwischen den Individuen festigt; der ranghöhere reitet meist zuerst auf, wird aber dann anschließend oft vom andern bestiegen.

Von den Languren ist bekannt, daß junge Männchen regelmäßig den erwachsenen Männchen ihrer Gruppe aufreiten und sie häufig anschließend umarmen[50]. Die Bedeutung dieses Verhaltens ist unbekannt. Mich erinnert es nach der Bewegungsform eher an das markierende Harnabstreifen auf der Unterlage, wie man es von Krallenäffchen sieht, als an eine Kopula.

Auf dem 3. Kongreß der Deutschen Gesellschaft für Psychotherapie und Tiefenpsychologie (1960) in Paris berichtete Roumajon über umfangreiche Beobachtungen an Jugendbanden in Frankreich, in denen der »Chef« die dominierende Rolle spielt. Im Zuge eines Aufnahmeritus, aber auch späterhin werden die Mitglieder der Bande vom »Chef« anal koitiert. Es gibt Mädchen in diesen Banden, und normalgeschlechtliche Kontakte sind für die Mitglieder durchaus erreichbar. Auch handelt es sich nicht etwa um eine Vergewaltigung durch den »Chef«. Vielmehr sucht der Jugendliche Halt beim »Chef« und seine Zuwendung und hält dann besonders fest zu ihm. Auch im sportlichen Wettkampf des klassischen Griechenlands soll unter den Jugendlichen der Sieger das Recht zur Ausübung eines versöhnenden Afterverkehrs mit dem Unterlegenen gehabt haben. In einem neueren polnischen Roman findet sich der Hinweis, daß Hirtenbuben Fremde, die in ihr Gebiet eindringen, vergewaltigen[60]; ebenso reiten bei einer Begegnung Rhesusaffen-Männchen gegnerischer Gruppen einander auf. Aus diesen Beispielen kann man zweierlei ersehen:

1. Daß selbst solches »sexuelle« Verhalten des Menschen, das nicht an die Fortpflanzung gebunden ist, keine »Entartungserscheinung« ist.
2. Daß der Kopula höherer Tiere naturgemäß eine partnerbindende Funktion zukommt und daß sie in dieser Bedeutung reduziert werden kann (Paarung ohne Ejakulation; Aufsteigen ohne Einführen des Penis; usw.).

Selbst die Kopula braucht also kein »eingeleiteter Zeugungsvorgang« zu sein.

IV.

1. Partnerbindende Verhaltenselemente beim Menschen

Fassen wir die in dieser breit gestreuten Beispielsammlung gefundenen Fakten zusammen, so ergibt sich folgendes:

1. Ebenso, wie Organe verschiedenen Zwecken dienen können – die Gliedmaßen zur Fortbewegung und zum Handhaben von Werkzeug, der Mund zum Essen und zum Sprechen –, so auch Verhaltensweisen und die dazugehörigen Signale. Die gleichen Verhaltensweisen können einerseits wesentlich zur Brutpflege gehören, daneben aber der Synchronisation und dem Zusammenhalt der Geschlechtspartner dienen und gegebenenfalls außerdem dazu, aggressive Artgenossen umzustimmen und ihre Angriffstendenzen abzufangen.

2. Dazu ist notwendig, daß derartig vielseitig verwendbare Verhaltenselemente auch in entsprechend vielen Situationen zur Verfügung stehen. Sie dürfen nicht für nur eine enge Situation bereitliegen. Wohl aber dürfen sie in den verschiedenen Situationen gleich aussehen. Das ist sogar vorteilhaft, weil ja im Partner eine ganz bestimmte Bereitschaft zu einem ganz bestimmten Handeln angesprochen werden soll, und das geht mit einem eindeutigen, unverwechselbaren Signal am besten. Für den Beobachter bringt das die Gefahr, daß er wegen der gleichen Form der Handlungen oder des Signals ihre verschiedenen natürlichen Bedeutungen übersieht.

3. Es gibt drei Schwerpunkte im Zusammenleben der Tiere: die Brutpflege, die Beziehungen zwischen den Geschlechtspartnern und den Zusammenschluß vieler Argenossen zu größeren Verbänden. Verhaltensweisen, die sich auf einem dieser Gebiete bewährt haben, können in die anderen übernommen werden: Elemente aus dem Brutpflege- und dem Fortpflanzungsverhalten können dem Zusammenhalten der Partner eines Paares oder einer größeren Sozietät dienstbar gemacht werden. So entstehen frei konvertierbare Verhaltens-Elemente, denen man nun nicht immer ansehen kann, aus welchem der drei genannten Bereiche sie ursprünglich stammen.

4. Sieht man den Verhaltens-Elementen ihre Herkunft an, so meist deswegen, weil ihnen in der abgeleiteten Bedeutung etwas fehlt, das ihre spezielle Form verständlich machen könnte. Warum ein Vogel mit Halmen im Schnabel um das Weibchen wirbt und sie dann wegwirft, versteht man nur, wenn man weiß, daß diese Balz aus Nestbaubewegungen entstanden ist. Weil der formgebende Sinn der Handlung fehlt, nennt man solche Verhaltensweisen »Rituale« und den Weg ihrer Entstehung »Ritualisierung«. (Mitunter wird auch die Bezeichnung »Symbolhandlung« benutzt – etwa »symbolisches Nestbauen« für die geschilderte Balz; das kann aber leicht dahin mißverstanden werden, als sei dem Tier der Symbolcharakter bekannt.) Mit der Ritualisierung ändert sich die Häufigkeit, in der das Verhalten auftritt, und der innere Antrieb, der zum Ausführen gerade dieser Handlung drängt. Dieselbe Handlung kann aus verschiedenen Stimmungen heraus ausgeführt werden, menschlich gesprochen kann sie ganz verschieden »gemeint« sein. Außerdem können körperliche Strukturen auftreten, die diese Handlung in der neuen Bedeutung unterstützen (etwa die geschilderten Farbmerkmale beim Brabant-Buntbarsch oder bei den Pavianen).

5. Das alles gilt für Wirbeltiere verschiedenster Entwicklungshöhen, von den Fischen bis zu den Menschenaffen, sofern sie ein vergleichbares soziales Zusammenleben haben. Es muß also etwas mit diesem sozialen Zusammenleben zu tun haben, und die vorgeführte nähere Analyse zeigt, daß die vorgenannten Fakten (1. bis 4.) Anpassungen im biologischen Sinn an die Bedingungen des Soziallebens sind, gerade so wie die ebenfalls von Fischen bis zu den höchsten Meeressäugetieren immer wieder auftretende Spindelform des Körpers mit Flossen eine Anpassung an die Bedingungen des Wasserlebens ist.

Im einzelnen aber können diese Körperform und die Flossen auf verschiedene Weise zustande kommen. Und ebenso muß man sorgfältig unterscheiden zwischen dem allgemeinen Konstruktionsprinzip des Soziallebens und den speziellen Verhaltensweisen, die darin vergleichbare Rollen spielen. So gehört es zum allgemeinen Konstruktionsprinzip, daß die Verhaltensweisen bei der Brutpflege in die Paarbeziehung eingebaut werden; doch sehen diese Brutpflegeverhaltensweisen von Art zu Art ganz verschieden aus.

6. Es ging hier nicht darum, die Entwicklung möglichst vieler hochspezialisierter Sozialverhaltensweisen aufzuklären, sondern es sollte gezeigt werden, daß solche Sozialverhaltensweisen über-

haupt eine Entwicklung durchgemacht haben und daß es ganz bestimmte Wurzeln gibt, aus denen sie regelmäßig stammen.

Je verschiedener die Tiere sind, die unabhängig voneinander parallel dieselben Entwicklungswege beschritten haben und die mit dem jeweils ihnen eigenen spezifischen Verhaltensinventar dasselbe Konstruktionsprinzip im hochentwickelten Sozialleben erkennen lassen, desto sicherer kann man sein, eine für die untersuchte Klasse von Geschöpfen gültige natürliche Gesetzmäßigkeit gefunden zu haben. Obwohl die hier geschilderte Gesetzmäßigkeit im Aufbau von Sozietäten sogar über die Grenze zwischen Wirbellosen und Wirbeltieren hinausreicht – wie an den Insekten- und Spinnen-Beispielen gezeigt –, und obwohl die Annahme gerechtfertigt ist, daß sich auch unter den sogenannten Niederen Tieren dieselben Beziehungen etwa zwischen Brutpflege- und Paarbindungsverhalten immer wieder werden finden lassen, wollen wir uns doch hier auf den Bereich der Wirbeltiere beschränken.

7. Die gefundenen Gesetzmäßigkeiten erlauben die Voraussage, daß ein beliebiges Wirbeltier, das eine feste Paarbindung oder ein kompliziertes soziales Zusammenleben hat, mit hoher Wahrscheinlichkeit Verhaltensweisen und Signale, die ursprünglich der Brutpflege oder der Zeugung dienen, in die Paarbindung und Gruppenbindung übernommen hat, so daß sie jetzt nicht mehr oder nicht nur der Erzeugung und Aufzucht von Nachkommen dienen, sondern (auch) der Stabilisierung von Paaren und größeren Gruppen. Die Wahrscheinlichkeit dafür nimmt noch zu, wenn das betreffende Wirbeltier mit einer der Tierarten nah verwandt ist, an denen die beschriebene Gesetzmäßigkeit bereits gefunden wurde.

Da der Mensch biologisch zu den Wirbeltieren zählt und sowohl feste Paarbindungen wie auch größere Gruppenbildungen zeigt, müßte diese natürliche Gesetzlichkeit auch für ihn gelten. Das soll im folgenden geprüft werden. Dafür sind schon im vorausgehenden Teil des Buches solche Beispiele bevorzugt worden, die einen Vergleich mit den Verhaltensweisen des Menschen möglichst leichtmachen.

2. Das soziale Füttern und der Kuß

Um den Vergleich mit den bisher geschilderten Bedeutungswechseln von sozialen Verhaltensweisen im Tierreich übersichtlich zu halten, seien die menschlichen Verhaltensweisen in der gleichen Reihenfolge aufgeführt, also beginnend mit den Brutpflege-Elemente.

Das Füttern von Mund zu Mund ist auch im »Brutpflege«-Verhalten des Menschen weit verbreitet. Es ist aus denselben Gründen wie bei Menschenaffen notwendig, weil die Kinder allmählich festere Nahrung brauchen. Sie werden zwar lange gestillt, bekommen aber nebenbei mehr und mehr andere Nahrung, die zunächst möglichst weich zubereitet, allmählich aber immer fester belassen wird. Die in unserer Zivilisation übliche Verwendung von Baby-Nahrung – weich, vom Besten, mit Liebe zubereitet – ist ja nur die hochtechnisierte Form einer Fütterung, die möglichst genau auf die biologischen Bedürfnisse des Kindes abgestimmt ist. Sie geht weit über das hinaus, was man mit rein natürlichen Mitteln schaffen kann, und ist also eine übernormale Anpassung an die Erfordernisse des Kindes, im Prinzip jedoch nichts Neues. Die Griechen fütterten ihre Kinder mit vorgekauter Nahrung[5]; noch im vergangenen Jahrhundert war es in ländlichen Gegenden Österreichs durchaus üblich, daß die Mutter die Nahrung vorkaute und sie dann dem Kleinkind direkt in den Mund praktizierte; in Holstein kauten vor 30 Jahren Großmütter den älteren Säuglingen Buttermehlklöße vor[89]. Im Münsterland habe ich 1954 dasselbe auf einem Bauernhof beobachtet: Die Großmutter kaute Teigwaren oder Milchzwieback vor, nahm das Gekaute mit einem kleinen Löffel vom Munde ab und fütterte damit das Kleinkind. Bezeichnenderweise waren es die Großmütter, die diese Sitte noch ausübten. In den Flüchtlingstrecks gegen Ende des Zweiten Weltkrieges habe ich auch Mütter diese Füttermethode anwenden sehen. Mund-zu-Mund-Fütterung war bis in jüngste Zeit ein Bestandteil der normalen Kinderpflege in verschiedenen Naturvölkern, so z. B. auf den Karolinen, auf Samoa[91], bei Naga-Stämmen in Assam[3], bei Papua-Stämmen auf Neuguinea[103]. In Haussa-Dörfern am Niger wurde diese Methode der Kinderernährung im Jahre 1954 von Verhaltensforschern der Biologischen Station Wilhelminenberg aus Wien als normales tägliches Geschehen registriert.

In diesen Fällen wird die vorgekaute Nahrung direkt vom Mund der Mutter in den des Kindes weitergegeben. Kommt die Mutter ihrem dreimonatigen Säugling mit dem Mund nahe, so stülpt er

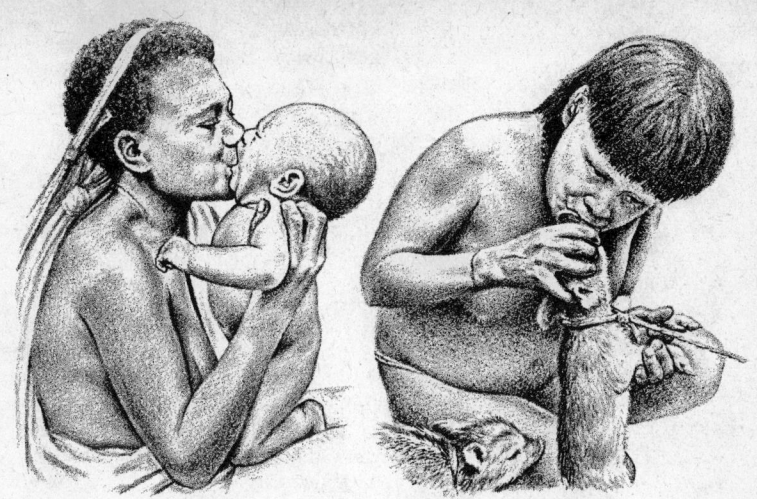

Papua-Mutter, ihr Kind von Mund zu Mund fütternd (links), und Urukú-Indianerin, ein Ferkel von Mund zu Mund fütternd

schon bei dieser Annäherung seine Lippen vor. Ist der Mund-zu-Mund-Kontakt erreicht, so schiebt das Kind seine Zunge vor und macht Leckbewegungen. »Dieses Experiment wiederholten wir mit gleichem Resultat bei unseren eigenen Kindern«, berichtet Professor Ploog[89]. Ganz sicher ist also auch der europäische und demnach wohl jeder Säugling auf diese Füttermethode eingestellt; sie braucht ihm nicht aufgezwungen zu werden, sondern er versteht sie und kann seinen Teil dabei wahrscheinlich angeborenermaßen. Aus Säuglingen aber werden Erwachsene, und diese Fähigkeit bleibt ihnen, möglicherweise sogar auch ein Bedürfnis, sie anzuwenden.

Wie fest das Von-Mund-zu-Mund-Füttern in der Brutpflege einiger Naturvölker verankert ist, zeigt sich in den Fällen, wo andere Lebewesen an die Stelle der Kinder treten. Harald Schultz beschreibt von den Urukú-Indianern aus dem Amazonas-Gebiet, daß sie auf der Jagd oft Mutterschweine erlegen; die Indianerinnen nehmen sich dann der bei dieser Gelegenheit mitgebrachten hilflosen Jungen liebevoll an, zerkauen Nahrung und geben sie den Frischlingen direkt ins Maul[102]. Ebenso berichten Missionare aus Neuguinea, daß Frauen Gemüse und Früchte zerkauen und die Nahrung direkt von den eigenen Lippen zur Schnauze des Ferkels weitergeben[24], [25].

Mund-zu-Mund-Füttern eines Hundes zeigt diese 3000 Jahre alte Tonfigur aus einem Grab in Tlatilco, einer Vorstadt von Mexico City

Diese Ferkel stammen von den dorfeigenen Schweinen und werden an Stelle des jeweils ersten Kindes aufgezogen, das die Mutter gleich nach der Geburt umbringt. Da diese Fütterungsweise sogar gegenüber Tieren klappt, die normalerweise nie so Nahrung bekommen, wundert es nicht, daß Professor Brandes auf dieselbe Art einen jungen Orang-Utan mit vorgekauten und gut eingespeichelten Bananen und Zwieback füttern konnte[89].

Nahrung wird aber nicht nur zwischen Mutter und Kind direkt von Mund zu Mund weitergereicht, sondern auch unter Erwachsenen, und zwar bei Naturvölkern ebenso wie bei sogenannten Kulturvölkern. Regelmäßig kommt es am ehesten in bestimmten Ritualen vor und ist dann auch als Ritualbestandteil beschrieben.

Die Pygmäen des tropischen Regenwaldes von Zentralafrika, die auf der Wirtschaftsstufe der primitiven Jäger und Sammler stehen, leben in Wohngruppen mehrerer blutsverwandter Familien zusammen, kaum mehr als 50 bis 100 Personen. Führer dieser Gruppe ist häufig der beste Jäger. Die Pygmäen leben fast ausschließlich monogam. Von den verschiedenen afrikanischen Gruppen gelten die Ituri-Pygmäen als die rasereinsten. Sie wohnen am Ituri, etwa dort, wo er in den Kongo mündet. Unter anderm erlegen sie gelegentlich Elefanten in einer Sturzfalle mit vergifteter Harpune. Wie das vor sich geht, zeigt ein aus Archivmaterial zusammengestellter Film für den Hochschulunterricht, der vom Institut für den Wissenschaftlichen Film in Göttingen ausgeliehen wird[108]. Er enthält außerdem Szenen vom Zerlegen und Verteilen der Beute. Das Verfügungsrecht über sie behält derjenige, der die Falle aufgestellt hat; er teilt das Fleisch aus. Dabei gibt es eine eigenartige, in ihrer Bedeutung unklare Zeremonie: Ein Obmann – wahrscheinlich der Eigentümer der Falle – schneidet vom Wild Fleischstücke ab, steckt sie sich zwischen die Lippen und reicht sie so direkt von Mund zu Mund an einen Genossen weiter. Einfacher wäre es natürlich, das Stück von Hand zu Hand zu geben. Das Von-Mund-zu-Mund-Füttern ist sicher ein Ritual. Leider kann man bislang darüber nichts weiter sagen, als daß es zwischen Erwachsenen vorkommt; nach allem, was wir aus Form- und Artenvergleichen wissen, ist es vom Kinderfüttern abgeleitet.

Und hier ein Beispiel aus Mitteleuropa: Im Zillertal, Pustertal und Pinzgau wurde zur Bestätigung der Freundschaft gekauter Tabak ausgetauscht: Nahm ein Mädchen den gebrauchten Tabakknollen an, so war das ein Zeichen ihrer Gegenliebe. Außer Tabak (und wahrscheinlich ursprünglich, denn der Tabakgenuß ist ja erst seit etwa dem 17. Jahrhundert üblich) kaute man – zumindest noch 1912 – auch Fichtenharz oder Pech, und auch diese Materialien wurden nach dem Kauen ausgetauscht, häufig beim Tanze, besonders zwischen Verliebten. Der Bursch ließ zwischen den geschlossenen Zähnen ein Zipfelchen des Pechfleckens hervorschauen und forderte das Mädchen auf, es mit seinen Zähnen zu ergreifen – wozu das Mädchen natürlich seinen Mund fest auf den des Burschen drücken mußte – und herauszuziehen. »Geht die Tanzende auf die Aufforderung des Burschen ein, so bedeutet dieses Zeichen, daß sie ihm hold sei und oft noch mehr«, schreibt v. Hörmann[43].

Mit diesem Motiv der Fütterung von Mund zu Mund arbeitet auch die Werbung, etwa indem sie ein freundliches Männer- und ein Mädchengesicht einander zugekehrt entweder mit offenen Mündern nach einem zwischen beiden liegenden leckeren Happen (den solche Werbung anpreist) oder nur einen der beiden mit offenem Mund nach dem zwischen den Lippen des anderen gehaltenen Leckerbissen zielen läßt.

Die an sich recht alte Deutung, daß der Kuß des Menschen auf diese Weise entstanden sei, vertritt Bilz auf Grund ethnologischer Befunde[3]. Außer der Tatsache, daß Liebende sich tatsächlich so füttern, führt er eine Sammlung von Worten für »Küssen« aus verschiedenen Sprachen an, die oft zugleich die Nebenbedeutung des Vorkauens oder einer zärtlich gemeinten Gebärde haben. Diese Deutung aus der Völkerkunde wird durch die vorgehend geschil-

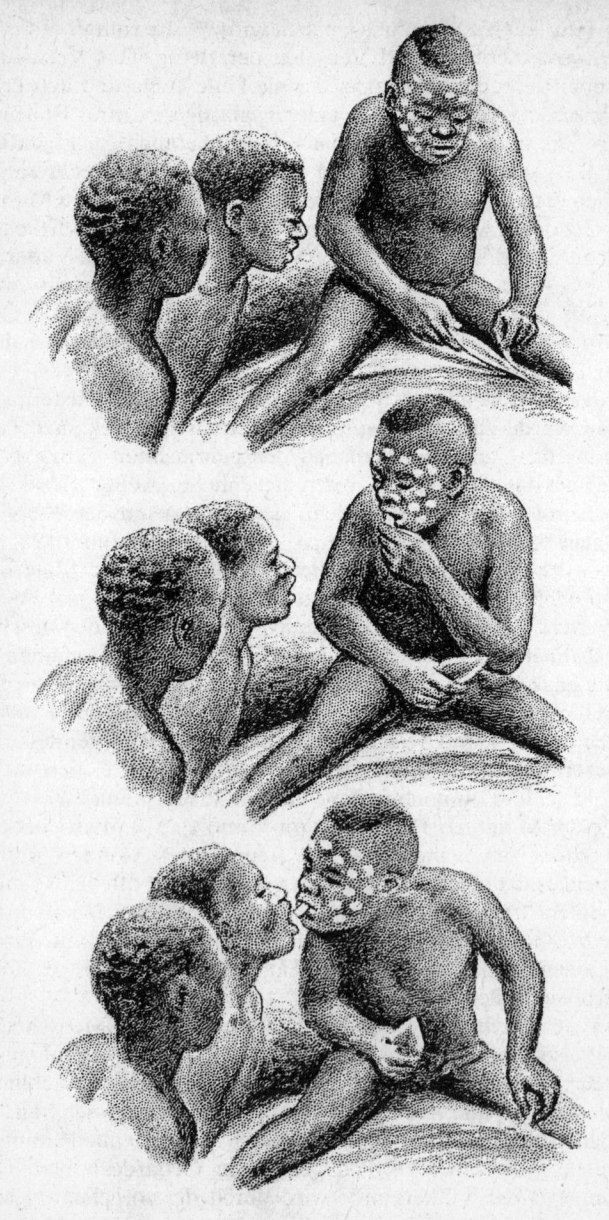

derten Vergleiche mit dem Tier kräftig gestützt. Enge Bindungen zwischen Sozialpartnern werden ganz allgemein unter Vermittlung umfunktionierter Brutpflegehandlungen gestiftet und erhalten; recht oft spielt dabei das Brutpflegefüttern eine wesentliche Rolle, aus dem die wirkliche Futterübergabe wegfallen kann, so daß ein neuartiges Ritual entsteht. Dieses Ritual sieht man am häufigsten zwischen den Partnern eines Paares. Das gilt auch für den Menschen. Je intimer die Beziehung zwischen zwei Menschen wird, desto mehr kann das Küssen in ein Fütterküssen übergehen; auch dieser Übergang zeigt die nahe Verbindung zwischen beidem. Aber auch ohne solche »spielerische« Nahrungsübergabe treten hin- und herschiebende Zungenbewegungen auf, die die Herkunft des Ganzen verraten.

All das gilt natürlich zunächst für den Kuß auf den Mund. Küsse auf andere Körperstellen könnten als Ursprung ein »zärtliches Betasten« mit den Lippen haben, wie wir es beim Schimpansen beobachtet haben. Das allerdings ist auch ein typisches Verhalten der Mutter gegenüber ihrem Kind, und so ändert sich an der Verbindung zum Brutpflegeverhalten nichts; es brauchte nur nicht aus dem Füttern zu stammen. Das normale Küssen des Menschen kann ja ebensogut in ein Beknabbern mit den Zähnen übergehen, das in der ursprünglichen Hautpflege auch des Menschen vorkommt. Andererseits kann aber dieselbe Person als Gruß verschiedene Formen des Kusses anwenden, je nach ihrem Rangverhältnis zum so Begrüßten. Herodot (I, 134) und Strabo (XV, 2, 20) beschreiben das von den Persern: Die Perser grüßen sich je nach dem Stande des einzelnen verschieden. Sind sie gleichen Standes, so küssen sie sich auf den Mund; ist der eine nur wenig an Stand niedriger als der andere, so küssen sie sich die Wangen; ist er aber von viel niederer Geburt, so fällt er vor dem andern nieder. Um die heilige Perpetua von ihrem Glauben abtrünnig zu machen und vor dem Martyrium zu bewahren, küßte ihr Vater ihr die Hand, warf sich sogar vor ihre Füße und nannte sie unter Tränen seine Herrin. Als ein Besucher dem Kalifen Hišam (724–743 n. Chr.) die Hand küssen wollte, entgegnete dieser, so etwas tue unter den Arabern nur ein Feigling. Daraus ersieht man, daß der Kuß zu einer festen sozialen Demonstration werden kann, für die auch anwesende Dritte bedeutsam werden können; der alte Cato ließ nach Plutarch den Praetor Manilius aus der Senatorenliste streichen, weil er seiner

◄ Rituelle Fütterungsszene unter Ituri-Pygmäen

Frau im Beisein der eigenen Tochter einen Kuß gegeben hatte. Natürlich könnte es sein, daß durch das Rangverhältnis der ursprünglich auf den Mund gerichtete Kuß anderswohin abgelenkt wird. Tatsächlich wissen wir über ein so alltägliches Verhalten des Menschen viel zuwenig von dem, das durch genaue Beobachtungen beizubringen wäre, um die genauere Frage zu beantworten, aus welchem speziellen Verhalten innerhalb der Brutpflege das Küssen stammt.

Benutzt wird der Kuß in der Begrüßung und im Abschied, zur Beschwichtigung, außerdem unter den Handlungen, die fast als Selbstzweck auftreten und wohl die Festigung der Partnerbindung zur Folge haben, und schließlich im Kopulationsvorspiel. Ferner spielt er eine wichtige Rolle im religiösen Leben. Man huldigt göttlichen Wesen, indem man ihre lebenden Vertreter (Priester), Statuen oder andere heilige Gegenstände küßt: Tempelschwellen, Altäre, den Koran, die Tora oder die Bibel. Das alles gilt als Verehrung, Liebkosung oder Begrüßung der Gottheit, kann aber auch dazu dienen, ihr etwas abzuschmeicheln. Eine ausführliche Zusammenstellung, der auch die meisten vorgenannten Beispiele entnommen sind, gibt der Benediktinerpater Ohm in seinem modernen Buch über die Gebetsgebärden[87].

Der Kuß kann aus der Begrüßung auch zum Zeichen der Verbrüderung, der »Seelenvereinigung« werden. So küßten in erster christlicher Zeit der Täufer und die anwesenden Christen den Täufling. Schon in der Antike küßte man jemanden, der in ein Kollegium aufgenommen wurde, und vor wenigen Jahren wurde Marlene Dietrich zum Ritter der Ehrenlegion geküßt. Hierhin gehört auch das »Osculum sanctum«, der liturgische Friedenskuß, der freilich nicht immer so überirdisch verlief, wie die Regeln es wollten. Denn in der Kirchenordnung des Hippolyt steht: »Die Gläubigen sollen einander küssen, der Mann soll den Mann küssen, die Frau soll die Frau küssen, und Männer sollen nicht Frauen küssen«; und in den koptischen Quellen zum Konzil von Nicaea heißt es: »Du sollst die Frau lehren, nicht einem Manne den Friedenskuß zu geben, außer wenn sie alt sind und wenn die anderen selbst Greise sind, außer es sind ältere, die sehr treu sind!«

Zu erwähnen ist noch, daß es bei den alten Indern, Arabern, bei Negern und anderen Eingeborenen den Riech- oder Schnüffelkuß gibt, der wohl auch mit der Brutpflege zusammenhängt, denn nach den altindischen Hausregeln z.B. soll der Vater den Kopf des neugeborenen Kindes und des von einer Reise zurückgekehrten Kindes dreimal beschnuppern.

Sehr wahrscheinlich ebenfalls aus dem Brutpflegefüttern entstand die Kußhand, bei der man die eigene Hand küßt und dann gleichsam dem Gegenstand der Verehrung zuwirft. Das Mund-zu-Mund-Füttern wird nämlich bei manchen Eingeborenen zumal gegenüber älteren Kindern ersetzt durch ein Überreichen vorgekauter Nahrung, die man aus dem Mund in die eigene Hand fallen läßt und dem Kind gibt. Da man aber auch über diese Handlungen viel zu leicht hinweggeht, ohne sie einer genaueren Betrachtung für wert zu halten, bleiben solche plausiblen Deutungen doch vorerst Vermutungen.

Festhalten können wir hier, daß der Kuß mit dem Mund, der sich bei Kultur- wie Naturvölkern im Altertum wie heute findet, eine ritualisierte Brutpflegehandlung ist, und zwar mindestens in einigen Formen auf ein Füttern der Kleinkinder von Mund zu Mund zurückgeht.

3. Die soziale Bedeutung der weiblichen Brust

Daß die Mutterbrust für den Menschen ebenso zum Ort der Geborgenheit wird und sekundär ganz ähnliche Bedeutungen im Sozialleben bekommt wie bei den erwähnten Säugetieren, ist – wenn man die Parallelen bedenkt – eine notwendige Konsequenz aus der Mutter-Kind-Situation. Zunächst läßt sich in den ersten drei Lebenstagen jedes Neugeborene dadurch beruhigen, daß man es an etwas Brustwarzenähnlichem saugen läßt, auch wenn es dabei keine Nahrung bekommt. Die Mutterbrust wirkt also schon vor aller Erfahrung beruhigend. Tierische wie menschliche Säuglinge gewinnen aber noch gleichlautende Erfahrung dazu. Aus den folgenden Beispielen kann man sehen, wie weit die Übereinstimmungen gehen.

Elizabeth M. Thomas schildert folgende Szene, die sie in der Kalahari bei Buschmännern erlebt hat: »Als sein kleiner Sohn sah, was er tat, und merkte, daß er im Begriff war, sie zu verlassen, begann er zu weinen und rief ›Vater, Vater‹, und als der Faule Kwi einen Augenblick zögerte, dann aber sagte, er werde auf jeden Fall aufbrechen, hob der kleine Junge eine Handvoll Steine auf und warf einen davon nach ihm. Das belustigte Kwis Frau, die lächeln mußte, und dem Kleinen, ohne besonderen Eifer zu zeigen, die Steine abzunehmen versuchte. Aber Kwi war darüber verärgert, und er packte seinen Sohn am Arm und gab ihm eine Ohrfeige. Da wurde der Junge so wild, daß er einen Wutanfall bekam; er schrie und kreischte und krümmte den Rücken, um von seiner Mutter los-

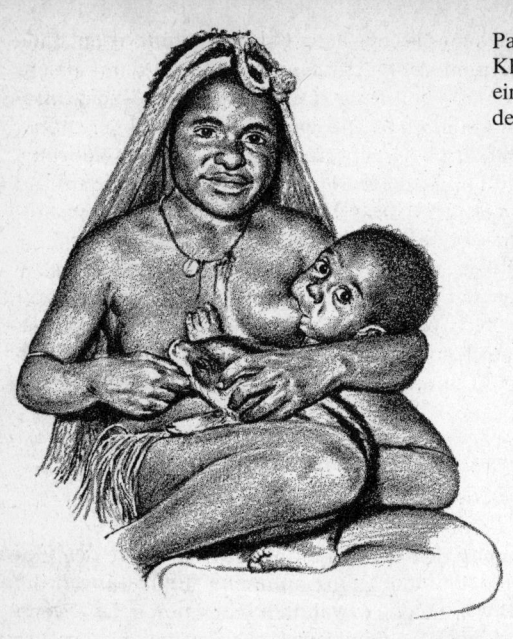

Papua-Frau mit ihrem
Kleinkind an einer und
einem Ferkel an der an-
deren Brust

zukommen, die ihn aufzuheben versuchte. Der Mutter fiel es immer
schwerer, mit ihm fertig zu werden; er nahm noch die Brust, obwohl
er doch schon fünf oder sechs Jahre alt war. Ehe sein Vater ging,
hatte ihn die Mutter etwas besänftigt. Sie saß auf dem Boden und
ließ ihn, während sie ihn stillte, auf dem einen Bein sitzen. Er trank
an der einen Brust und hielt die andere in der Hand, indes er über
die Schulter der Mutter hinweg seinen Vater, der bereits im Jeep
war, mit Blicken anfunkelte.« – »Als der kleine Gasche mich von
Medizin sprechen hörte, starrte er mich beklommen an. Ich hatte
seine Augen schon einmal behandelt, und vielleicht erinnerte er sich,
daß die Medizin weh getan hatte, oder er fürchtete, ich könnte seinen
Augen schaden. Er kletterte seiner Mutter auf den Schoß, um die
Brust zu nehmen, kehrte im Bedürfnis nach Geborgenheit sein
Gesicht ihr zu und funkelte mich über die Schulter hinweg an.«[113]
Beide Male wird deutlich, wie das Kind sich auf den aggressiven
oder vermutlich gefährlichen, auf jeden Fall einschüchternden Artgenossen ausrichtet, sei es nun der Vater oder ein Fremder, wie es
in eine Situation sozialer Unterdrückung gerät und daraufhin bei
der Mutter Schutz sucht und die Brust nimmt.

Viele Beobachter ähnlicher Szenen erwähnen nicht, ob das Kind wirklich trinkt. Sorenson und Gajdusek, die die Eingeborenen verschiedener Stämme auf Neuguinea gefilmt haben, konnten Szenen dieser Art im Film festhalten[107]. Bei den Fore im östlichen Bergland waren die drei- bis vierjährigen Kinder Fremden gegenüber besonders furchtsam und schrien, sobald man sich ihnen näherte, selbst wenn sie dicht bei ihrer Mutter waren; oft jedoch wurden sie ruhig, sobald sie sich an die Mutter schmiegen und ihre Brust mit dem Mund ergreifen konnten, obwohl sie dann nicht tranken. In dieser Stellung verloren sie ihre Furcht und begannen sogar, neugierig vorsichtige Blicke auf den Fremden und seine Kamera zu werfen. Die Forscher sahen zwar genau, daß die Kinder in dieser Situation nicht tranken, sprechen aber doch von »Stillen«. Entsprechend vorsichtig muß man Angaben über die Stillzeiten anderer Völker aufnehmen, zumal oft nicht gesagt wird, ob der betreffende Autor regelmäßiges Stillen oder nur gelegentlich Kinder an der Brust der Mutter beobachtet hat. Aus eigenen Erfahrungen mit afrikanischen Eingeborenen weiß ich, daß auch deren eingeschüchterte Kinder oft nur die Brust nehmen, ohne Trinkbewegungen zu machen.

Voraussetzung dafür ist allerdings, daß die Kinder überhaupt ungehinderten Zugang zur Mutterbrust haben. Wo diese verhüllt ist, drücken die Kinder, wenn sie zur Mutter flüchten, zwar das Gesicht gegen ihre Brust, doch wird nicht mehr sichtbar, was sie dort eigentlich suchen.

In Gegenden, wo die Brüste frei getragen werden, stillen die Mütter meist viel länger als dort, wo die Bekleidungssitten das Stillen erschweren und schon dadurch das frühere Entwöhnen nahelegen. Kraho-Indianer stillen mehrere Jahre[102], die Nuna in Westafrika (Obervolta) bis übers dritte Lebensjahr hinaus; Kinder der Buschleute werden bis ins vierte Lebensjahr gestillt, in den ersten 18 Monaten leben sie fast nur von Muttermilch[105]. Zigeuner stillen ebenfalls bis ins vierte Lebensjahr oder darüber hinaus[17], ebenso Eskimos, bei denen es sogar üblich war, daß die Mutter bis zur nächsten Schwangerschaft stillte, so daß Freuchen, einer der besten Kenner der Eskimos im »Urzustand«, an verschiedensten Stellen Eskimomütter ihren 14jährigen Söhnen die Brust reichen sah[33]. Die Kinder trinken aber nicht nur an den Brüsten, sondern sie spielen auch damit, Eskimokinder noch mit mindestens sieben Jahren. Das ist bei verschiedenen Eingeborenenstämmen leicht zu beobachten, wird aber wiederum nur gelegentlich in völkerkundlichen Beschreibungen erwähnt. Trinken und Spielen wiederum beeinflussen sehr wahrscheinlich die Fixierung der Kinder auf die Mutterbrust als Ort der Geborgenheit. Auffällig ist jedenfalls, wie kurze Stillzeit, Verhüllen der Brüste und ihre übertrieben erotische, fast fetischistische Bedeutung ebenso zusammengehören wie im Gegenteil dazu – bei Naturvölkern – lange Stillzeit, frei getragene Brüste und ihre für Weiße oft erstaunlich normale Bedeutung im alltäglichen sozialen Bereich. Natürlich spielt da noch viel mehr herein; genauere vergleichende Untersuchungen fehlen aber, vielleicht weil die Fragestellung fehlte. Ford und Beach fanden beim Vergleich vieler Menschengruppen und Völker keine unmittelbare Beziehung zwischen der Gewohnheit, im Alltagsleben die Brüste zu verhüllen, und der Bedeutung, die man der Reizung der Brüste im Liebesleben beimißt[32]; aber das direkte sexuelle (Vor-)Spiel ist nicht der einzig mögliche, wahrscheinlich nicht einmal der richtige Rahmen, den biologisch-sozialen Signalwert der Brüste zu bestimmen. Daß sie einen solchen Signalwert zwischen den Erwachsenen haben, ist allgemein bekannt. Daß dieser Signalwert kulturell beeinflußt wird, ist ebenso leicht zu zeigen: Während man vor einem Ladeneingang in Ekuador eine fast schon europäisch gekleidete Indianerin oder auf einer Parkbank des vornehmen Corso Vittorio Emanuele in Neapel eine elegante junge Dame in aller Ruhe ihren Säugling stillen sehen kann, ohne daß jemand daran Anstoß nimmt, wagen bei uns viele Frauen nicht einmal, ihr Kind zu Hause in Gegenwart selbst guter Freunde zu stillen.

Affenmütter, die ständig von »guten Freunden« umgeben sind, könnten sich das nicht leisten; Menschenmütter aber können ihren Babys Saugflaschen als Brust-Ersatz bieten. Dadurch kann die Brust von ihrer ursprünglich biologischen Funktion weitgehend oder sogar völlig entlastet werden. Die außerordentliche Pflege, die der weiblichen Brust heute zuteil wird, bezieht sich fast ausschließlich auf den sozialen Signalwert; um die Brüste, »eines der anziehendsten Attribute der Weiblichkeit«, »das Ideal weiblicher Vollkommenheit« mühen sich die Hersteller von Salben, Cremes, Lotions, Tabletten, Dragees, Spezialduschen und rotierenden Bürsten bis hin zu aufblasbaren oder Schaumgummi-Attrappen. Dabei geht es nicht um den Säugling, sondern um das ideale Dekolleté, um die schöne Brust, die seit jeher vom Mann besungen wurde wie im Hohenlied: »Deine beiden Brüste sind wie Rehzwillinge, die unter Lilien weiden.« Als ein Beispiel für ihre Signalwirkung mag die von Homer geschilderte Szene stehen, wie die schöne Helena ihren zornigen Gatten durch den Anblick ihrer Brüste versöhnt. Das stimmt nun bis in viele Details mit der Wirkung überein, die

die weibliche Brust beim Dschelada im sozialen Leben ausübt. Dann aber wird man fragen, ob die Frauenbrust vielleicht ebenso wie die des Dschelada-Weibchens im Dienste ihrer sozialen Signalfunktion weiterentwickelt wurde. Nun ist der Mensch das einzige säugende Lebewesen, bei dem die Milchdrüsen ständig stark ausgebildet und auffällig bleiben, auch wenn sie keine Milch produzieren. Und ihre unterschiedliche Größe bei verschiedenen Frauen hängt nicht mit der erzeugten Milchmenge zusammen; kleine Brüste können mehr Milch liefern als größere, denn die Ausformung der Brust hängt ab von der Entwicklung des Stromas, eines Bindegewebsgerüstes, in dessen Zwischenräume während der Schwangerschaft die Milchgänge der Drüse hineinsprossen. Am Ende der Stillperiode, wenn das Drüsengewebe wieder zurückgebildet wird, nimmt statt dessen das Bindegewebe erheblich zu[2]. Außerdem ist auch Fettgewebe am Aufbau der Brust beteiligt. Fett und Bindegewebe sind aber leicht an irgendwelchen Körperstellen anhäufbar, es sind Baumaterialien, die überall verwendet werden können, auch für den Aufbau von Signalstrukturen. Der Mensch benutzt ja oft Formsignale, wo niedere Primaten Farbsignale verwenden. Das gilt gerade für das Kindchenschema, in dem die ebenfalls aus Fett- und Bindegewebe aufgebauten Pausbacken eine wichtige Rolle spielen, genauso wie für die weibliche Brust, die zwar bei Affen auch schon als soziales Signal ausgebildet ist, aber mit Hilfe auffälliger Farben. Das heißt natürlich nicht, daß der Mensch sich nicht auch hier Farben zunutze machen könnte. Bemalungen und Tätowierungen zeigen das bei unbekleidet gehenden Völkern ebenso wie die raffinierten Moden unseres Kulturkreises, bei denen die Kleidung wie ein künstliches Fell verwendet und durch entsprechende Ausschnitte noch zusätzlich die Dschelada-Wirkung erzielt wird – was uns dazu verführt hat, den Dschelada scherzhaft »Dirndl-Affen« zu nennen.

Wenn es, da wir künstliche Säuglingsnahrung haben, immer weniger wichtig wird, ob die weibliche Brust ihre ursprüngliche Funktion erfüllt, sie aber als Signal in der Beziehung zwischen Erwachsenen an Bedeutung eher zunimmt, dann könnte man erwarten, daß sich ihr Bau und ihre Form allmählich immer mehr der neuen Funktion anpassen – sofern das nicht durch kosmetisch-technische Kniffe leichter zu erreichen ist. Es gibt einige Beispiele dafür, daß in Rassen mit großen Brüsten diese, in Rassen mit kleinen Brüsten die kleineren bevorzugt werden. Ob sich dabei die Organform der Bevorzugung oder umgekehrt diese der vorhandenen Organform angepaßt hat, ist allerdings heute nicht zu entscheiden. Welche Rolle die

Erfahrung des Säuglings an der Brust für die spätere Bewertung der Brust durch den Erwachsenen spielt, ließe sich jedoch durch einen Vergleich zwischen brustgenährten und strikt mit der Flasche aufgezogenen Menschen erforschen.

Wie immer die spezifische Signalwirkung der weiblichen Brust zustande kommt, fest steht, daß sie eine wichtige Rolle im Eheleben und im weiteren Sozialleben des Menschen spielt. Diese Sekundärbedeutung ist so allgemein bekannt, daß die Brust sogar zu den Sexualsignalen zählt, obwohl jedermann ihre ursprüngliche Bedeutung kennt. Dazu gehört auch, daß die Frau ein Baby nicht nur zum Trinken an die Brust nimmt, sondern auch als Liebkosung oder wenn es Schutz und Trost sucht. Das »Herzen« und An-die-Brust-Drücken ist die verselbständigte Vorbereitungshandlung zum Stillen. Und diese Reaktion tritt nicht nur gegenüber Babys und Kindern auf. Im Hohenlied wünscht das vom Geliebten träumende Mädchen: »Hätt' ich dich wie meinen Bruder, der meiner Mutter Brüste saugt«, und die Mystikerin Mechthild von Magdeburg seufzt zu ihrem himmlischen Bräutigam: »O du ruowender got an minen brusten«; weitere Beispiele aus der alltäglichen Erfahrung kennt wohl jeder selbst.

Daß das Saugen an der Brust die Frau auch beschwichtigt, also eine ähnliche Wirkung haben kann wie bei Hyänenhund oder Uganda-Kob, findet sich z. B. in einem türkischen Volksmärchen[8] ausgedrückt, das hier auszugsweise wiedergegeben sei: Ein junger Bursche wird unter einem Vorwand in ein Abenteuer geschickt und trifft unterwegs einen Derwisch. Der fragt ihn, was er vorhabe, und sagt, als er es erfahren hat: »Ach, mein Sohn, derjenige, der dich schickt, schickt dich ins Verderben. Aber geh nur, Allah soll dir helfen.« Der Derwisch sagt dem Burschen voraus, daß er zwar auf seinem Weg riesige Dämonen, Dev genannt, treffen wird, sie aber mit einem besonderen Verhalten beschwichtigen kann: »Nimm diese drei Okka Kauharz! Jetzt höre mir gut zu! Auf dem Weg wirst du einer Dev-Frau begegnen. Wenn ihr Fliegen in den Mund fliegen und aus dem Gesäß herauskommen, schläft sie. Wenn sie ins Gesäß hineinfliegen und aus dem Mund herauskommen, ist sie wach. Wenn sie wach ist, lege ihr sofort ein Okka Kauharz in den Mund und umfasse ihre rechte Brustwarze. Dann zeigt sie dir den Weg, du kannst sie danach fragen.«

Der Bursche verläßt den Derwisch und trifft nach einer Weile die Dev-Frau. Da ihr die Fliegen ins Gesäß hineinfliegen und aus dem Mund herauskommen, wirft er ihr sogleich das Kauharz in den Mund, umfaßt ihre Brustwarze und saugt daran. Da sieht sie ihn und sagt: »Ach, du Mensch, wenn du nicht meine rechte Brustwarze umfassen würdest, würde ich dich zermalmen und in mein Kauharz mischen... Wohin gehst du denn?« Als er geantwortet hat, schickt sie ihn weiter zu ihrer älteren Schwester, und diese schickt ihn zu einer noch älteren Schwester. Beide Male verhält er sich so, wie ihm der Derwisch empfohlen hat. Die zweite Schwester sagt daraufhin: »Ach, du Mensch, was soll ich machen, da du mein Kind geworden bist? Woher kommst du und wohin gehst du?« Die dritte Schwester sagt: »Oh, Bursche, wenn du nicht an meiner Brustwarze saugen würdest, würde ich dich zermalmen und in mein Kauharz mischen! Wohin gehst du?«

Selbstverständlich beurteilt der Mensch das Verhalten von Geistern, Dämonen und Göttern nach seinem eigenen Verhalten, also streng anthropomorph. Solche Erzählungen sind also nicht Verhaltensbeschreibungen von Geister-Arten, sondern spiegeln Verhalten und Erfahrungen des Menschen. Da man außerdem weiß, daß bei vielen Frauen das Stillen eines Säuglings ebenso wie das Spielen und Saugen an der Brust durch den Partner beim Koitus-Vorspiel ein Wollustgefühl verursacht, mitunter sogar einen Orgasmus, ist die Schilderung im Märchen durchaus nicht unplausibel.

4. Das Kindchenschema

»Kindchenschema« nannte Konrad Lorenz vor 25 Jahren eine besondere Wahrnehmungsleistung des Menschen, die darin besteht, auf typische Merkmale des Kleinkindes mit Pflegereaktion zu antworten. Dabei ist die Gesamteinstellung, mit der der Mensch dem noch hilflosen und pflegebedürftigen Jungen der eigenen Art begegnet, einmal durch bestimmte, unverwechselbare Gefühle und Affekte gekennzeichnet und mit einem spezifischen Erlebnis verbunden, dessen Qualität im Deutschen meist mit »niedlich«, »süß« oder »herzig« wiedergegeben wird, zum andern von erstaunlich wenigen Merkmalen abhängig. Die Merkmale, die ein Objekt haben mußt, um die spezifische Erlebnisqualität des »Herzigen« auszulösen, sind nach Lorenz folgende:

1. Ein verhältnismäßig dicker Kopf;
2. ein im Verhältnis zum Gesichtsschädel überwiegender, mit gewölbter Stirn vorspringender Hirnschädel;
3. ein großes und, entsprechend den vorgenannten Proportionen, bis unter der Mitte des Gesamtschädels liegendes Auge;
4. verhältnismäßig kurze, dicke und dickpfotige Gliedmaßen;

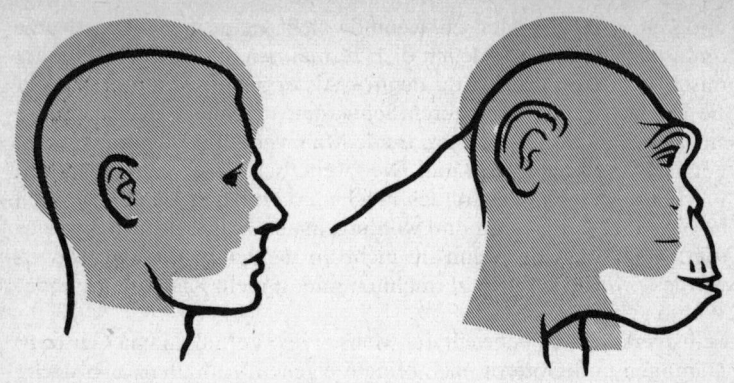

Typische Kopfform des Kindes und des Erwachsenen beim Menschen (links) und beim Schimpansen (rechts). Auge und Ohr sind als Bezugspunkte gewählt, um die Größenverhältnisse von Hirn- und Gesichtsschädel zu verdeutlichen (darum wirken junge Schimpansen so niedlich)

5. allgemein rundliche Körperformen;
6. eine ganz bestimmte, weich-elastische Oberflächenbeschaffenheit;
7. runde, vorspringende »Pausbacken«.

Alle Lebewesen und sogar unbelebte Objekte, die mehrere dieser Merkmale zeigen, wirken »herzig«. Musterbeispiel dafür ist Walt Disneys Bambi. Aber auch viele Schoßtiere, die ja häufig wie Babys behandelt werden, lassen diese Merkmale erkennen, und Lorenz weist darauf hin, daß es sich hier geradezu um Kindchen-Attrappen für kinderlose Menschen handelt.
Selbstverständlich steht der Mensch mit dieser Brutpflege-Reaktion nicht allein unter den Geschöpfen. Viele Tiere, die eine ausgeprägte Brutpflege haben, reagieren mit Brutpflege-Handlungen auf bestimmte Merkmale, die ihre Jungen kennzeichnen. Bei der Pute ist das Erkennungszeichen für die Küken akustischer Art: Die Mutter pflegt und bewacht nur Küken, die piepen; nicht piepende Küken werden umgebracht, und dementsprechend bringt eine taube Pute, die nie ein Küken piepen hört, alle ihre Kinder um[100]. Als optische Signale bekannt sind die farbigen Schnabelränder und die bunten Sperr-Rachen vieler Vogelnestlinge, die den Altvogel zum Füttern veranlassen. Schon bei Vögeln kann man aber beobachten, daß durchaus nicht nur die Eltern, die in Brutpflegestimmung sind, auf diese auslösenden Reize reagieren, sondern oft auch

fremde Artgenossen, die keine eigenen Jungen haben, und sogar Jungvögel. Selbst Silbermöwen, die außerhalb der Brutzeit Nahrungsreviere verteidigen, dulden darin bettelnde Jungtiere und füttern sie sogar; es brauchen nicht ihre eigenen Kinder zu sein, sie müssen aber noch das braune Jugendgefieder haben. Dann machen die Erwachsenen höchstens Ansätze, sie zu vertreiben, sind aber in ihrer Aggression deutlich gehemmt[23]. Säuger verwenden viele Geruchssignale, auf die wir hier nicht eingehen wollen, die auch meist zu wenig gut untersucht sind. Affensäuglinge jedoch sind oft farblich gekennzeichnet und sichern sich dadurch den Schutz der Erwachsenen.

Die Neugeborenen aller Meerkatzenarten *(Cercopithecus)* haben eine Fellfarbe, die deutlich von der bei Erwachsenen abweicht. Im Alter von sechs bis acht Wochen wird diese Babyfarbe langsam durch ein Jugendfell ersetzt, bleibt aber noch bis in den vierten Lebensmonat erkennbar. Frei lebende erwachsene Meerkatzen beiderlei Geschlechts reagieren außerordentlich heftig, wenn sie ein babyfarbenes Junges in Gefahr sehen, z. B. wenn ein Mensch es in der Hand hält. Große Männchen der besonders aggressiven Art *Cercopithecus aethiops* wagen es dann sogar, den Menschen unter Drohrufen anzugreifen. Wichtig ist, daß das Baby sich bewegt; auf ein totes reagieren die Erwachsenen nicht. Es braucht aber nicht zu schreien, obwohl das die Reaktion der Erwachsenen verstärkt. Erwachsene Männchen und Weibchen versuchen aber nicht nur, Babys zu befreien, sondern nehmen sich auch sofort eines verlassenen an. Wird von Jägern eine Mutter erschossen, so stößt sie, wenn sie nicht sofort tot ist, den Säugling, der sich an sie klammert, von sich, so daß er sich an einen Zweig klammern muß, ehe sie hinunterstürzt. Das verlassene Kind wird dann sofort von einem anderen Erwachsenen geholt. Dagegen zeigen die Tiere keinerlei Reaktion, wenn ein schon umgefärbtes Jungtier oder ein Erwachsener gefangen oder verwundet wird[7]. Ähnlich reagieren die schwarzweißen Berg-Guerezas *(Colobus)* auf in Gefahr geratene Babys, die noch ganz weiß gefärbt sind.

Paviankinder haben die ersten sechs Monate, solange sie noch an der Mutter saugen, ein schwarzes Fell (die Erwachsenen sind braun oder grau) und genießen so lange eine ziemliche Narrenfreiheit. Alle Erwachsenen, sogar die alten Männchen, versuchen, ein schwarzes Baby zu sich zu nehmen, säubern ihm das Fell und bewachen es. Beim Mantelpavian sind besonders die halbwüchsigen Männchen ausgezeichnete Baby-Sitter. Pavianmütter lassen es in der ersten Zeit meist nicht zu, daß ihr Neugeborenes von anderen angefaßt wird. Auch Meerkatzenmütter wachen eifersüchtig über ihr Baby.

Ganz anders dagegen die Languren und Hulmane, langschwänzige asiatische Affen. Die Babys der Hulmane sind fast schwarz, die Erwachsenen ganz hellgrau. Die Brillenlanguren haben als Erwachsene ein braungraues bis fast schwarzbraunes Fell, ihre Babys aber sind goldgelb wie ein Teddybär oder nahezu weiß. Wenn nun ein Languren-Baby geboren worden ist, sitzen gleich danach vier bis zehn Weibchen aus der Gruppe, seien sie nun erwachsen oder noch jugendlich, um die Mutter herum, betrachten aufmerksam das Baby und versuchen, es zu berühren und zu beriechen. Männliche Languren kümmern sich nicht um Babys. In den ersten Stunden nach der Geburt dreht die Mutter den anderen geduldig wartenden Weibchen möglichst den Rücken zu. Wenn das Neugeborene aber ganz trocken ist, erlaubt sie, daß die anderen es vorsichtig anfassen, und jetzt dauert es nur wenige Minuten, bis eins der Weibchen das Kind auf dem Arm hat. Es wird dann, ganz wie zuerst von der Mutter, genau untersucht, vorsichtig betastet, berochen und beleckt, besonders an Kopf, Händen und Geschlechtsteilen. Sobald das Kind wegstrebt, wird es von einem weiteren Weibchen übernommen. Manches Baby wird schon am ersten Lebenstag von acht Weibchen getragen, mitunter 20 Meter von der Mutter weg. Die Mutter kann aber ihr Kind jederzeit zu sich zurücknehmen, vor allem zum Säugen, obwohl auch die anderen Weibchen dulden, daß das Baby an ihnen zu trinken versucht; einige Weibchen helfen ihm sogar, die Zitze zu finden und mit den Lippen zu greifen. Es gibt andererseits auch Weibchen, die sich mit dem Baby recht ungeschickt anstellen und es bald an eine Nachbarin weitergeben. Die ersten drei bis fünf Lebensmonate – solange das Kind durch seine Fellfarbe ausgezeichnet ist – hält dieses Interesse aller weiblicher Truppmitglieder an, dann schwindet es rasch. Mit 11 bis 15 Monaten wird das Kind von der Mutter entwöhnt, und zwar ziemlich gewaltsam[50].

Während also das Langurenbaby in den ersten drei bis fünf Monaten seines Lebens ständig von einem Weibchen zum anderen gereicht wird, so, als sei es ihrer aller Eigentum, bleiben Schimpansenbabys in den ersten dreieinhalb bis fünfeinhalb Monaten ununterbrochen in direktem Kontakt mit der Mutter, die so lange auch alle Versuche des Kindes unterbindet, sich von ihr zu entfernen. In dieser Zeit wird eine ganz enge Mutter-Kind-Beziehung aufgebaut, die bis ins Erwachsenenalter erhalten bleibt und sich darin zeigt, daß die Tiere oft miteinander gehen, Futter teilen oder sich gegenseitig zu Hilfe kommen. Schimpansenkinder werden von der Mutter nicht gezielt entwöhnt, sie hören vielmehr zu trinken auf, wenn die Milch versiegt.

Gerade zu der Zeit nun, wo das Schimpansenkind sich von der Mutter gelegentlich entfernt und schließlich immer weitere Ausflüge unternimmt, entwickelt es ein auffälliges Farbmerkmal, nämlich das große weiße Haarbüschel, das wie ein kleiner Schwanz vom dunklen Fell absticht. Am Neugeborenen ist dieses Büschel unauffällig klein und besteht nur aus wenigen Haaren. Mit dreieinhalb Monaten ist es schon auffällig, und zu dieser Zeit beginnen die Kinder, vom Körper der Mutter aus nach anderen Schimpansen zu langen. Im Alter von drei Jahren verliert sich das weiße Büschel, und von der Zeit an werden die Kinder von den Erwachsenen immer gröber abgewiesen und zurückgestoßen. Es handelt sich ganz deutlich um ein Kindchenmerkmal, das am wichtigsten ist, wenn die Kinder anfangen, sich mit Erwachsenen einzulassen, sie zu belästigen, aber auch zu begrüßen, indem sie ihnen die Hand auf irgendeinen Körperteil legen[72].

Diese Beobachtungen an Meerkatzen, Guerezas, Languren und Schimpansen sind besonders wertvoll, weil es alles Freilandbeobachtungen sind, die Tiere also ihr natürliches Leben lebten. Die Jungtiere aller dieser Arten wachsen in einer stabilen sozialen Gruppe auf und in diese hinein. So lange sie noch klein und hilfsbedürftig sind, genießen sie von den Mitgliedern der Sozietät besonderen Schutz. Der Vergleich zeigt, daß dieser Schutz durch besondere Signale sichergestellt wird, die vom Kind ausgehen, die aber erst dann auftreten, wenn das Kind sich frei in der Sozietät umher zu bewegen beginnt oder wenn das Beschützen durch andere Mitglieder der Sozietät, als es die Mutter ist, akut wird. Wir wollen nun versuchen, das Kindchenschema des Menschen vor dem Hintergrund dieser Kenntnisse zu sehen.

Von den einleitend genannten Kindchenmerkmalen sind in größeren Versuchsserien die Merkmale 2, 3 und 7 an 330 Versuchspersonen zwischen 6 und 30 Jahren (männlichen und weiblichen Heimkindern, Schülern und Studenten) geprüft worden[45]. Aus Bildserien war jeweils von zwei paarweise angebotenen Köpfen der herzigste, liebste oder niedlichste auszuwählen. Es wurden vorwiegend Kinderkopf-Umrißzeichnungen, aber auch Eselsköpfe mit ähnlich verschobenen Proportionen geprüft. Unsere Abbildung zeigt einige Bilder aus verschiedenen Versuchsreihen.

Es ist vielleicht ratsam, daß der Leser sich an dieser Stelle zunächst die Köpfe genau ansieht und ohne viel Nachdenken selbst versucht, die für ihn niedlichsten und, als Gegenprobe, auch die am wenigsten niedlichen Köpfe herauszufinden.

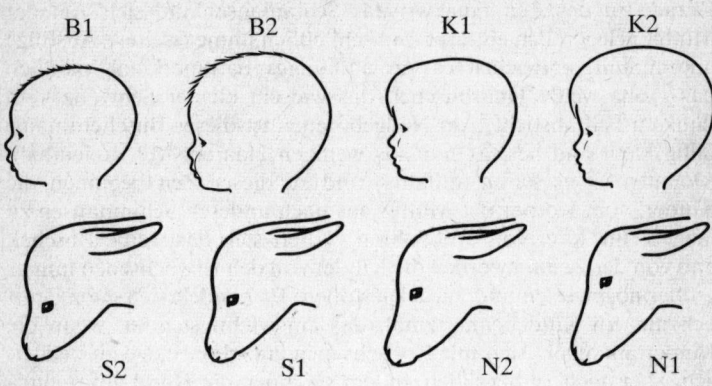

Das »Kindchenschema« an Kinder- und Eselsköpfen (Erläuterung im Text)

Das Ergebnis der genannten Versuchsreihe war:
Den Kopf B2 zogen alle Erwachsenen ganz deutlich dem Kopf B1 vor; Mädchen taten das schon im Alter zwischen 10 und 13 Jahren, Knaben erst ab etwa 18 Jahren. Nie aber wurde B1 vorgezogen.
Weibliche Erwachsene bevorzugten auch den Kopf K2 vor K1, männliche Versuchspersonen dagegen machten entweder keinen Unterschied zwischen beiden oder bevorzugten K1.
Geprüft wurden noch mehr Merkmale, und dabei zeigte sich, daß behaarte Köpfe unbehaarten (hier nicht gezeigt) vorgezogen wurden, aber nur wenn die Kopfform in beiden Fällen gleich war. Sonst ziehen zumal weibliche Erwachsene einen Kopf wie B2, aber unbehaart, dem hier gezeigten B1 vor.
Das ist deswegen bemerkenswert, weil B1 der proportionsgerechte, also »richtige« Kopf eines Säuglings ist, während B2 eine übertrieben gezeichnete Kopfform darstellt, die normalerweise gar nicht vorkommt. Entsprechend ist K1 der natürliche Kopf eines acht- bis zehnjährigen Knaben, K2 eine unnatürliche Übertreibung davon. Die Übertreibung betrifft immer die Ausprägung des Hirnschädels, also seine Größe im Verhältnis zum Gesichtsschädel und das Vorspringen der Stirn. Und tatsächlich werden diese übertriebenen Merkmale den natürlichen vorgezogen, das heißt, unsere Wahrnehmung überbewertet die typischen Kindchenmerkmale und fällt sogar

auf abnorme Attrappen herein. Je natürlicher die Attrappen sonst sind, desto stärker ist diese Reaktion. Hier handelt es sich ja um einfache Strichzeichnungen; die Puppenindustrie stellt dagegen wesentlich kompliziertere Attrappen her, an denen außer den hier geprüften auch noch die anderen von Lorenz genannten Kindchenmerkmale ausgenutzt und, wenn möglich, übertrieben werden.

Das wird dann besonders deutlich, wenn die betreffenden Kindchenmerkmale sich gar nicht an einem Kindchen befinden, sondern an einem anderen Objekt, und dennoch genauso bewertet werden. An einem Eselskopf wurde wieder die Stirnwölbung und die Oberkopfhöhe variiert. Mit Ausnahme der 10- bis 13jährigen Knaben (die in diesem Alter eine besonders realistisch-kritische Phase erleben) bevorzugten alle Versuchspersonen den am meisten in Richtung auf das Kindchenschema übertriebenen Kopf S2. Am wenigsten beliebt war N1. Tatsächlich entspricht N1 einem älteren, N2 einem jüngeren Esel, S1 und S2 gibt es in der Natur nicht. Die Ergebnisse mit dem Eselskopf überraschen kaum, denn so sind eben Bambi und ähnliche Figuren entstanden.

Für das Sozialverhalten des Menschen kann man diesen Versuchen noch einiges Wichtige mehr entnehmen. Zunächst fällt auf, daß die damit geprüfte Reaktion Jugendlichen und Erwachsenen beiderlei Geschlechts eigen ist. Es handelt sich also nicht um die rein mütterliche Brutpflege, sondern um die allgemein in der Sozietät wichtige Tendenz, Kinder zu behüten, wie es etwa ein Baby-Sitter tut. Da das normalerweise erst erforderlich wird, wenn das Kind den unmittelbaren Bereich der Mutter verläßt, ist es verständlich, daß erst die Merkmale des *Kleinkindes* die Schutzreaktion auslösen. Denn der menschliche Säugling braucht diese allgemeines Beschützen auslösenden Signale ebensowenig wie der Schimpansensäugling – ja, sie könnten ihm sogar schaden. Würden nämlich alle guten Bekannten versuchen, wie bei den Languren schon das Neugeborene zu herzen und umherzutragen, so könnte das den Aufbau der innigen Mutter-Kind-Bindung erheblich stören. So ist es also biologisch ganz vernünftig, daß in den Versuchen der Säugling nicht niedlich oder herzig empfunden wurde. Auf ihn ist die geprüfte Reaktion ja gar nicht gemünzt. (Das heißt aber wahrscheinlich auch, daß der mütterliche Pflegetrieb von anderen Merkmalen abhängt.) Die Kindchenmerkmale brauchen jedoch nicht an einem Kindchen aufzutreten; sie verlieren ihre Wirksamkeit an einem älteren Kind oder einem Erwachsenen ebensowenig wie an einem Esel. Das heißt aber, man muß erwarten, daß selbst der erwachsene Mann durch ein niedliches Gesicht mit Stupsnase und Kulleraugen in die

Rolle des freundlichen Beschützers gedrängt wird, auch wenn sie gar nicht am Platze ist. Dafür lassen sich unschwer Beispiele finden: Erfahrungsgemäß hat von zwei Bewerberinnen um einen Sekretärinnenposten die niedlichere größere Chancen, oft sogar dann, wenn sie im Probediktat mehr Fehler gemacht hat. Selbst wenn man argumentiert, daß es bei einer Sekretärin nicht nur aufs Schreiben ankommt, sondern mindestens ebenso auf eine möglichst reibungslose Zusammenarbeit, so bleibt doch zu beachten, daß offenbar einfache biologische Signale die Bewertung einer rein technischen Leistung ganz erheblich beeinflussen können. Darin aber liegt die Gefahr sozialer Ungerechtigkeit. Sie läßt sich natürlich ausschalten, aber nur, wenn man von ihr weiß und die Ursachen kennt. Größer wird die Gefahr schon, wenn einer diese Zusammenhänge gezielt zum eigenen Vorteil ausbeutet: Ein niedliches »raffiniertes Weibsbild« ist in ihrem Verhalten nicht gar so verschieden von den Pavianen und ihrer gesicherten Drohung – beide Male wird ein biologisch wichtiges Sozialverhalten mißbraucht, und zwar deshalb so erfolgreich, weil das Ansprechen auf das Signal eine automatische Reaktion ist.

Und das ist durchaus nicht nur im Bereich dieser Brutpflegesignale so. Ein wichtiges Nahrungsmittel für den Menschen sind die Zuckerstoffe; wir erkennen sie daran, daß sie süß schmecken. Das heißt, unser Geschmackssinn ist so ausgerichtet, daß er für derartige Nährstoffe charakteristische Molekülbausteine erkennt und sie als »süß« bewertet. Künstlich kann man nun solche Molekülbausteine auch in Stoffe ohne jeden Nährwert einbauen. Auch sie schmecken uns dann süß und werden als »Zuckerattrappen« etwa für Zuckerkranke benutzt. Wichtig ist nun in diesem Zusammenhang, daß solche Attrappen, etwa Saccharin, auch demjenigen Chemiker süß schmecken, der den chemischen Aufbau kennt und genau weiß, daß es sich um eine Attrappe ohne Nährwert handelt. Daß er das weiß, beeinträchtigt weder seine Geschmacksempfindung noch wird es etwas daran ändern, daß er Saccharin positiver beurteilt, also lieber im Mund hat als etwa Chinin. Ebenso automatisch und unbelehrbar durch besseres Wissen sprechen wir auf Kindchenkennzeichen und vielerlei andere Signale aus dem Brutpflege- oder Sexualbereich an. Will man sich gegen einen Mißbrauch solcher Reaktionen – etwa durch die Werbung – schützen, so muß man *nach* dem primären Ansprechen in die Reaktion eingreifen, also etwa eine Ware *nicht* kaufen, obwohl das Kindchengesicht auf der Verpackung sehr herzig ist, ein Auto nicht deshalb anschaffen, weil wirklich attraktive junge Damen im knappsten Bikini dafür werben usw. Wollte man nämlich erreichen, daß das Kindergesicht nicht als herzig empfunden wird (angenommen, so etwas ließe sich überhaupt erreichen), so würde damit unsere natürliche Reaktion auf Kleinkinder in Mitleidenschaft gezogen. *Das primäre Ansprechen auf solche biologischen Signale liegt, ethisch gesehen, noch diesseits von Gut und Böse.*

Wir können schon aus diesem Beispiel erkennen, wie stark mit Brutpflege-Elementen durchsetzt unser ganzes soziales Leben ist. Das ist aber selbstverständlich biologisch eingeplant und nicht allein zum Mißbrauch da. Aus den Vergleichen mit ähnlich aufgebauten tierischen Sozietäten kann man zudem vermuten, daß diese Brutpflegereaktion nicht nur auf Kinder gerichtet sein, sondern auch in den Beziehungen zwischen den menschlichen Geschlechtspartnern eine wichtige Rolle spielen wird. Nun wissen wir längst, daß die Frau rein äußerlich viel stärker »pädomorph«, das heißt kind-ähnlicher ist als der Mann; sie ist in allen Rassen im Mittel sieben Prozent kleiner als er, hat relativ kürzere Gliedmaßen, ein runderes Gesicht, und Nase und Kinn sind weniger ausgeprägt. Was immer die Ursache dafür sein mag – eine Folge davon ist, daß es dem Mann die Möglichkeit zu rabiat aggressivem Verhalten nimmt und es ihm erleichtert, die Rolle des wachsamen Beschützers auszufüllen.

Wie schon gesagt, haben sich die Affen von Nasen- zu Augentieren entwickelt, und entsprechend traten zu den Geruchssignalen immer mehr optische Sozialsignale, zunächst Farbsignale. Aber im Verlauf der weiteren Entwicklung tritt zum Farbensehen ein immer ausgeprägteres Formensehen. Entsprechend werden die gefährlicheren – weil auch Räubern sichtbaren – Farbsignale allmählich durch Formsignale ersetzt. Entsprechendes gilt für Geruchssignale. Das heißt nicht, daß Gerüche und Farben später gar keine Rolle mehr gespielt hätten; wohl aber kommen gerade in der innerartlichen Verständigung kleine Gesten und Formen zu besonderer Bedeutung. (Erst auf dieser Entwicklungsstufe gibt es z. B. eine ausgeprägte Mimik. Am höchsten entwickelt ist sie beim Menschen. Dazu gehört die Möglichkeit, das Mienenspiel zu sehen, und die Ausbildung einer kompliziert zu betätigenden Muskulatur, die die mannigfachen Formen der Mimik hervorbringt.) Während das Kindchenschema der Affen weitgehend auf Farbsignalen beruht, spielen beim Kindchenschema des Menschen Formmerkmale die vorherrschende Rolle und sind dem angepaßt worden: Die Pausbacken des Kindchens, die besonders stark auslösend wirken, sind offenbar eigens im Dienste des Kindchenschemas entwickelt. Denn sicher ist, daß sie zum Saugen in keiner Weise notwendig sind. Dies zeigt schon ein Vergleich mit den dürren Gesichtern der ebenso heftig saugenden Affenbabys.

5. Mutter-Kind-Verhalten in der Gesellschaft

Auch das Menschenbaby ist weder Nesthocker noch Nestflüchter, sondern – wie das Schimpansenbaby (S. 165) – ein »Mutterhocker«, der in der ersten Lebenszeit ununterbrochen am Körper der Mutter getragen werden sollte, so wie noch heute bei den Naturvölkern. Darauf ist das ganze Verhalten des Neugeborenen abgestimmt. Der Mensch ist nämlich keine physiologische Frühgeburt, wie oft behauptet wird. Er hat vielmehr von Geburt an alle diejenigen Bewegungsweisen, die ihm ein Leben auf dem Körper der Mutter erlauben. Er klammert sich auch fest, bekanntlich besonders gern in Haaren. Erst die Trennung des Säuglings von der Mutter macht ihn im wahrsten Sinne des Wortes so »hilflos«. Daß wir die Säuglinge in Bettchen ablegen, ist unbiologisch. Anzeichen dafür sind das abnorm häufige Schreien des Verlassenseins, das man von Kindern der Naturvölker kaum je hört, und die »Kontakt-Attrappen«, die das Baby beruhigen, indem sie ihm einen Körperkontakt mit der Mutter vorgaukeln: nämlich der Schnuller und das Schaukeln der Wiege oder des Kinderwagens. Auf diesen engen Körperkontakt mit der Mutter ist z. B. das Anklammern bei Schreck oder Gefahr bezogen, das vorn schon für Affen beschrieben wurde. Und dieses Verhalten bleibt bis ins Erwachsenenalter erhalten; im Schreck klammert man sich gern an jemand anderen, und im übertragenen Sinne benutzt auch die Sprache das Bild, daß man sich selbst geistig an etwas oder an einen Menschen klammert, ebenso wie in Situationen der Hilflosigkeit an das Taschentuch. Ausgewachsene Schimpansenmänner umarmen im Schreck sogar kleine Schimpansenkinder. Ebenso umarmen sich Affen wie Menschen vor dem Einschlafen.

Aus dem Mutter-Kind-Verhalten stammt auch beim Menschen die gegenseitige Hautpflege. Schultz berichtet von den Makú-Indianern aus den dichten Urwäldern zwischen dem Rio Negro und Rio Japura im Staate Amazonas: »Das gegenseitige Entfernen unerwünschter Lebewesen zwischen den Kopfhaaren ist bei den Indianern eine nicht selten zu beobachtende Freundschaftsgeste. Sieht man einen Jüngling, der seinen Kopf vertrauensvoll in den Schoß eines jungen Mädchens legt, so kann man sie ziemlich sicher als

Brautpaar ansprechen. Aus der Unterlegenheit des Menschen gegen diese Tierchen hat sich die Tugend der gegenseitigen Hilfeleistung bis zur Liebkosung entwickelt. Die nach erfolgreicher Suche gefangenen Tierchen werden häufig verzehrt[102].« Man sieht das gleiche Lausen aber auch zwischen Frauen, die während dieser Prozedur behaglich in der Hängematte liegen. Es gibt bei diesen Völkern kein sicheres Hausmittel, um diese uralte Plage loszuwerden. Moderne chemische Präparate werden mit großer Freude begrüßt, denn sie befreien sie in kürzester Zeit von den Quälgeistern. Ob auch von der damit verbundenen Form von Liebkosung? Ziemlich sicher nein; daß man den Körper des Partners pflegt oder laust, ist nämlich eine Verhaltensform, die als Einleitung einer Sexualbeziehung weit verbreitet vorkommt, bei den Sirionó-Nomaden Ost-Boliviens, den als Bauern, Fischer und Handwerker lebenden Dusun Nord-Borneos, den Prärie-Cree-Jägern in Saskatchewan, Alberta und Montana, den Trobriand-Insulanern in Ost-Melanesien[32] ebenso wie an unseren Badestränden. Während sich die Sirionó-Liebespaare stundenlang damit beschäftigen, einander Läuse aus den Haaren und Holzmilben vom Körper zu suchen (und aufzuessen) sowie Würmer und Dornen von der Haut zu entfernen, behandeln zivilisierte weiße Liebespaare einander mit Sonnenöl und drücken Mitesser aus. Und schon vor 36 Jahren schrieb Yerkes: »Es kann durchaus sein, daß diese Reaktionen auf einer natürlichen, d. h. ererbten Grundlage ruhen und erst in zweiter Linie von der Kultur ausgebildet worden sind. In jedem Falle aber sind sie biologisch wichtig, da sie das körperliche Wohlgefühl und die Gesundheit fördern; sie sind in hohem Maße im Gruppenleben verankert, es stehen starke Triebkräfte hinter ihnen, und sie werden von deutlichen positiven Auswirkungen begleitet. Jemand, der die Stammesgeschichte erforscht und sich dabei besonders für die Entwicklung der sozialen Dienstleistungen bei den Menschen interessiert, kann sehr wohl zu der Vermutung kommen, daß die unter den verschiedensten Namen bekannten Formen der Pflege bei außermenschlichen Primaten durch die Kultur weiterentwickelt und umgewandelt wurden und daß dadurch schließlich die Haarpflegekunst, Krankenpflege, Chirurgie und noch weitere soziale Dienstleistungen des Menschen entstanden sind[128].« Ob das nun zutrifft oder nicht – sicher ist die gegenseitige Hautpflege auch im Sozialverhalten des Menschen bedeutsam und hat hinreichend viele Elemente mit der Säuglingspflege gemein, so daß die Herkunft aus dem Brutpflegeverhalten auch hier ziemlich gut zu erkennen ist. Angewandt wird das zärtliche Streicheln auch auf andere Arten:

Der Mensch streichelt Schoßtiere, Javaner-Affen lausten im Zürcher Zoo einen befreundeten Fuchs.

Manche Naturvölker benutzen auch die Zähne zur Hautpflege, und Eibl-Eibesfeldt hat soeben bei den Waikas am Orinoco eine Begrüßungsszene gefilmt, in der intensives Hautknabbern an die Stelle eines Wangenkusses tritt. Zärtliches Streicheln, Kneifen und Verwühlen der Haare des anderen sind entsprechend zur Begrüßung zweckentfremdete ehemalige Fell- und Hautpflegehandlungen. Das Ohr des neugeborenen Menschen ist, im Gegensatz zu dem vieler Säuger, schon bei Geburt voll funktionsfähig, und das Baby läßt sich durch Laute beruhigen, am besten durch Tonhöhen um 150 Hz, also etwa die einer zärtlich sprechenden Frauenstimme[4]. Darauf reagieren aber auch Erwachsene noch. Spezielle Laute aus der Mutter-Kind-Beziehung spielen ebenso z. B. bei Nagetieren eine Rolle, allerdings hier die vom Jungtier ausgestoßenen Ultraschalltöne, die die Mutter herbeirufen und sie das Junge ins Nest zurücktragen lassen. Solche Laute kommen aber auch während der Paarung vor, und in manchen Arten äußert sie der im Kampf Unterlegene[104].

Jeder weiß, daß Eltern ihre kleinen Kinder an der Hand führen. Ebenso bekannt ist, daß dieses Hand-in-Hand-Gehen auch zwischen Verliebten vorkommt und »daß wir stehen Hand in Hand« als Zeichen enger sozialer Verbundenheit. Streicheln, Liebkosen, Handhalten und Küssen sind typische Verhaltensweisen zwischen den Geschlechtspartnern, die aus der Mutter-Kind-Beziehung stammen. Hinzu kommen die Lautäußerungen, die sonst zwischen Mutter und Kind üblich sind. Und die Sprache tut mit Anreden wie »Kindchen« oder – moderner – »Oh, Baby« ein übriges, die grundlegende Brutpflege-Stimmungslage zu kennzeichnen. Auf die Bedeutung des Kindchenschemas auch in diesem Zusammenhang wurde schon im vorigen Kapitel hingewiesen.

Ein wesentliches sozial bindendes Verhalten des Menschen ist sein Lächeln: »Keep smiling!« »Immer nur lächeln!« Hier ist aber – ähnlich wie beim Gefiederkraulen der Vögel – nicht eindeutig erwiesen, ob es aus dem Brutpflegeverhalten in das Sozialverhalten übernommen wurde oder umgekehrt. Wie wichtig der Blickkontakt zwischen Mutter und Kind beim Stillen ist, wissen die Kinderpsychologen seit langem. Und man nahm zeitweilig an, daß sich im Zusammenhang damit das Lächeln entwickelte. Aber auch blind geborene Säuglinge lächeln, wenn die Mutter zu ihnen spricht; sie hören dabei sogar mit dem für Blinde typischen Rollen der Augen auf und richten sie auf die Schallquelle, obwohl sie diese nicht sehen können[28]. Demnach ist also die Form des Lächelns und die damit verbundene Zuwendung der Augen zum Blickkontakt ebenso erblich festgelegt wie die das Lächeln auslösende Situation, zu der der akustische Kontakt mit der Mutter gehört[55].

Welche Rolle das Lächeln und Zurücklächeln und der Blickkontakt zwischen Mutter und Kind sowie zwischen den Partnern eines Menschenpaares spielt, weiß wohl jeder. Und mit etwas auf sich selbst und auf andere gerichteter Beobachtung wird man rasch bemerken, daß das angeblich nichtssagende Reden, das Händehalten oder Lächeln zu Beginn einer Bekanntschaft genau dieselbe Wirkung haben wie die aus der Brutpflege abgeleiteten Beschwichtigungsgesten anderer sozialer Lebewesen: Sie helfen, die Kontaktscheu und die leise Furcht voreinander zu überwinden.

6. Die Pseudo-Sexualisierung der Gesellschaft

Die immer wieder beklagte Sexualisierung unserer Gesellschaft wird der Leser nun hoffentlich sowohl erwarten als auch mit Vorsicht ansehen. Denn einerseits wird wohl auch der Mensch Elemente aus dem Sexualverhalten in den Dienst des sozialen Zusammenlebens gestellt haben, andererseits werden diese Elemente vermutlich ihre sexuelle Bedeutung verloren haben und ebenso »emanzipiert« sein wie die umfunktionierten sexuellen Verhaltensweisen vieler Tiere. Man kann das der Form des Verhaltens oft nicht ansehen, denn die muß ja möglichst dieselbe bleiben, weil sonst ihre Wirkung verlorenginge. Solche ins Soziale umfunktionierten Verhaltensweisen würden dann vor allem in besonders dicht besiedelten Gegenden auffallen, wie sie auch bei sozialen Tieren unter hoher Populationsdichte am deutlichsten werden. Tatsächlich ist die Sexualisierung weithin ein Großstadtphänomen. Allerdings ist eine Reihe von sogenannten sexuellen Handlungen und Signalen in unserem Leben gar nicht ursprünglich sexuell, sondern schon aus der Brutpflege entlehnt. Dazu gehört das Zur-Schau-Stellen der weiblichen Brüste auf Werbeplakaten, das gegenseitige »Abknutschen« in der Öffentlichkeit und anderes mehr.

Ich will aber hier nicht auf solche für größere Sozietäten fast typischen Erscheinungen eingehen, denn da spielt noch vielerlei mehr mit als nur unser Wirbeltier-Erbe. Es ist jedoch ziemlich sicher, daß vieles an dieser »Sexualisierung« mehr mit Sozialisierung als mit Sex zu tun hat; das gilt sehr wahrscheinlich auch für die Mini- und die Oben-ohne-Mode, die vermutlich helfen, den Spannungen in der anonymen Sozietät auf biologisch vorgezeichenten Wegen durch sozial »freundliche«, ebenfalls anonym wirkende Signale zu begegnen, vergleichbar den schon besprochenen Prachtfinken. Auf die nicht-sexuelle soziale Bedeutung der männlichen Genitalien wurde vorn schon ausführlich hingewiesen (s. S. 62); sie ist auch in der Mode sichtbar, in den Schamkapseln und Hosenlatzen an Ritterrüstungen und Landsknechtshosen des 15. und 16. Jahrhunderts, im Penis-Schmuck verschiedener Naturvölker und wohl auch in einigen modernen Hosenformen oder Werbeanzeigen für Herrenunterwäsche bei uns, ferner in den vielerlei phallischen Amuletten, die zur Abwehr des bösen Blicks, neidischer Gesinnung usw. getragen werden, und schließlich auch in aggressiv gemeinten sprachlichen Wendungen, z. B. des arabischen »den Phallus in dein Auge«. Das Bild des Priapos mit dem mächtigen Zeugungsglied, in Gärten und an Feldrainen aufgestellt, schützte vor Dieben und vor der Wirkung des Neides; griechische und römische Soldaten wählten den Phallus zum Schildzeichen und zur Marke der Schleuderbleie; und auch die phallischen Darstellungen in alten Domen sollen böse Geister bannen. Ein Zeichen für Sexualisierung oder Ausschweifung sind sie ebensowenig wie die alte Sitte, zum Schwure die Hand an die Genitalien des andern zu legen, so wie es Abraham (Gen. 24, 2) seinen ältesten Knecht tun ließ.

Geisterbannend sind auch Darstellungen an alten Burg- und Stadttoren, Türmen, Mauern, Kirchen und Klöstern, in denen die entblößte Kehrseite vorgezeigt wird, regelmäßig in den Außenfronten, also feindwärts gerichtet, nicht dagegen an Innenhöfen oder der Rückseite von Portalen. In sturmdurchtobten Nächten streckten im alten Germanien Männer wie Frauen das entblößte Gesäß zur Haustür hinaus, um Wotan zu versöhnen. Aus dieser ursprünglichen weiblichen Paarungsaufforderung, die dann zur sozialen Unterwerfungs- und Abwehrgeste wurde, stammt schließlich in der Sprache das berühmte Götz-Zitat. Es ist unmöglich, hier den allmählichen Bedeutungsänderungen auf dem langen Entwicklungsweg dieser Gebärde nachzugehen. Das weibliche Gesäß ist aber noch in anderer Weise zum sozialen Signal geworden.

Zum Glück gibt es unter den Menschenrassen die Khoisaniden, das sind die Buschmänner und Hottentotten, mit vielen urtümlichen Merkmalen. Ihre Frauen haben die sogenannte »Hottentottenschürze«, das ist eine auffällige, mit der Pubertät beginnende Vergrößerung der kleinen Schamlippen, die schließlich vier bis fünf Zentimeter weit aus der Genitalöffnung heraushängen[117].

Reich mit Blutgefäßen versehen, ändern sie bei sexueller Erregung ihre Farbe, von Blaßrosa zu kräftigem Rot. Sie werden auch vom Partner als sexuelles Signal gewertet; denn die Männer sind stolz auf dieses Merkmal ihrer Frauen, sie spielen vor der Kopula daran[115], und die Frauen angrenzender Stämme – Batetela, Basutos, einige Bantus – ahmen diese bei den Khoisaniden natürliche Bildung durch künstliche Manipulationen nach[129], um sexuell attraktiver zu werden. Ein solches direkt genitales Sexualsignal finden wir an Affenweibchen oft, bei Menschenfrauen aber sonst nicht.

Hinzu kommt bei den Khoisaniden die Steatopygie, der »Fettsteiß«. Beteiligt daran ist der für diese Rasse kennzeichnende Knick der Wirbelsäule am Kreuzbein nach hinten, so daß das Becken fast senkrecht zu stehen kommt. Das dadurch schon vorspringende Gesäß ist außerdem durch eine Anhäufung von Fett- und Bindegewebe stark vergrößert[69]. Daß diese Gewebe Signalstrukturen am

Charakteristischer Fettsteiß
einer Buschmannfrau

Tournurekleid aus dem
Jahre 1882

menschlichen Körper formen, sahen wir schon bei der weiblichen Brust und den Pausbacken des Kindchens. Soweit aber bekannt, ist auch der Fettsteiß der Khoisaniden eine Signalstruktur, die es – nach Felsbildern zu urteilen – schon bei ältesten Menschen gab und die höchstens sekundär (wenn überhaupt) als Fettspeicher für Notzeiten dient[115].

Nun sprechen aber wohl die Männer aller Menschenrassen stark auf die weibliche Gesäßform an. Die europäische Mode hat immer wieder versucht, das Gesäß der Frau künstlich zu übertreiben, am stärksten wohl ab 1880 mit dem Cul de crin (außerhalb Frankreichs Cul de Paris genannt) – und das natürlich den Männern zuliebe. Solche Attrappenversuche weisen – wie etwa die Erzeugnisse der Puppenindustrie beim Kindchenschema – auf eine Ansprechbereitschaft des Menschen für bestimmte Signale hin, die zwar aus dem sexuellen Bereich stammen, aber durchaus nicht immer sexuell gewertet werden, sondern häufig einfach erfreulich oder angenehm wirken.

Außer der Form spielt schließlich noch die Bewegung eine wichtige Rolle. Die Frau hat von Natur ein anders geformtes Becken als der Mann. Das verursacht ihre leichte X-Beinstellung, aber auch die bekannte drehende Hüftbewegung beim Laufen. Da man sie von hinten am besten sieht und im Verlaufe der Paarbildung ganz allgemein angedeutetes weibliches Fliehen und männliches Verfolgen vorkommen, ist anzunehmen, daß diese Gesäßbewegungen ihren ursprünglichen Signalwert im Paarungsvorspiel hatten. Wir wissen aber auch, daß sie heute zwar kontaktfördernd, aber nicht unbedingt sexuell auffordernd wirken, selbst wenn sie durch »kokette Schritte« betont werden. Die Stöckelschuhe, die recht ungesund sein sollen, werden dennoch kaum aussterben, denn sie erzwingen durch die unnatürliche Fußstellung eine auch bei uns gern gesehene »khoisanide« Körperhaltung, die das Gesäß herausschiebt und seine Bewegungen verdeutlicht. Viele Naturvölker übertreiben sie vor allem im Tanz und haben das Gesäßwackeln und Hüftschwenken durch Baströcke oder über dem Gesäß befestigte farbige Büschel hervorgehoben. Das fällt besonders dann auf, wenn ihnen bei der Missionierung lange Kleider vorgeschrieben werden, die diese Bewegungen verdecken, und sie dann zum Tanzen über dieser Kleidung wieder einen Bastrock tragen.

In solchen Tänzen kommen aber auch direkte Begattungsbewegungen vor, bei Naturvölkern wie bei uns. Das kann obszön wirken, ist aber von den Tänzern meist gar nicht so gemeint; es handelt sich ja auch ursprünglich nicht um Schautänze. Für den Ausführenden sind viele Bewegungsweisen aus dem sexuellen Bereich emanzipiert. Der Beobachter aber kann der Bewegung den Unterschied oft nicht ansehen, hier so wenig wie bei den vorn aufgezählten mehrdeutigen sozialen Verhaltensweisen. Und wenn er die Stimmungslage des Handelnden nicht berücksichtigt, wird er aus derartigem Verhalten und entsprechenden sprachlichen Äußerungen ebenso irrtümlich wie am Pavianfelsen auf eine Übersexualisierung schließen.

Eine zunehmende Sexualisierung unseres Lebens gibt es; das soll keineswegs geleugnet werden. Aber man darf nicht unbesehen zu vieles in diesen Topf werfen.

7. Partnerbindung und Fortpflanzung in der Ehe

Was für die Gesellschaft gesagt wurde, gilt ebenso für die kleinste soziale Gruppe, die Ehe. Auch der Mensch hat Verhaltensweisen der Mutter-Kind-Beziehung ins Paarungsvorspiel übernommen, sie aber daneben – zusammen mit ursprünglich sexuellen Verhaltenselementen – in den Dienst der Partnerbindung gestellt. Das kann wiederum vom außenstehenden Beobachter sehr leicht als Sexualisierung der Ehe mißverstanden werden, besonders dann, wenn ihm – wie dem katholischen Moraltheologen – die unmittelbare eigene Erfahrung vorenthalten bleibt, aus der er direkt die Stimmungslage der Handelnden kennen könnte. Wem dieser Erkenntnisweg über die geistige Natur des Menschen versperrt ist, der sollte wenigstens den anderen über die leibliche Natur des Menschen beschreiten. Tut er auch das nicht, so fehlen ihm die für eine Diskussion nötigen Grundlagen [126].

Wenn der Weg des Menschen zu Gott über die Du-Beziehung führt, bekommt speziell die eheliche Partnerschaft einen ganz neuen Wert. Und wenn Ehepartner in körperlichen Intimitäten und im ehelichen Akt die Du-Beziehung sogar deutlicher erfahren als das Fortpflanzungsziel, dann muß die Ethik dem Rechnung tragen. Der Mensch beeinflußt durch seine Fortschritte in der technischen Evolution auch die Ehe; z.B. läßt sich ihre Dauer erst heute verwirklichen, da Frauen kaum mehr früher sterben als Männer. Es bleiben aber auch mehr Kinder am Leben, und so tritt in der Ehe gegenüber dem Aspekt der Fortpflanzung die Partnerbindung in den Vordergrund; was ihr dient, ohne Wert und Würde der Person oder die Liebe zu verletzen, kann nur ethisch gut sein, selbst ein Eingriff in die biologischen Zeugungs-Abläufe, der die hier erörterten natürlichen Bindungsmöglichkeiten frei verfügbar macht. Unvermeidbar wird das auch auf das vor- und außereheliche Sozialleben abfärben. Die geschichtlich nacheinander sichtbar gewordenen Möglichkeiten der Partnerbeziehung und ihre phasengerechte ethische Beurteilung kommen in (der »Pluralität«) unserer Gesellschaft auch nebeneinander vor. Um vom Zeit- und Situationskolorit abzusehen und das Wesentliche sichtbar zu machen, bedarf es der engen Zusammenarbeit von Moraltheologen und Naturwissenschaftlern – und das sind nicht unbedingt verschiedene Personen, sondern eher verschiedene Weisen des Argumentierens.

Mir scheinen dafür folgende Aussagen gerechtfertigt und wichtig:

1. Die natürlichen Neigungen müssen nicht grundsätzlich bekämpft werden.
2. Das sexuelle Verhalten steht in engem Zusammenhang mit dem sozialen Verhalten und der Rangordnung (s. S. 41). Wenn die Form des Verhaltens als Signal wirkt, muß sie gleich bleiben, wenn der Signalwert nicht verlorengehen soll. Dieses allgemeine Prinzip führt in der Natur immer wieder dazu, daß Signale zwar ihre Funktion erweitern oder ändern, die Form aber beibehalten. Mißverständnisse entstehen auf seiten des Signalempfängers dann, wenn er die Situationen, in denen das Signal verschiedenes heißt, nicht unterscheidet. So entstehen auch die Mißverständnisse über die jeweilige Bedeutung sexuell aussehenden Verhaltens beim Menschen. Einige Tier- und Pflanzenarten können auf diese Weise andere täuschen und sich selbst dadurch auf deren Kosten Vorteile verschaffen[125]. Das Mißverständnis »sexueller« Gebärden in der Öffentlichkeit wie das Mißverständnis der Natur des ehelichen Aktes in der Moraltheologie beruhen aber auf selbstverschuldeter Detailblindheit der Beobachter, die das Signal zwar empfangen, aber falsch, nämlich einseitig, deuten, weil sie die Wechselbeziehung zwischen Sexuellem und Sozialem vergessen haben. Das zeigt sich auch anderweitig: Das Wort »Sittenverfall« wird fast nur noch auf das Sexuelle bezogen. Mehren sich die Anzeichen für einen »Untergang des Abendlandes«, so macht man dafür die sexuelle Schrankenlosigkeit verantwortlich, obwohl sie kaum die Ursache, sondern wahrscheinlicher nur eine unter vielen Folgeerscheinungen einer Sozietätenkrise ist. Wenn von Einweihungsriten bei Naturvölkern die Rede ist, so mißdeutet das die Öffentlichkeit bei uns als eine vorwiegend sexuell ausgerichtete Veranstaltung, obwohl es ein Unterricht in Sozialkunde ist, der Kenntnisse über die Stammesgottheiten und die Jagdweisen, über das Verhalten gegen Fremde, Feinde, stammeseigene Autoritätspersonen und natürlich auch gegenüber dem anderen

Geschlecht vermittelt. Karneval oder Fasching gelten weithin als Gelegenheit zu sexueller Freizügigkeit, obwohl in den Umzügen wirtschaftliche und politische Mißstände angeprangert und die Schlüssel des Rathauses – also die Regierungsgewalt – dem Prinzen Karneval übergeben werden, was doch deutlich genug anzeigt, daß es sich um eine Zeit nützlicher, allgemein-sozialer Maßstabsüberprüfung handelt, in der im Rahmen humorvoller Lockerungsübungen die Grundprinzipien der strengen sozialen Ordnung in Frage gestellt, d.h. kritisch bedacht werden sollen, damit sie nicht unkontrolliert erstarren.

3. In der Evolution entscheidet das Verhalten über den Bau von Organen; Verhaltensänderungen ziehen Änderungen im Körperbau nach sich. Deshalb kann man aus der Form von Organen keine für zukünftige Zeiten verbindliche »Ziel-Normen« dafür ableiten, wie diese Organe zu gebrauchen seien.
Umgekehrt kann man, vom heutigen Gebrauch ausgehend, aber auch nicht behaupten, früher sei das Organ »falsch« gebraucht worden. Dasselbe gilt, wo Verhaltensweisen ihre Funktion geändert haben. Wenn daher der Mensch die Möglichkeit hat, durch Zweckentfremdung natürlicher Verhaltensweisen (noch dazu auf in der Natur vorgezeichneten Wegen) das Gebot der Nächstenliebe zu erfüllen, so kann man das nicht als prinzipiell naturwidrig bezeichnen. Wenn frühere Zeiten das noch nicht erkannt haben und frühere Päpste deshalb andere Normen verkündeten, so heißt das nicht, daß sie geirrt haben. Der Beistand des Heiligen Geistes ersetzt ja das Fachwissen nicht und macht Päpste nicht zu Fachbiologen. Soweit sittliche Normen sich auf das Naturgesetz stützen, müssen sie sich mit besserer Erkenntnis der Naturgesetze wandeln können.

4. Die Verwendung von ursprünglich der Brutpflege oder der Paarung dienenden Verhaltensweisen zur Partnerbindung in einer Ehe oder in größeren Sozietäten ist bei sozial lebenden Geschöpfen regelmäßig anzutreffen. Die Brutpflege-Organe können sexuelle, die Zeugungsorgane nicht-sexuelle Signalfunktionen haben. Die im Tierreich regelmäßig anzutreffenden Doppelfunktionen und Funktionswechsel von Organen und Verhaltensweisen, die ursprünglich der Brutpflege oder Zeugung dienten, sind schon auf S. 199 ff. zusammengefaßt.

5. Die Paarung dient zur Erzeugung genetischer Vielfalt, die Fortpflanzung der Erhaltung des Lebens, die Partnerbindung ursprünglich der Bewahrung der Arteigentümlichkeiten. Alle drei treten gänzlich unabhängig voneinander auf. Nach Bedarf

können sie in der Natur miteinander kombiniert, aber auch funktionell wieder voneinander getrennt werden.

6. Die Dauermonogamie hat in einigen Fällen meßbare Vorteile (s. S. 102), die um so größer sind, in je mehr individuell variablen Merkmalen die Eltern übereinstimmen müssen. Dazu gehören z.B. die Synchronisation der physiologischen Fortpflanzungsvorgänge, die Vorliebe für einen bestimmten Nist- oder Brutplatz, aber auch Traditionen. Tradiert werden bei vielen Tieren z.B. die Kenntnisse der Beute, der Wanderwege oder der zur Verständigung zwischen Artgenossen benötigten Signale (z.B. der Gesänge vieler Vögel). Tradition ermöglicht das »Erben erworbener Eigenschaften«, das Weiterreichen selbstgewonnener Kenntnisse. Wenn die Nachkommen darauf angewiesen sind, derartiges von den Eltern zu lernen, kann es vorteilhaft sein, daß beide Eltern in dem zu Tradierenden übereinstimmen.

7. Die speziellen Familien- und Eheformen (Monogamie, Polygamie, Dauer- oder Saisonbindung) sind Anpassungen im biologischen Sinn, d.h. sie entsprechen den jeweiligen für die betreffende Art typischen Lebensanforderungen. Die Dauer-Einehe kann in der Stammesgeschichte einer Tiergruppe ein Durchgangsstadium sein, von dem einige Arten wieder abkommen (z.B. Buntbarsche) – und das ist keine Rückentwicklung oder Degenerationserscheinung! Innerhalb derselben Art sind zudem nicht alle Individuen so gleich, wie man annehmen möchte. Man sagt zwar, die Graugans sei dauer-monogam, dennoch gibt es Individuen, die keine feste Bindung eingehen, ferner solche, die feste Bindungen zu mehreren Partnern haben, und andere, die neben einer festen Partnerbindung noch zeitweilig sexuelle und soziale Beziehungen zu wechselnden Partnern unterhalten (vgl. S. 97), wie Frau H. Fischer an unserem Institut herausfand. Man kann daraus nicht folgern, die nicht-monogamen seien mißratene Graugänse, dem Typus der Art nicht entsprechende »Pannen«, sondern man wird untersuchen müssen, ob diese Verschiedenheit nicht der Art einen Vorteil bringt, so wie die im Vorwort von Lorenz erwähnte Sichelzellenanämie ja auch einen Vorteil bringt und eine Anpassung ist, obwohl sie in unseren Breiten als Krankheit gilt. Ebenso unvorsichtig wäre es, wollte man von den verschiedenen vorhandenen Eheformen des Menschen eine als biologisch »richtig«, die anderen als Fehlformen hinstellen«, bevor man untersucht hat, wie die jeweilige Eheform in das gesamte Lebensgefüge des betreffenden Volkes oder Stammes eingepaßt ist. Und wahrscheinlich ist die Frage, ob der Mensch monogam sei, falsch

gestellt, wenn nämlich die Individuen von Natur aus zweckmäßig (oder, vom Schöpfer hergesehen, »absichtlich«) so verschieden sind wie die Graugänse.

8. Bei Tieren begnügen wir uns damit, ihre Lebensäußerungen und damit auch die Verhaltensweisen zu beschreiben. Beim Menschen aber werden sie überdies bewertet; *das ersetzt aber eine Beschreibung nicht, sondern setzt sie voraus.* Ob man aus der Naturbeschreibung eine ethische Wertung gewinnen kann, ist die umstrittene Frage nach dem normativen Wert des Faktischen, die hier nicht erörtert werden soll. Wenn aber eine Methode in einigen Fällen nachweislich zu falschen Ergebnissen führt, muß man sämtliche mit dieser Methode gewonnenen Ergebnisse in Frage stellen, auch wenn sie plausibel erscheinen. Daß der Mensch nach Gottes Willen in Einehe leben soll, weil die Einehe die verbreitetste Eheform unter Menschen ist, mag plausibel klingen, ist aber eine unstatthafte Folgerung, weil man dann auch das Lügen als Gottes Willen hinstellen muß, da alle Menschen lügen.

Der Mensch ist anders als das Tier. Sein Verhalten ist das eines Geistwesens und ist nicht allein mit der Biologie zu werten – es ist aber auch nicht ohne die Biologie zu werten. An Tieren gewonnene Ergebnisse sind – als Ergebnisse – weder auf andere Tierarten noch auf den Menschen übertragbar. Übertragen lassen sich nur die Arbeitshypothesen. Ob sie stimmen, muß jeweils überprüft werden. Wer das versäumt oder das Übertragen von Arbeitshypothesen unterläßt, betreibt Wissensverzicht.

9. Der Mensch ist ein aggressives Lebewesen. Vermutlich war die Urmenschheit in Gruppen zersplittert und kannte, genau wie die gruppenlebenden Tiere, zwei Sorten von Artgenossen, nämlich die Gruppenmitglieder und die Fremden. Daraus entstanden mit biologischer Notwendigkeit zwei verschiedene, in vielem entgegengesetzte Moralprinzipien: eines für das Verhalten zur eigenen gesellschaftlichen Gruppe, das andere für das Verhalten gegenüber Außenstehenden. Aggressive Tiere haben – durchaus im Sinne der Erhaltung der Art – aggressionshemmende Verhaltensweisen (sogenannte Beschwichtigungs- oder Demutsgesten), die der im Kampf Unterlegene äußert, wodurch er seine Niederlage »eingesteht« und weitere Angriffe des Siegers verhindert. Der Mensch durchschaut diesen Zusammenhang und bringt sich dann dadurch in große Schwierigkeiten, daß er nicht nur die Waffen verbessert, sondern zudem das Aufgeben verpönt. Zu dieser unbiologischen Einstellung gehört auch, daß er nicht gestattet, die von der Natur vorgegebenen beschwichtigenden

Verhaltensweisen auszunutzen, die regelmäßig aus dem Brutpflege- oder Paarungsverhalten stammen. Daß sie daher stammen, mag jene trösten, die glaubten, Aggression gegen Artgenossen sei ein böses Urphänomen, das nachträglich durch Hemmungsmechanismen bekämpft werden müsse. Die benutzten Hemm-Mechanismen entstammen zum großen Teil dem Fortpflanzungsverhalten und sind deshalb in ihrer Wurzel mindestens ebenso alt wie die Aggression. Richtig ist wohl, daß die Lebewesen sich als Ergänzung der Fortpflanzung im Dienste der Ausbreitung und der Besiedlung der Erde eine innerartliche Aggression haben leisten können, die ihre Grenze immer an den Erfordernissen der Fortpflanzung und gegebenenfalls der Brutpflege finden mußte – weshalb sich dann Elemente aus diesen Verhaltensbereichen so gut zur Hemmung der Aggression eignen.

Wenn Lebewesen viel von den Eltern lernen oder gar ganz in deren Gruppe hineinwachsen, wird nicht nur die Weitergabe von Tradition begünstigt, sondern auch die Gefahr, daß die kampfkräftigen Männchen ihre eigenen Söhne als Rivalen vertreiben und von der Tradition ausschließen. Aggressionshemmung zwischen ihnen ist also besonders wichtig, und die Aggressionshemmungs-Mechanismen sind im Dienste des Sozietätszusammenhalts immer weiterentwickelt worden.

10. Bei sozial weniger hoch entwickelten Tieren sind die Weibchen für die Zeit der Brutpflege nicht wieder paarungsbereit, werden es aber rasch, sobald durch Unglücksfälle die Brutpflege abgebrochen wird. Die sexuellen Beziehungen zwischen den Elternteilen werden so lange unterbunden, wie sie die Mutter-Kind-Beziehungen stören würden. Für den Menschen vertreten aber auch Theologen den Grundsatz, daß die Mutter-Kind-Beziehung die ehelichen Partnerbeziehungen nicht (d.h. nicht mehr als nach den Umständen unvermeidbar) beeinträchtigen soll. Der Mensch soll sich also aktiv um die Erhaltung der engen ehelichen Partnerschaft bemühen. Dem könnten vielerlei Zärtlichkeiten und ebenso die Kopula selbst dienen; das ist schon in tierischen Sozietäten so. Es gibt keinen Hinweis aus der Biologie oder der Verhaltensforschung darauf, daß das Paarungsvorspiel oder die Paarung selbst mit der Fortpflanzung untrennbar verbunden seien – ganz im Gegenteil. Wie die Moraltheologie anerkennt, haben Knaus und Ogino gezeigt, daß auch beim Menschen liebende Vereinigung und Fortpflanzung nicht naturnotwendig miteinander verknüpft sind. Sie anerkennt ferner

Gründe, die zeitweilig oder selbst für die Dauer einer ganzen Ehe die Zeugung von Nachwuchs verbieten. Es ist den Gatten dann erlaubt, zu wünschen und darum zu beten, daß die natürliche Wirkung des ehelichen Verkehrs für diese Zeit nicht eintreten möge. Das einzige aber, was sie darüber hinaus tun dürfen, ist die Beobachtung der empfängnisfreien Zeiten, also eine Empfängnisvermeidung, nicht jedoch eine Empfängnisverhütung. Der Kirchenvater Tertullian verbot um 200 den Frauen das Tragen gefärbter Wollsachen mit der Begründung, Gott habe nun einmal keine purpur- und scharlachroten Schafe geschaffen. Noch im letzten Jahrhundert wehrte man sich in Köln gegen die künstliche Beleuchtung der Straßen mit Gaslicht, weil das gegen die von Gott geschaffene Ordnung verstöße, nach der die Nächte dunkel sind. In diesen Fällen ist man heute bereit, Abweichungen von der »Naturordnung« als selbstverständlich gelten zu lassen. Der Mensch soll sich die Natur untertan machen, nicht sich ihr sklavisch unterwerfen. Gott hat gesagt: »Wachset und mehret euch« – allerdings zu Tieren (Gen. 22) *und* Menschen (Gen. 28); deshalb nennt man das scherzhaft »Kaninchenethik«. Er hat zwar nicht gesagt: »Und wenn's genug ist, hört auf«; aber daß Gott etwas nicht gesagt hat, liefert auch kein Argument. Außerdem hören die Kaninchen ja auf, allerdings unter Vernichtung der Embryonen. Der Mensch aber kann durchaus den Wert der Person wahren und, statt diese natürliche Form der Geburtenregelung nachzuahmen, eine Empfängnisregelung betreiben. Die dazu vorhandenen künstlichen Mittel wirken auf viele Eheleute wesentlich natürlicher als die kirchlicherseits erlaubten natürlichen Mittel, etwa die tägliche Messung der Basaltemperaturen oder die Kontrolle des Cervixschleimes der Frau.

Die Theologie hat gezeigt, daß sie mit ihren Methoden nicht in der Lage ist zu entscheiden, was im Liebesleben naturgemäß und was naturwidrig ist. Sie hat nicht gezeigt, daß sich die Heilsbotschaft nicht in Einklang bringen ließe mit folgender – der Natur des Menschen nicht widersprechenden – Forderung: Die Sittlichkeit des ehelichen Aktes hängt nicht von der potentiellen Fruchtbarkeit jedes einzelnen Aktes ab, sondern von den Erfordernissen der gegenseitigen Liebe unter all ihren Gesichtspunkten. Die Folge dieser Forderung ist, daß die Gestaltung des Liebeslebens jedem einzelnen überlassen bleibt, daß die Eheleute selbst entscheiden müssen, welche Methoden ihnen annehmbar sind, und daß das von Ehe zu Ehe verschieden sein kann. Ferner muß dann jeder einzelne auch entscheiden – wieder unter den Erfordernissen der gegenseitigen Liebe in seiner Ehe –, was an außerehelich sozialbindendem sogenanntem »Flirt« für ihn erlaubt ist. In beiden Fällen ist die Entscheidung außerdem abhängig von Rücksichten auf die abgestuft mitbetroffenen weiteren Mitglieder der Sozietät, wird also nicht einfacher. Es hat aber auch noch kein Kritiker der päpstlichen Weisungen gefordert, seine persönliche Entscheidung solle ihm erleichtert werden.

Das alles heißt nicht, daß es falsch sei, den kirchlichen Weisungen zu folgen, oder daß notwendig der Fortbestand jeder Ehe davon abhänge, ob das »Paarungsverhalten« nicht unterbunden wird. Wenn von daher aber Gefahren drohen, zeigt uns die Natur ziemlich klar, wie man ihnen begegnen kann, indem sie in solchen Fällen Paarungsvorspiel und Kopula von der Zeugung trennt. Daß auch der Mensch das kann, ist bekannt. Daß er es nach dem Willen Gottes nicht dürfe, ist eine Behauptung, die nach den bisherigen Begründungen dafür einem theologischen Trugbild entspringt: »Fügt sich unser Verstand nicht der Wirklichkeit der Dinge oder ist er taub gegen die Stimme der Natur, so phantasiert er im Reich der Träume und läuft einem Trugbild nach.

Zwischen Gott und uns steht die Natur« (Pius XII.).

Literaturverzeichnis

1) *Armstrong, E. A.* (1965): Bird display and behaviour. Neue Aufl., Dover Publications, Inc., New York
2) *Bargmann, W.* (1959): Histologie und mikroskopische Anatomie des Menschen. 3. Aufl., G. Thieme, Stuttgart
3) *Bilz, R.* (1943): Lebensgesetze der Liebe. Hirzel, Leipzig
4) *Birns, B., M. Blank, W. H. Bridger* und *S. K. Escalona* (1965): Behavioral inhibition in neonates produced by auditory stimuli. Child Development 36, 639–645
5) *Birth, Th.* (1928): Das Kulturleben der Griechen und Römer. Quelle & Meyer, Leipzig
6) *Blüm, V.* (1966): Zur hormonalen Steuerung der Brutpflege einiger Cichliden. Zool. Jb. Physiol. 72, 264–290
7) *Booth, C.* (1962): Some observations on behavior of *Cercopithecus* monkeys. Ann. N. Y. Acad. Sci. 102, 477–487
8) *Boratov, P. N.* (1967): Türkische Volksmärchen, S. 272. Akademie-Verlag, Berlin
9) *Bristowe, W. S.* (1958): The world of spiders. Collins, London
10) *Bruder, R. H.,* u. *D. S. Lehrman* (1967): Role of the mate in the elicitation of hormone-induced incubation behavior in the ring dove. J. comp. physiol. Psychol. 63, 382–384
11) *Bubenik, A. B.* (1967): Neues aus dem Leben des Edelwildes. Die Pirsch 19, 322–328
12) *Buechner, H. K.,* und *R. Schloeth* (1965): Ceremonial mating behavior in Uganda Kob (*Adenota kob thomasi* Neumann). Z. Tierpsychol. 22, 209–225
13) *Burckhardt, D.* (1958): Kindliches Verhalten als Ausdrucksbewegung im Fortpflanzungszeremoniell einiger Wiederkäuer. Rev. Suisse Zool. 65, 311–316
14) *Carayon, J.* (1964): Les aberrations sexuelles »normalisées« de certains Hémiptères Cimicoidea. In: Psychiatric animale (A. Brion u. H. Ey eds.). Paris
15) *Cleveland, L. R.* (1949): Hormone-induced sexual cycles of flagellates. I. Gametogenesis, fertilization and meiosis in *Trichonympha*. J. Morphol. 85, 197–296
16) *Coulson, J. C.* (1966): The influence of the pair-bond and age on the breeding biology of the Kittiwake Gull, *Rissa tridactyla*. J. Anim. Ecol. 35, 269–279

17) *Daettwyler, O.*, und *M. Maximoff* (1959): Tsiganes. Büchergilde Gutenberg, Zürich

18) *Darchen, R.* (1968): Ethologie d'*Achaearanea disparata* Denis, araignée sociale du Gabon. Biologia Gabonica 4, 5–25

19) *Davis, D. D.*, und *H. E. Story* (1949): The female external genitalia of the spotted hyena. Fieldiana, Zool. 31, 277–283

20) *Deckert, G.* (1968): Der Feldsperling. A. Ziemsen, Wittenberg.

21) *Dejung, B.* (1967): Regressionen im Verhalten des Menschen. Juris-Verlag, Zürich

22) *Doms, H.* (1965): Gatteneinheit und Nachkommenschaft. M. Grüne-wald-Verlag, Mainz

23) *Drury, W. H.*, u. *W. J. Smith* (1968): Defense of feeding areas by adult herring gulls and intrusion by young. Evolution 22, 193–201

24) *Dupeyrat, A.* (1960): 21 Jahre bei den Kannibalen. Herold, Wien und München

25) *Dupeyrat, A.* (1963): Papua, Beasts and Men. Macgibbon & Kee, London

26) *Eibl-Eibesfeldt, I.* (1955): Ethologische Studien am Galapagos-See-löwen, *Zalophus wollebaeki* Sivertsen. Z. Tierpsychol. 12, 286–303

27) *Eibl-Eibesfeldt, I.* (1955): Das Verhalten der Nagetiere. In: Kükenthal, Handb. Zool. 8, Teil 10, 13

28) *Eibl-Eibesfeldt, I.* (1969): Grundriß der vergleichenden Verhaltens-forschung. 2. Aufl., R. Piper & Co., München

29) *Eibl-Eibesfeldt, I.* und *E.* (1967): Das Parasitenabwehren der Minima-Arbeiterinnen der Blattschneider-Ameise *(Atta cephalotes).* Z. Tierpsychol. 24, 278–281

30) *Eisenberg, J. F.* (1966): The social organizations of mammals. Handb. Zool. 8, Teil 10 (7), 1–92

31) *Ewer, R. F.* (1963): The behaviour of the Meerkat, *Suricata suricatta* (Schreber). Z. Tierpsychol. 20, 570–607

32) *Ford, C. S.*, und *F. A. Beach* (1960): Das Sexualverhalten von Mensch und Tier. Colloquium Verlag, Berlin

33) *Freuchen, P.* (1961): Book of the Eskimos. World Publishing Company, Cleveland, New York

34) *Friedmann, H.* (1960): The parasitic weaverbirds. U. S. Nation. Mus. Bull. 223

35) *Geist, V.* (1968): On the interrelation of external appearance, social behaviour and social structure of mountain sheep. Z. Tierpsychol. 25, 199–215

36) *Gwinner, E.* (1964): Untersuchungen über das Ausdrucks- und Sozial-verhalten der Kolkraben. Z. Tierpsychol. 21, 657–748

37) *Haag, H.* (1966): Biblische Schöpfungslehre und kirchliche Erbsünden-lehre. Katholisches Bibelwerk, Stuttgart

38) *Haas, G.* (1964): Horst- und Partnerwechsel eines männlichen Weiß-storchs innerhalb einer Brutzeit. Jb. Ver. vaterl. Naturkd. Württemberg 118/119, 382–385

39) *Haberland, E.* (1963): Galla Süd-Äthiopiens. W. Kohlhammer, Stuttgart

40) *Harrison, C. J. O.* (1965): Allopreening as agonistic behaviour. Behaviour 24, 161–209

41) *Hartmann, M.* (1956): Die Sexualität. Fischer Verlag, Stuttgart

42) *Hassenstein, B.* (1962): Die Spannung zwischen Individuum und Kollektiv im Tierreich. In: Individuum u. Kollektiv. Freiburger Dies Universitatis 9

43) *Hörmann, L. v.* (1912): Genuß- und Reizmittel in den Ostalpen; eine volkskundliche Skizze. Z. Dtsch. Österr. Alpenver. 43, 78–100

44) *Holst, D. v.* (1969): Sozialer Streß bei Tupajas *(Tupaia belangeri).* Z. vergl. Physiol. 63, 1–58

45) *Hückstedt, B.* (1965): Experimentelle Untersuchungen zum »Kindchenschema«. Z. exper. angew. Psychol. 12, 421–450

46) *Hutt, C.,* und *M. J. Vaizey* (1967): Group density and social behaviour. In: Neue Ergebnisse der Primatologie (D. Starck, R. Schneider, H.-J. Kuhn eds.) Stuttgart, S. 225–227

47) *Immelmann, K.* (1961): Beiträge zur Biologie und Ethologie australischer Honigfresser *(Meliphagidae).* J. Orn. 102, 164–207

48) *Immelmann, K.* (1962): Beiträge zu einer vergleichenden Biologie australischer Prachtfinken *(Spermestidae).* Zool. Jb. Syst. 90, 1–196

49) *Immelmann, K.* (1966): Beobachtungen an Schwalbenstaren. J. Orn. 107, 37–69

50) *Jay, P.* (1962): Aspects of maternal behavior among langurs. Ann. N. Y. Acad. Sci. 102, 468–476

51) *Jolly, A.* (1966): Lemur behavior. Univ. Chicago Press, Chicago u. London

52) *Kaestner, A.* (1960): Lehrbuch der speziellen Zoologie, Teil I. G. Fischer, Stuttgart

53) *Kihlström, J. E.* (1966): A sex cycle in the male. Experientia 22, 630

54) *Kloft, W.* (1959): Versuch einer Analyse der trophobiotischen Beziehungen von Ameisen zu Aphiden. Biol. Zbl. 78, 863–870

55) *Koehler, O.* (1954): Das Lächeln des Säuglings. Umschau 54, 321–324

56) *Koenig, L.* (1951): Beiträge zu einem Aktionssystem des Bienenfressers *(Merops apiaster* L.). Z. Tierpsychol. 8, 169–210

57) *Koenig, L.* (1960): Das Aktionssystem des Siebenschläfers *(Glis glis* L.). Z. Tierpsychol. 17, 427–505

58) *Koenig, O.* (1961): Das Buch vom Neusiedler See, Wollzeilen-Verlag, Wien

59) *Koenig, O.* (1962): Kif-Kif. Wollzeilen-Verlag, Wien

60) *Kosinski, J.* (1966): The Painted Bird. New York (dt.: Der bemalte Vogel. Scherz, München)

61) *Kühme, W.* (1965): Freilandstudien zur Soziologie des Hyänenhundes *(Lycaon pictus lupinus* Thomas 1902). Z. Tierpsychol. 22, 495–541

62) *Kuhn, H.-J.* (1967): Zur Systematik der *Cercopithecidae.* In: Neue Ergebnisse der Primatologie, Stuttgart, 25–46

63) *Kummer H.* (1968): Social organization of hamadryas baboons. S. Karger, Basel u. New York
64) *Kummer, H., und F. Kurt* (1965): A comparison of social behavior in captive and wild hamadryas baboons. In: The baboon in medical research (H. Vagtborg ed.). Univ. Texas Press
65) *Kunkel, P.* (1962): Bewegungsformen, Sozialverhalten, Balz und Nestbau des Gangesbrillenvogels *(Zosterops palpebrosa)*. Z. Tierpsychol. 19, 559–576
66) *Kurt, F.* (1968): Das Sozialverhalten des Rehes. Parey, Hamburg u. Berlin
67) *Krämer, A.* (1968): Soziale Organisation und Sozialverhalten einer Gemspopulation *(Rupicapra rupicapra L.)* der Alpen. Dissertation, Universität Zürich
68) *Krafft, B.* (1966): Premières recherches de laboratoire sur le comportement d'une araignée sociale nouvelle, *Agelena consociata* Denis. Rev. Comp. Animal No. 1, 25–30
69) *Krut, L. H., und R. Singer* (1963): Steatopygia; the fatty acid composition of subcutaneous adipose tissue in the Hottentot. J. phys. anthropol. n. s. 21, 181–187
70) *Kruúk, H.* (1966): A new view of the hyaena. New Scientist, Juni, 849 bis 851
71) *Lack, D.* (1946): The life of the robin. 4. Aufl. Witherby, London
72) *Lawick-Goodall, J. van* (1968): The behaviour of free-living chimpanzees in the Gombe Stream Reserve. Animal Behaviour Monographs (London) 1 (3), 161–311
73) *Lind, H.* (1963): The reproductive behaviour of the gull-billed tern, *Sterna nilotica* Gmelin. Vidensk. Medd. fra Dansk naturh. Foren 125, 407–448
74) *Löhrl, H.* (1968): Das Nesthäkchen als biologisches Problem. J. Orn. 109, 383–395
75) *Lorenz, K.* (1963): Das sogenannte Böse. Dr. G. Borotha-Schoeler, Wien
76) *Makatsch, W.* (1955): Der Brutparasitismus in der Vogelwelt. Neumann-Verlag, Radebeul u. Berlin
77) *Martin, R. D.* (1968): Reproduction and ontogeny in tree-shrews *(Tupaia belangeri)*. Z. Tierpsychol. 25, 409–495 u. 505–532
78) *Mayr, E.* (1963): Animal species and evolution. Harvard Univ. Press, Cambridge (Mass.)
79) *Mc Bride, G.,* Mündl. Mitteilung; Arbeit im Druck
80) *Michael, R. P., J. Herbert* und *J. Welegalla* (1967): Ovarian hormones and the sexual behaviour of the male Rhesus monkey *(Macaca mulatta)* under laboratory conditions. J. Endocr. 39, 81–89
81) *Mohr, J. W., R. E. Turner* und *M. B. Jerry* (1964): Pedophilia and Exhibitionism. Univ. Toronto Press
82) *Nelson, K.* (1964): The temporal patterning of courtship behaviour in the glandulocaudine fishes. Behaviour 24, 90–146

242

83) *Neuweiler, G.* (1969): Verhaltensbeobachtungen an einer indischen Flughundkolonie *(Pteropus g. giganteus)*. Z. Tierpsychol. 26, 166–199

84) *Nicolai, J.* (1956): Zur Biologie und Ethologie des Gimpels *(Pyrrhula pyrrhula* L.). Z. Tierpsychol. 13, 93–132

85) *Nicolai, J.* (1968): Die isolierte Frühmauser der Farbmerkmale des Kopfgefieders. Z. Tierpsychol. 25, 854–861

86) *Nicolai, J.,* unveröffentlichter Film über *Geopelia*

87) *Ohm, T.* (1948): Die Gebetsgebärden der Völker und das Christentum. E. J. Brill, Leiden

88) *Parkes, A. S.,* und *H. M. Bruce* (1961): Olfactory stimuli in mammalian reproduction. Science 134, 1049–1054

89) *Ploog, D.* (1964): Verhaltensforschung und Psychiatrie. In: Psychiatrie der Gegenwart Bd. I/1 B. Springer, Berlin-Göttingen-Heidelberg

90) *Ploog, D. W., J. Blitz* und F. Ploog (1963): Studies on the social and sexual behaviour of the squirrel monkey *(Saimiri sciureus)*. Folia primat. 1, 29–66

91) *Ploß, H.* (1911): Das Kind in Brauch und Sitte der Völker. 3. Aufl., Bd. 1, Th. Grieben, Leipzig

92) *Pocock, R. I.* (1919): On the external characters of existing chevrotains. Proc. Zool. Soc. London, 1–11

93) *Rauh, F.* (1969): Das sittliche Leben des Menschen im Lichte der vergleichenden Verhaltensforschung. Butzon & Bercker, Kevelaer

94) *Reed, R. A.* (1968): Studies of the Diederik Cuckoo, *Chrysococcyx caprius* in the Transvaal. Ibis 110, 321–331

95) *Reynolds, V.* (1965): Some behavioral comparisons between chimpanzee and gorilla in the wild. Amer. Anthropol. 67, 691–706

96) *Sade, D. S.* (1965): Some aspects of parent-offspring and sibling relations in a group of rhesus monkeys with a discussion of grooming. Amer. J. phys. Anthrop. (n. s.) 23, 1–17

97) *Sauer, F.* (1955): Entwicklung und Regression angeborenen Verhaltens bei der Dorngrasmücke *(Sylvia c. communis)*. Acta XI Congr. Int. Orn. 1954, 218–226

98) *Schaller, F.* (1962): Die Unterwelt des Tierreiches. Springer-Verlag, Berlin, Göttingen, Heidelberg

99) *Scheven, J.* (1958): Beitrag zur Biologie der Schmarotzerfeldwespen. Insects Sociaux 5, 409–437

100) *Schleidt, W. M.,* und *M. Magg* (1960): Störungen der Mutter-Kind-Beziehung bei Truthühnern durch Gehörverlust. Behaviour 16, 254–260

101) *Schmidt, R.* (1904): Liebe und Ehe in Indien. Berlin

102) *Schultz, H.* (1962): Hombu; Urwaldleben der brasilianischen Indianer. Belser, Stuttgart

103) *Schultze-Westrum, Th.* (1968): Ergebnisse einer zoologisch-völkerkundlichen Expedition zu den Papuas. Umschau 68, 295–300

104) *Sewell, G. D.* (1968): Ultrasound in rodents. Nature 217, 682–683

105) *Silberbauer, G. B.* (1965): Bushman Survey Report. Bechuanaland Press (PTY.) Ltd, Mafeking

106) *Snyder, R. G.* (1961): The sex ratio of offspring of flyers of high performance military aircraft. Human Biology 33, 1–10

107) *Sorenson, E. R.,* und *D. C. Gajdusek* (1966): The study of child behavior and development in primitive cultures. Pediatrics 37 No. 1, Pt. II, 149–243

108) *Spannaus, G.* (1949): Urwaldzwerge in Zentralafrika. Hochschulfilm C 567 des Instituts für Film und Bild in Wissenschaft und Unterricht

109) *Sparks, J.* (1967): Allogrooming in Primates: a Review. In: Primate Ethology (D. Morris ed.), Weidenfeld u. Nicolson, London

110) *Spinage, C. A.* (1969): Naturalistic observations on the reproductive and maternal behaviour of the Uganda defassa waterbuck *Kobus defassa ugandae* Neumann. Z. Tierpsychol. 26, 39–47

111) *Stamm, R. A.* (1962): Aspekte des Paarverhaltens von *Agapornis personata* Reichenow. Behaviour 19, 1–56

112) *Struhsaker, T.* (1967): Behaviour of elk *(Cervus canadensis)* during the rut. Z. Tierpsychol. 24, 80–114

113) *Thomas, E. M.* (1962): Meine Freunde, die Buschmänner. Ullstein, Berlin-Frankfurt-Wien

114) *Tinbergen, N.* (1958): Tiere untereinander. Parey, Berlin

115) *Tobias, P. V.* (1957): Bushmen of the Kalahari. Man 57, 33–40

116) *Tschanz, B.* (1968): Trottellummen. Parey, Berlin u. Hamburg

117) *Villiers, H. de* (1964): The tablier and steatopygia in Kalahari Bushwomen. South Afr. J. Sci. 57, 223–227

118) *Ward. J. A.,* und *G. W. Barlow* (1967): The maturation and regulation of glancing off the parents by young orange chromides. Behaviour 29, 1–56

119) *Weller, M. W.* (1968): The breeding biology of the parasitic blackheaded duck. The living bird 7, 169–207

120) *Wickler, W.* (1965): Die Evolution von Mustern der Zeichnung und des Verhaltens. Naturwiss. 52, 335–341

121) *Wickler, W.* (1966): Über die biologische Bedeutung des Genital-Anhanges der männlichen *Tilapia macrochir.* Senck. biol. 47, 419–427

122) *Wickler, W.* (1966): Ursprung und biologische Deutung des Genitalpräsentierens männlicher Primaten. Z. Tierpsychol. 23, 422–437

123) *Wickler, W.* (1967): Vergleichende Verhaltensforschung und Phylogenetik. In: Die Evolution der Organismen. Fischer, Stuttgart

124) *Wickler, W.* (1967): Socio-sexual signals and their intra-specific imitation among primates. In: Primate Ethology (D. Morris ed.), Weidenfeld & Nicolson, London (69–147)

125) *Wickler, W.* (1968): Mimikry; Nachahmung und Täuschung in der Natur. Kindler Verlag, München

126) *Wickler, W.* (1968): Das Mißverständnis der Natur des ehelichen Aktes in der Moraltheologie. Stimmen der Zeit 182, 289–303

127) *Williams, L.* (1968): Der Affe, wie ihn keiner kennt. Molden, Wien

128) *Yerkes, R. M.* (1933): Genetic aspects of grooming, a socially important primate behavior pattern. J. Soc. Psychol. 4, 3–25

Register

Ziffern mit * verweisen auf Seiten mit Abbildungen

Bildquellen

Die erste Zahl nennt die Seite, auf der das Bild steht, die Kursivzahl bezieht sich auf das Literaturverzeichnis.

42:*15*; 46:*35*; 63:*90*; 64:*39*; 113:*111;* 116:*36*; 132:*111* u.*58*; 138:*123;* 143:*28*; 144:*9*; 146:*77*; 148:*123*; u. *61*; 149:*26*; 151:*28*; 153:*3* u. *67*; 155:*61*; 176:*120*; 184:*62;* 189:*63;* 203:*25* u. *99*; 206:*108*; 220:*45*.

65: nach Fotos von Eibl-Eibesfeldt; 152 und 169: nach Fotos von van Lawick; 210: nach Fotos von Bergmann.

66: Umschau 1966, S. 145 u. 192; 204: National Geographic Magazine, Oktober 1968; 216: nach Brandes von H. Kacher.

Die übrigen Abbildungen sind Originale.

Knaurs »Exakte Geheimnisse«

Gesamtauflage über 1 Million — Übersetzungen in 20 Ländern

Leinenausgaben

Hans Joachim Bogen **Knaurs Buch der modernen Biologie**
336 Seiten, 228 meist farbige Abb.

Walter Robert Fuchs **Knaurs Buch der Denkmaschinen**
360 Seiten, 200 meist farbige Abb.

Walter Robert Fuchs **Knaurs Buch vom neuen Lernen**
336 Seiten, 245 meist farbige Abb.

Walter Robert Fuchs **Knaurs Buch der modernen Mathematik**
288 Seiten, 220 meist farbige Abb.

Walter Robert Fuchs **Knaurs Buch der modernen Physik**
360 Seiten, 360 meist farbige Abb.

Fritz Kahn **Knaurs Buch vom menschlichen Körper**
320 Seiten, 328 Abb., davon 35 farbig

Joachim Rudolph **Knaurs Buch der modernen Chemie**
360 Seiten, 285 meist farbige Abb.

Imogen Seger **Knaurs Buch der modernen Soziologie**
336 Seiten, 220 Abb., davon 125 farbig

Helmut Swoboda **Knaurs Buch der modernen Statistik**
360 Seiten, 250 meist farbige Abb.

Knaur-Taschenbücher

Walter Robert Fuchs **Knaurs Buch der modernen Mathematik**
Bd. 267. 288 Seiten, 200 meist farb. Abb.

Walter Robert Fuchs **Knaurs Buch der modernen Physik**
Bd. 255. 336 Seiten, 300 meist farb. Abb.

Walter Robert Fuchs **Knaurs Buch der Denkmaschinen**
Bd. 295. 272 Seiten, 70 meist farb. Abb.

Droemer Knaur

Knaur-Taschenbücher
Vollständige
Textausgaben

·	Einfachband	DM 2,80
··	Zweifachband	DM 3,80
···	Dreifachband	DM 4,80
::	Vierfachband	DM 5,80
:·:	Fünffachband	DM 6,80

·	Einfachband	DM 2,80
··	Zweifachband	DM 3,80
···	Dreifachband	DM 4,80
::	Vierfachband	DM 5,80
:·:	Fünffachband	DM 6,80

·	Einfachband	DM 2,80
· ·	Zweifachband	DM 3,80
· · ·	Dreifachband	DM 4,80
: :	Vierfachband	DM 5,80
:·:	Fünffachband	DM 6,80